武汉大学"大学精神与文化建设"丛书

珞珈大先生

◉ 主编 杨欣欣

WUHAN UNIVERSITY PRESS

武汉大学出版社

图书在版编目(CIP)数据

珞珈大先生/杨欣欣主编.—武汉:武汉大学出版社,2025.1
武汉大学"大学精神与文化建设"丛书/楚龙强主编
ISBN 978-7-307-24119-0

Ⅰ.珞⋯　Ⅱ.杨⋯　Ⅲ.武汉大学—院士—事迹　Ⅳ.K820.7

中国国家版本馆 CIP 数据核字(2023)第 221016 号

责任编辑:王智梅　　　责任校对:李孟潇　　　整体设计:藏远传媒

出版发行:**武汉大学出版社**　　(430072　武昌　珞珈山)
　　　　　(电子邮箱:cbs22@whu.edu.cn 网址:www.wdp.com.cn)
印刷:武汉精一佳印刷有限公司
开本:787×1092　1/16　印张:21　字数:348 千字　插页:2
版次:2025 年 1 月第 1 版　　　2025 年 1 月第 1 次印刷
ISBN 978-7-307-24119-0　　　定价:108.00 元

武汉大学"大学精神与文化建设"丛书

丛书主编 楚龙强

丛书编委 徐东兴　蒋　明　姜星莉　龙　滔　付　磊
黄　鑫　孙太怀　韩　琦　杜　博　吴　丹
周　伟　姜卫平　冯　果　毕卫民　刘　扬
李天亮　彭启智　尤传明　席彩云　罗春明
涂上飙　杨欣欣　王爱菊　雷世富　张　岱
谌启航　李　琳　苏明华

武汉大学"大学精神与文化建设"丛书

━ 总 序 ━

　　江城多山，珞珈独秀。作为中国高等教育的一方重镇，武汉大学拥有悠久的办学历史，汇集了众多的精彩华章，永不停歇地奋进、改革、发展，笃行致远，弦歌不辍。

　　风雨征程，波澜壮阔。回顾武汉大学 130 余年的历史，既是一部自强不息、艰苦奋斗的创业史，也是一部满怀理想、气势恢弘的发展史。从诞生于清末救国图强洪流中的自强学堂，到跻身中国五大名校之列的国立武汉大学；从乐山时期艰苦困厄中取得辉煌成就，到中华人民共和国成立后呈现蓬勃生机；从走在改革开放潮流之先的"高校中的深圳"，到世纪之交合并高校的典范；从全面推进跨越式发展，到勇担重任"顶天立地"办大学；从自强不息在挫折中奋起，到满怀信心迈向世界一流……在漫长而壮阔的征程中，武汉大学广纳良才，荟萃精英；名师云集，英才辈出；实力雄厚，声名远扬。学校勇立中国高等教育发展的潮头，始终以民族复兴为己任，不断为国家富强和人类进步作出新的贡献。迄今已为社会输送了 70 余万名各类高级专门人才，创造了一大批有价值的研究成果，建设了一支高素质的教师队伍，已发展成为学科门类齐全、师资力量雄厚、育人环境优美，具有深厚的人文底蕴、鲜明的办学特色和优良的学风校风，在国内国际都有着广泛影响力和卓著声誉的高水平大学。

　　一所大学百余年的激荡史，贯注着一种绵延不息的精神传统。大学精神是一所大学的灵魂，反映了大学根本的办学理念和价值观念，关系到一所大学的存亡兴衰。

大学精神无形却永恒，正是一所大学经久不衰的独特魅力和生命力之所在。在长期的办学过程中，武汉大学积淀了丰富而深厚的文化传统，形成了独特而鲜明的核心价值，凝练出武大人广泛认同和自觉奉行的武大精神。武大精神是武大人共同的价值追求和精神动力，正是凭着一代代学人的耕耘和涵育，一代代学子的承继和弘扬，武大的"精气神"才得以生生不息，滋兰树蕙。武大精神集中体现在"自强、弘毅、求是、拓新"的校训中，她铸造了武大的文化之髓、价值之轴、兴校之魂，彰显了百年学府的独特气质和卓越风采。

武大精神蕴涵着匡时济世、奋斗不止的"自强"精神。"天行健，君子以自强不息。"武汉大学从诞生之时起，就被历史性地赋予"上备国家任使"的神圣使命，她承载着无数仁人志士的光荣与梦想，始终立于时代发展的最前沿，始终站在攻坚克难的最前列，以热血救国，以学术报国，以创新强国，一代代武大人志存高远，不懈探索，自立自强，生生不息。

武大精神蕴涵着坚韧刚毅、志向超迈的"弘毅"精神。"士不可以不弘毅，任重而道远。"无数先贤矢志追求办一流大学的"武大梦"，无数后来者接续奋斗，既有鲲鹏之志般的理想和抱负，又有甘坐冷板凳的恒心和韧劲，秉持宽容豁达的气度、刚毅坚卓的毅力，一代代武大人追求卓越，勇创一流，锲而不舍，勇毅前行。

武大精神蕴涵着朴实勤严、追求真理的"求是"精神。"修学好古，实事求是。"科学上追求至真，道德上追求至善，是历代武大学人躬身践行的品格和风骨，展现了为人朴素真诚、做事脚踏实地的学者风范和学术精神。去浮华，敦朴素，弃空谈，尚实干，一代代武大人澹泊明志，宁静致远，治学严谨，术业专精。

武大精神蕴涵着敢为人先、锐意进取的"拓新"精神。"苟日新，日日新，又日新。"崇尚创新、不拘一格、敢破敢立，已成为武大人身上的鲜明标识。武汉大学被誉为"拔尖创新人才的摇篮"，学校始终引领时代发展潮流，不断顺应国家社会需要，致力于科学研究和教育教学改革与创新，一代代武大人勇于创造，探索未知，独辟蹊径，培育栋梁。

当前，我国正处在以中国式现代化全面推进强国建设、民族复兴伟业的关键时期。党的二十届三中全会强调，教育、科技、人才是中国式现代化的基础性、战略性支撑，要统筹推进教育科技人才体制机制一体发展，提升国家创新体系整体效能。全国教育大会发出朝着建设教育强国坚实迈进的动员令。武汉大学作为在全国有着重要影响力的"双一流"头部高校，以高质量内涵式发展的新成就新贡献，助力我国早日建成教育强国、科技强国、人才强国，是我们责无旁贷的历史使命和重大任务。面临新的形势和要求，我们理当回顾过往，审视当下，展望明天。鉴往知来，学校党委组织编辑出版武汉大学"大学精神与文化建设"丛书，就是为了梳理武大的文化传统和精神脉络，展现百卅学府的梦想与追求、情怀与担当，凝聚广大师生不断向前奋进的强大精神力量。丛书所包含的《珞珈大先生》《珞珈青年说》《留学珞珈》《珞珈记忆》《红色珞珈》，集中展现了武大的师者风范、学子风采、留学生活、历史记忆和红色基因，旨在从不同维度、不同方面讲好武大故事、展示武大形象、彰显武大底蕴、弘扬武大精神。

以院士和资深教授为代表的"大先生"是武大优秀教师的杰出代表，他们以其真知灼见泽被后世，以其风骨精神影响后学，突出地体现、赓续和发扬了武大精神；珞珈青年求知在武大，成才在珞珈，到祖国最需要的地方建功立业，他们的多彩生活和奋斗故事是武大学子共同的青春励志书；培养好留学生是武大不断走向国际化的一个生动剪影，是"留学中国"品牌的一张亮丽名片，是讲好中国故事、传播中国经验、发出中国声音的鲜活范例；珍贵的老照片是武大人共同的历史记忆，折射出百年名校悠久的办学历史、厚重的学术底蕴与深邃的人文精神；红色珞珈图集展现了党组织在武大的孕育、师生的爱国运动、校园建筑承载的红色故事等生动感人、弥足珍贵的红色文化资源，描绘出一幅武大红色基因图谱。今后，这套丛书还可吸收更多学校文化建设的最新成果，不断丰富拓展武大文化精神的深厚内涵。

忆往昔，沧桑巨变成历史，多少俊彦领先声；看今朝，凤鸣盛世续华章，无数新人立伟业。武大精神的力量感召着我们，也将永远激励着来者。站在新的历史方位，武汉大学这所百年学府正焕发蓬勃生机，洋溢着青春活力，以昂扬之姿拥抱下一个百卅华年。我们将坚持以习近平新时代中国特色社会主义思想为指导，深入学习贯彻党的二十大和二十届二中、二十届三中全会精神，深入贯彻落实习近平总书记给武汉大学参加南北极科学考察队师生代表的重要回信精神，牢记嘱托、砥砺奋进，勇担新时代赋予的新使命，进一步厚植武大文化、弘扬武大精神，在加快建设中国特色世界一流大学的伟大征程中，以高质量发展的新成就，以支撑建设教育强国、实现中国式现代化的新贡献，续写武汉大学新的壮丽篇章。

黄泰岩

2024 年 11 月于珞珈山

序

　　大学之大，在于大师。"所谓大学者，非谓有大楼之谓也，有大师之谓也。"大师是一所大学的灵魂所在，是大学的中流砥柱，他们不仅有大学识、大智慧，以其真知灼见泽被后世，而且有大德行、大胸襟，以其风骨精神影响后学。一个国家的崛起、一个民族的复兴、一所大学的发展，大师的引领、示范和教育、熏陶，无疑具有十分重要的作用。

　　武汉大学名师荟萃，珞珈黉门学脉绵长。从自强学堂以来，灿若星辰的名师巨擘、博学鸿儒在这里严谨治学、作育英才，一个个名字在中国学术史上灿然生辉。从章黄学派到"五老八中"，从"珞珈三女杰"到"哈佛三剑客"，从"吴唐时代"到巴东考古，一代代学人皓首穷经，究天人之际，通古今之变，使武汉大学成为中国人文社科研究的一方重镇，文科实力稳居全国高校第一方阵；从乐山孕育12位院士到20世纪三四十年代在《自然》《科学》发表8篇论文，从我国最早的病毒学专业到参与核武试验取得世界级创新成果，从根治黄河到大江截流，从测量界"三剑客"到"中国极地测绘之父"，从德国医学史册上第一个中国人名字到影响中国五百年的"全球医疗英雄"，一代代学人献身科学，一丝不苟治学，敢为人先创

新，使武汉大学在农学、水利水电、测绘遥感、医学等领域确立了国内领先、世界知名的地位。

进入新时代，更有一大批优秀教师，心怀"国之大者"，为党育人，为国育才，身立杏坛，为人师表，以德执教，传道授业，以高尚的学识魅力和人格魅力践行"学为人师、行为世范"，成为令人景仰的珞珈大先生。

"盖有非常之功，必待非常之人。"民族复兴伟业呼唤堪当重任的高素质人才，为人师者不仅自身应怀有"为天地立心，为生民立命，为往圣继绝学，为万世开太平"的境界，更要引导学生去承担这样的历史使命和国家责任。老一辈大师和新时代大先生的道德风范、优良学风，是取之不尽、用之不竭的精神源泉，我们应该大力继承弘扬他们的思想学识和精神品格，使其风范在校园永驻，代代传承，这也是发挥师者育人作用的一个重要方面。

学校编辑出版《珞珈大先生》一书，收录了中华人民共和国成立后曾经和仍在武汉大学任教的院士和人文社科资深教授共 53 人，集中反映他们为人治学的感人事迹，表现他们的爱国情怀、献身精神和高尚师德，呈现了一幅珞珈大先生群星谱。

珞珈大先生群星璀璨，熠熠生辉，院士和资深教授是其中的杰出代表。从三代院士矢志留学报国到用一粒种子改变世界，从投身真理标准大讨论到倡议恢复高考，从"捧土培根情更急"到六院士 20 余年坚持为本科生授课，珞珈大先生具备了习近平总书记提出的教育家精神，"具有心有大我、至诚报国的理想信念，言为士则、行为世范的道德情操，启智润心、因材施教的育人智慧，勤学笃行、求是创新的躬耕态度，乐教爱生、甘于奉献的仁爱之心，胸怀天下、以文化人的弘道追求"，是"经师"与"人师"的高度统一，德才兼备的师者典范。

珞珈苍苍，东湖泱泱，先生之风，山高水长。讲述大先生故事，弘扬大先生风范，将更好地启迪后学，激励来者。让我们赓续先贤文脉，传承珞珈风骨，让巍巍黉门芳华永驻，武大精神历久弥新。

编者

2024 年 11 月

目　录

中国科学院
院士

/1

中国工程院
院士
/131

中國科學院

院士

曾昭抡 在武汉大学的杰出贡献

刘基万

曾昭抡（1899—1967）

湖南湘乡人，1955年当选为中国科学院学部委员，化学家

　　1958年3月，刚刚到武汉大学上任的党委书记兼副校长刘仰峤接到北京电话，中央准备要曾昭抡教授来武大任教，刘仰峤和化学系党总支书记罗鸿运商量后同意接收。一方面以学校名义向曾先生发出邀请，另一方面指定管教学的副校长张勃川和罗鸿运定期与曾昭抡交流思想，安排曾先生住武大一区12号，帮助请保姆料理生活。4月，曾昭抡只身来武大报到。当时他心情十分沉重，唯一的希望是将自己的余生全部倾注在科研上，继续完成他献身科教事业的毕生愿望。

　　曾昭抡一到武大，就一天到晚泡在化学系资料室和校图书馆里，如饥似渴地查阅资料。每天他来得最早，走得最晚。他常说："图书资料是前人工作的宝贵经验总结，也是我们掌握学科发展动态的主要依据。"他高度近视，但查资料的速度却十分惊人。只见他小跑一样在书架中穿梭，很快抱出一摞书，查完后又快速归还原处，马上又抱出一摞。蝇头小字在卡片和笔记本上记得密密麻麻，不少地方还贴上小纸条，精心写着补充或注释。无论是刮风或下雨，严冬或酷暑，总见他穿得比常人少，戴顶褪色的旧帽，脚指头露在鞋外，斜扣着衣扣，提着个旧书包，专心致志地做学问。一天深夜，他在提书包回家的路上，不小心撞在树上，碰得满脸是血，跌倒在东山头山坡下，路过的工人听到哼声，才将他扶回家去，第二天他照样上班。他这种刻苦治学的精神，很快就给全系师生留下了深刻印象。

1958 年 8 月，武汉大学掀起教育革命热潮，打擂台、编讲义，批判教育脱离实际，大办工厂。年近花甲的曾昭抡积极投身于教育革命中，主动要求和同学们一起办工厂。他没有过多地去指责运动中的偏激口号和过火的行动，而是将大家提出的有益建议（如编教材要理论联系实际、科研工作要为社会主义建设服务等）一一记录在案形成材料，作为第一次开设元素有机专门化课和师生合编这门教材的参考。在办工厂过程中，他开始在炼焦厂搓煤球，随后，根据有机氟科研组长刘道玉的建议，成立一个研究小组，在他的指导下开展二氟二溴甲烷灭火剂的研究，为后来"九一二灭火剂"（因毛主席 1958 年 9 月 12 日来校视察而得名）的建厂投产作出了重要贡献。

1959 年，曾昭抡着重抓科研工作，在他的指导下，有机氟科研小组最先成立，并卓有成效地开展多项研究任务；接着，根据武大的具体情况又成立了有机硅、有机硼科研组，积极开展有关领域的科研工作；最后，有机磷和元素有机高分子研究组的成立，实现了曾昭抡在武大建立元素有机专门化的设想。这个拥有 28 个研究人员的科研班子在曾先生的带领下，夜以继日地进行科学实验。他们的实验室热火朝天，被公认是武大夜晚灯光最亮的工作单位，他本人也不例外，经常很晚才回到家中。曾先生带领助手们进行科研工作时，不仅仅是科研方向和实验技术路线方面的指导，而且经常是当你遇到困难或实验出现了异常现象时他就出现在你的面前，和你一起商讨解决问题的办法，直到最后如何处理实验数据、整理科研成果，甚至包括英文摘要的修改等，他都一丝不苟。正因为如此，他所带领的这个研究集体在短短几年中就发表数十篇研究论文，很快就被学校确定为重点发展学科之一。

1959 年年底，武汉大学化学系元素有机教研室正式成立。曾昭抡被任命为教研室主任，并增补为校务委员会委员。这时的曾先生比其他人的压力都要大，因为面临这个全新的专门化课程，要培养出高质量的大学生和研究生，没有高水平的教材和参考书是不可能的。1960年，曾先生除了继续指导科研工作之外，还把开设元素有机化学专门化课和编写这本教材作为自己的主要工作任务。他博学多才，勤奋工作，备课认真，讲课内容丰富，不仅学生十分爱听，而且很多教师堂堂必到。他更以惊人的毅力，查阅了近1500篇次文献资料，在两年左右时间内，写出了140万字左右的《元素有机化学》教材（包括通论、有机氟化学、有机硼化学、有机磷化学、有机硅化学、金属有机化学等六部分内容），于1960—1961年在武汉大学推出。这是我国第一部该专业方面的丛书，尽管当时纸张奇缺，印刷水平不高，但一面世，就在国内化学界产生巨大影响，得到了有关研究单位和高等院校的高度评价，纷纷要求正式出版。中国科学院科学出版社专程找到曾先生，由该社作为国际交流图书约稿出版。虽然这部巨著已有曾先生的教材作为蓝本，但修改和补充工作量巨大，第一分册是曾先生在病中修改补充的，共七章24万多字，1963年由科学出版社正式出版。第三分册《有机硼化学》是在曾先生指导下由助手完成，并于1964年出版。第二分册《有机氟化学》、第四分册《有机磷化学》同样是在他的指导下，由助手完稿交科学出版社准备出版，第五分册《有机硅化学》和第六分册《金属有机化学》也正在修改中，但由于"十年动乱"均被夭折，这也是曾先生临终时最大的遗憾。

与此同时，曾昭抡还接受系领导的委托，修改、补充和编写1958年教改中师生合编的教材《有机合成》。这本讲义与其说是修改、补充，不如说比新编讲义更为艰巨，他不知花去多少不眠之夜，终于完成了这本40多万字的手稿，可惜没有出版。此外，1958—1959年，为了帮助刚刚成立的有机催化专门化课程顺利上马，他收集了大量有关资料，编写了数十万字的《有机催化》讲义。后来由于这个专门化课程停办，这一著作也没有面世。

1960年，是曾先生最繁忙的一年，也是他在教学和科研上开始取得硕果的一年。除了讲课、编书和指导科研之外，1961年上半年他坚持亲自指导本科生毕业论文，并招收四名研究生。在指导学生论文过程中，一方面要放手让学生去思考，去动手；另一方面又要避免他们出事故，走弯路。当学生不小心在实验室引起药品失火、系里传出要处分学生时，曾先生当晚就把学生叫到自己家中，耐心地和学生总结事故的原因，教导他们如何处理事故和避免事故的发生，并主动向系里提出自己的责任，要求不要处分学生。通过这件事，学生终生难忘。当学生要毕业时，他不仅关心学生的去向，而且根据每个人的具体情况，由衷地指出每个人今后的努力方向。30多年过去了，这些学生们仍记忆犹新，一谈起来就催人泪下。有个学生的毕业论文是曾先生指导的，"文化大革命"中她单位的造反派要她划清界限，揭发曾先生的问题，她因一口拒绝而遭到批判。

1961年暑假，过度劳累的曾昭抡病倒了，住进北京阜外医院。教育部组织阜外、协和、肿瘤三家医院的著名专家会诊，确诊为淋巴癌，采取化学疗法控制了病情的发展，武大也派专人赴京照料。这时曾先生的夫人——北大西语系俞大纲教授心如刀绞，一方面她竭尽全力为曾先生提供必要的医疗条件；另一方面她千方百计地向病人封锁病情消息。经过几个月精心治疗，再加上他原来的体质不错，终于在1961年1月初出院回到北京大学家中。武汉大学领导要他长住北京疗养，遭到了他的谢绝。这时的曾昭抡开始调整今后的工作安排。

为了培养青年人接替他开出的元素有机化学专业课，他把助手接到北京家中，一住就是两个多月，手把手地帮助这位助手修改教材、写教案，并亲自听取试讲，直到被他认为满意为止。

为了修改出版《元素有机化学》第一分册《通论》，他请北京大学徐光宪先生为自己讲"结构化学"，认真钻研徐先生的教材，并且还写笔记，做习题。

尽管曾昭抡已经精通多门外文，为了工作需要，在疗养期间又请北大日语教师为他开日语课，因为他多少年来总为自己不通日文而感到遗憾。经过一段时间的勤学苦练，他终于又过了日语关。

为了提高《元素有机化学》第一分册《通论》的出版水平，曾昭抡在1962年年初回到武大后，在指导教学、科研和研究生之余，坚持两个多月，听完了数学系张远达教授为学生开的"线性代数"课，课堂笔记记了一厚本，并把每章的习题都做完。他这种活到老、学到老的精神为大家树立了楷模。

曾昭抡病后，有人多次劝他调回北京，均被一一回绝。他坚持每年回武大两次，每次三个月左右，这时的他把主要精力都放在培养年轻人上。他多次讲道："培养年轻人是我当前的重要任务"，"我现在已经体会到，培养年轻人的最好办法就是给他们挑重担，然后再扶他一把"。他把教学的重担让给年轻人，并帮助他们保证教学质量；他在《元素有机化学》第一分册《通论》正式出版之后，把其他五个分册的修改、补充任务分别让助手们去完成；他委任五个科研组组长去抓科研工作，并定期汇报和商定研究方向与技术路线；他把自己的研究生责成有关助手协助指导，并不时了解论文进展情况；对全室 28 位教师和教辅人员，他一一根据各个人的情况指出提高计划和努力方向，不时书面或口头回答他们提出的各种问题，他还带病为大家讲授"元素有机结构理论"提高课等。在曾先生的率领下，短短几年时间，武汉大学元素有机教研室在科研上拿出一批批成果，1963 年暑假，在青岛召开的全国化学化工年会上，他带领助手们在会上宣读的几篇学术论文，引起与会者的极大兴趣。1963 年冬，在南开大学召开的"全国高等学校有机化学讨论会"上，曾先生又带领 7 个助手参加，论文之多仅次于主办单位。他身患癌症，还在大会上做了"元素有机化学进展"的报告，深受大家的尊重和赞誉。1964 年秋，他又发起"教育部直属高等学校元素有机化学科学讨论会"，在武大召开，到会近百人。他亲自写信，邀请国内许多著名学者参加，共同交流学术思想，检阅科研成果，讨论发展方向，为促进我国元素有机化学的发展作出了积极的贡献。这时曾先生从内心里感到高兴，1963 年冬，他个人出钱，两次宴请助手们，欢庆大家的丰硕成果，并十分感慨地说："我在武大这几年的工作是我一生最满意的一段工作"，"我对武大、对大家已经建立了深厚的感情"。曾先生在武大培养的这些助手中，有的当选了中国科学院院士，有的成了大学校长，大多数人成为教学、科研骨干，他们用自己为社会主义祖国创建的功绩告慰导师曾昭抡在天之灵。1964 年，曾昭抡在向领导写的一份思想汇取中说："我虽年老有病，但精神未衰，自信在党的领导下，还能继续为人民服务 10 年、20 年，以至更长的时间，争取为国家作出更多的贡献。"

1966 年开始的"文化大革命"使曾先生遭到灭顶之灾。这年冬天，北京大学传来噩耗，他的夫人俞大纲教授被迫害致死，"造反派"限他三日内回北大处理后事，否则尸体火化，财产充公。这时的曾昭抡面对自己几十年恩爱妻子的突然惨死却不能最后见上一面而失声痛哭，同时看到全国"造反派"那种无法无天的打砸抢局面也胆战心惊，不知道回到北京会出现什么样的后果，他诚恳地征求组织的意见。考虑到当时北大已经大乱，曾昭抡又无子女可以陪同，加上他本人的具体情况，组织上劝他以参加武大"文化大革命"为由，电复北京代为处理后事。

曾昭抡和俞大纲结婚 40 余年，两人一直相亲相爱，相敬如宾。尽管有时因为工作需要而长期分居，但从来都没有影响过二人之间的感情。例如曾昭抡在南京大学任教时，俞大纲在上海任职；1958 年曾先生来到武大，夫人一直留在北京。他们夫妇没有子女，但互相关心的程度有增无减。每年寒暑假曾先生从北京回武大，俞先生都替他安排具体生活，体贴入微，包括鞋子若干双，放袜子的箱子，放衬衫的箱子，衣服、大衣挂在什么地方，每天的食谱、服药时间等均写成卡片，贴在醒目的位置，并交保姆一份，叮嘱再三。特别是曾先生 1961 年患癌症后，俞先生开始动员他调回北京，曾先生十分珍惜自己三年来的辛勤劳动成果，没有同意。从此以后，每次她都送曾先生到武大，把生活、休息、服药、定期体检等安排就绪后才回北京。像这样的结发妻子突然遭遇惨死怎么会不使他极度伤心？怎么会不影响他的身体健康呢？

　　1966 年年终，武大也开始大乱。第二年年初，曾昭抡就被冠以"全国大右派""资产阶级反动学术权威""曾国藩的孝子贤孙"等罪名进行批斗，甚至向曾昭抡本人保密 5 年多的"癌症秘密"也被"造反派"当着他的面在批斗大会上揭开，站在台上的曾昭抡再也支持不住了，全身颤抖，当场小便失禁。这时，他的助手们大多被隔离、批斗，没有人再能去关心他。此后，每听到高音喇叭广播，他就心惊肉跳，担心又是勒令他去挨批斗，在这种环境的折磨下，他的癌细胞开始转移，病魔严重地威胁着他的身体，他终于又病倒了，被送到邻近的湖北医学院第二附属医院的普通病房治疗，很快于 1967 年 12 月 8 日默默离开人世，享年 68 岁，这位一代英才的骨灰被他的远房亲属捧去撒入长江。

1964年，曾昭抡与部分研究生和助手在武汉大学樱园合影

1981 年 3 月 3 日，经中共中央批准，教育部在北京八宝山革命公墓举行追悼会，为曾昭抡恢复名誉。追悼会由教育部长蒋南翔主持，方毅、刘澜涛、杨秀峰等有关领导和首都教育界、科技界以及武汉大学的代表共 300 多人参加，中国民主同盟中央副主席楚图南致悼词，并宣布：关于曾昭抡同志被错划为右派问题，经过复查，中共中央已决定改正。对他参与起草的关于我国科学体制问题的几点意见被当作"反党科学纲领"加以批判的问题，也给予平反，恢复名誉。在八宝山革命公墓曾昭抡的骨灰盒中陈放着一本由科学出版社出版的《元素有机化学》第一分册《通论》。

回忆曾昭抡在武大将近十年的生涯，他为我国的科学和教育事业、为振兴武汉大学作出了杰出的贡献。他那顾全大局、不谋私利、能上能下的革命精神；他那远见卓识、勇于开拓、攀登科学高峰的英才胆略；他那刻苦钻研、言传身教、辛勤耕耘的治学态度；他那高风亮节、高瞻远瞩、积极培养接班人的宗师气魄；他那实事求是、一丝不苟、工作到老学习到老的严谨学风，永远是我们学习的楷模！

（原载《化学通报》1999 年第 11 期，原题《缅怀曾昭抡先生在武汉大学的杰出贡献》。图片来自武汉大学档案馆）

夏坚白 学为人师 行为世范

宁津生

夏坚白（1903—1977）

江苏常熟人，1955年当选为中国科学院学部委员，中国当代测绘事业开拓者

　　夏坚白先生是我非常敬重的师长和前辈，相识26年，夏先生给予我学识上的指导、做人上的教诲，令我终生受益，也终生难忘。

　　1951年我考入同济大学时，夏坚白先生是同济大学校长。1952年，夏先生等老师选送我到北京俄语专科学校学习，准备送我到苏联留学。但由于种种原因，一年后我又回到同济大学测量系继续本科学习。1956年我毕业被分配到了经夏坚白先生大力呼吁、多方奔走和筹备而刚刚建立起来的武汉测量制图学院。当时夏先生是学院的副院长，主持学院全面工作；1958年，夏先生被任命为学院的第一任院长。

　　为了武汉测量制图学院的建设和发展，夏先生真是殚精竭虑。当时国家大规模建设急需测绘人才，夏先生带头倡议集中全国高校的测绘专业的人力物力财力，创建专门的测绘学院。得到批准后，夏先生又为筹办学校付出了巨大的精力。学校建成以后，夏先生对学校的建设和发展有一套完整的思想，他高瞻远瞩，提出学校要赶超世界先进水平。1970年，武汉测绘学院被撤销，学校老师被遣散，夏先生被分到华中师范学院。虽身处逆境，他仍念念不忘测绘事业，呼吁恢复武汉测绘学院，恢复国家测绘总局和测绘研究机构。他多方设法，一方面给周总理写信，另一方面向郭沫若、竺可桢、周培源、吴有训等寻求帮助。当时我被分到了湖北农机学院。有一天，夏先生突然找到我，告诉我他正在起草一封给周总理的信，夏先生让我一起看看，出出主意。我提了一点想法，夏先生很虚心地听着，很认真地作了修改。夏先生的这封信对恢复国家测绘总局、恢复武汉测绘学院起到了关键作用。在当时的情况下，夏先生这样做是要有相当的胆量的。为了国家的事业，也为了自己所从事的事业，夏先生敢担风险，他顽强的精神、高度的责任感和强烈的事业心，令我们肃然起敬！

夏先生非常重视对年轻人的培养。记得在学院成立后不久，学校聘请了从事地球重力场研究的苏联专家布洛瓦尔来讲学，夏坚白先生和陈永龄先生等考虑到我学过俄文又学过重力，便要我给苏联专家做业务翻译。为了提高我的俄语水平，夏先生等人还专门请来一位苏联物理专家的夫人，单独教我和另一位老师学习俄语。布洛瓦尔在学校一年，他讲课，我翻译。当时布洛瓦尔引进了莫洛坚斯基的新理论，这个新理论是大地重力学发展百年来继斯托克司理论之后的又一里程碑，在国际测量界有很大的影响。这段经历对我终生从事大地重力学的教学、科研工作有很大的促进作用。

我国测绘学科能够飞速发展，正是由于有夏坚白先生这样的一批大师级的学者和老师，他们高瞻远瞩，注重培养年轻人，使我国的测绘事业后继有人。对于有发展前途的年轻人，夏先生更是手把手地培养。我大学毕业工作四年后，学校让我为学生讲课。当时对年轻教师上讲台要求是很严格的，必须先听主讲老师的课，再由自己备课，并在教研室演习，然后到学生中试讲。我每次在学生课堂上试讲，夏先生都亲自带着几位老师来听课，提出非常中肯的意见和建议。当时科研任务很少，但只要有一点，夏先生总是支持我们去做。他还常给年轻老师讲做人的道理，教育我们如何为人师表。我国测绘领域年轻一代的成长，特别是几位院士的成长都与夏先生等前辈的精心培养是分不开的。

1934年8月，夏坚白、王之卓、陈永龄等第二届中英庚款26人赴英留学

中华人民共和国成立后，夏坚白、王之卓、陈永龄三家人的合影

　　夏先生在科学研究上始终站在学科领域的前沿，他在上大学期间便对测绘学科的发展有完整的阐述。在武汉测绘学院被撤销的艰难日子里，他仍密切关注国际测绘科学的发展动态，时刻不忘我国的测绘事业跟踪世界前沿。卫星大地测量在国际上一开始出现，夏先生便组织人员编译最新的英文专著《卫星大地测量学概论》和德文专著《卫星大地测量方法》。他约请了在武汉各高校任教的几位原武测大地系的教师，在艰苦的环境和条件下一同翻译。这是我国卫星大地测量方面最早翻译过来的专著，对卫星大地测量学在我国的发展起到了很大作用。夏先生在卫星大地测量领域的研究，开拓了我国测绘事业发展的新领域。夏先生抱病夜以继日地翻译校对，期望这两本书能早日问世。遗憾的是，夏先生他没有等到这一天……

　　如今我从刚认识先生时的懵懂青年变成了古稀老人，回想夏先生不平凡的经历、卓著的成就和对年轻一代的培养教育，不禁唏嘘感叹，心情难以平静。夏坚白先生为中国测绘学科和测绘教育事业的发展作出的卓越贡献，犹如一座历史的丰碑，永远竖立在我们测绘人的心中。

　　（原载《武汉大学报》2003年12月12日。图片由武汉大学测绘学院提供）

李国平 开拓进取 精神永存

刘培德

李国平（1910—1996）

广东丰顺人，1955年当选为中国科学院学部委员，数学家、教育家和诗人

今年11月15日是我们的恩师李国平院士诞辰一百周年的日子！1940年在四川乐山，李先生接受武汉大学王星拱校长和曾昭安教务长聘请来武汉大学任教授直至1996年逝世，在武大工作超过半个世纪。其间先后担任副校长、校务委员会副主任、数学系主任、数学研究所所长等职务，为武汉大学的发展和建设作出了重要贡献。

李国平先生是我国著名数学家，中国科学院数理学部首批学部委员（院士）。全国同批当选为数理学部数学学科学部委员共9人，同一批的武汉大学另一位学部委员是著名哲学家、中国共产党一大代表、武大前校长李达教授。

李先生的学术研究涉及半纯函数的值分布理论、准解析函数论、微分方程与差分方程、数学物理等学科领域，尤其在半纯函数的 Borel 方向与填充圆的统一理论方面取得了重要成就，是我国函数论学科的主要奠基人之一。他在数学物理的研究中堪称一位开拓者，其成果受到理论与应用学科的广泛重视。他还倡导并着力推进我国系统科学与计算机科学的发展。同时还是教育改革勇敢的探索者和实践者。他的学生中有五位中国科学院院士和中国工程院院士，百余名教授、研究员等数学骨干人才。20 世纪 50 年代初，他受教育部委托在北京举办微分方程全国青年教师暑期讲习班，该讲习班被誉为我国微分方程学科的"黄埔一期"；1956 年，他参加全国十二年科学远景规划会议，负责函数论发展规划的起草工作，并且参与了计算技术组、半导体组和自动化组的起草工作；同年，受聘赴德国参加由国际上 127 位数学家组成的《数学辞典》编委会，担负部分词条的撰写工作；20 世纪 60 年代初，他与中科院关肇直院士共同倡导并亲自参加多学科交叉及数学在国民经济与国防建设应用的研究，被学界称誉为"南李北关"；凡此种种，为武汉大学争创了骄人的成就和荣誉。

李先生一生先后创建了三个数学与计算技术研究所，即中科院数学计算技术研究所、武汉大学数学研究所、中科院武汉数学物理研究所并分别担任所长，他还创办及参与创办了四种学术期刊。此外还担任湖北省暨武汉市数学学会理事长，中国系统工程学会副理事长兼学术委员会主任；湖北省和武汉市系统工程学会名誉理事长等职务，是科学研究工作的卓越领导人和组织者，为我国科教事业的发展作出了无私的奉献。

李先生一生开拓进取，不避艰险，辞旧履新，敢为人先，其深厚的学术底蕴、宽广的学术气度和永不懈怠的创新精神至今仍在昭示着我们，值得我们反思与学习。下面，我想根据李先生奋斗的历程，谈谈对他的高尚品德和不朽精神的几点理解。

艰苦奋斗的自学精神

李先生出生在教育条件并不优越的农村，也没有什么丰厚的家学渊源。他一路成功走出来的奥秘在哪里？这要从李先生反复强调的"自学精神"来寻找。李先生曾不止一次面对学生回顾自己当年在日本和法国时与艰苦条件抗争的经历。那时候他多数时间是一天两餐饭，有时一天只吃一餐。一是为了省钱买书，二是为了节约时间在图书馆看书。他常常把新出版刊物上的论文整篇抄下来，然后细细研究。这样做要比别人花费更多时间，然而却比别人更早更快地拥有新知识、新信息。

他结合自己在中学、大学阶段的亲身经历劝导学生加强自学，强调自学在整个学习过程中的作用。他有一种"天才即是勤奋"的治学观，强调"做学问也不是要有什么奇才，更不是靠优裕的生活条件，学问与成就靠的是自身的勤奋与刻苦"。他认为"古往今来有大成就者必以很强的自学能力为基础"，甚至认为"真正的学问不是靠老师教出来的，是学生自己钻研出来的"。他是把"自学"作为成功的必要条件看待的，认为任何过分强调客观环境的观念和"等、靠、要"现成结论的思想不仅达不到目的，而且注定会一事无成。

当然，"刻苦自学"并不是排斥老师指导，李先生在中山大学、在日本读书时都曾经接受过当时当地名师指导，但是无论如何在做学问上来不得半点虚假，没有内在动力、不修"内功"的人鲜有成功者。

敢为人先的创新精神

李先生青少年所处的时代，正是我国现代科学技术发轫和发展的初始阶段，国内的科技水平与国际上形成巨大的反差。李先生知难而上，通过艰苦努力在重大前沿课题上取得成就，靠的是原始创新的成果。

最能够体现李先生创新精神的当属他的成名之作——半纯函数的聚值线理论。李先生从20世纪30年代在东京帝国大学读研究生时就瞄准了半纯函数这一前沿课题，后来到了巴黎Poincare研究所继续其研究工作。面对诸多大师从事该课题研究的环境和新成果不断涌现，李先生一不气馁二不旁观坐等。大约在1936年，李先生通过深入细致的钻研，发现了现有结果尚有不尽善之处。于是他大胆地着手对现有理论进行改进。他首先强化了Nevanlinna第二基本定理，接着提出了新的函数型以代替此前已有的Blumenthal函数型与熊庆来函数型，新函数型更为精细，应用更加广泛，特别是他发现应用新函数型不仅可以把若干分散的研究纳入一个总的框架，而且能够把有限级和无穷级的半纯函数运用统一的方法去处理。由此李先生实现了理论上的突破，发表了一系列关于半纯函数值分布理论的创新成果，把值分布理论的研究导向一个新的境界。李先生把这些成果称为半纯函数聚值线的统一理论。这些文章的发表立即受到学术界的高度重视，Valiron等在法国科学院院报上逐篇为之评介，熊庆来教授也多次在文章中予以首肯。这一成果奠定了李先生在该领域的学术地位。

李先生视野开阔，知识渊博，他从不因循守旧、故步自封，对新事物格外敏感，因此创新工作是多方面的。就大的方面而论，比如，他在准解析函数的研究中提出了新的实数序列的规则化准则和函数族规则化准则，以此为基础，得到了若干新的准解析函数族，由此系统地建立了一套新的准解析函数理论。这些工作将Mandelbrojt、Lalague、Favard 等人的原有工作向前推进了一步。又比如，在数学物理的研究中，李先生提出了一系列新概念、新思想和新方法。在研究地震弹性波时提出"地质点"的概念，在研究基本粒子的运动时建立了纤维丛的微积分概念。1961 年他建立了电磁流体力学波的模型，1965 年提出了岩石统计力学的理论框架，1976 年建立了地震弹性波传播的模型，他还以外微分形式为工具，建立了半导体各向异性能带理论等。这一系列数学模型描述了各相关领域物质运动的客观规律，为进一步地深入研究提供了可靠的数学工具。

经世致用的实践精神

李先生在长期的科教活动中融汇了中西方文化的观念，其中关于经世致用、理论和实践一体的理念贯穿了他科教活动的始终。

1956 年，李先生参加了由周恩来总理亲自主持召开的全国十二年科学远景规划会议。我国科学技术发展的宏伟前景和建设富强繁荣国家的远大目标给予他巨大的鼓舞。他愈加关注数学对于国民经济和国防建设的实际应用。20 世纪 60 年代初，他提出了"一个主体，两个翅膀"的科研团队研究规划，希望作为主线探索数学应用的具体途径并且使纯粹数学本身得到发展。为了实现这一设想，他放弃了自己熟悉的函数论的研究，毅然将科学研究的重点转向数学物理。在以后 30 多年的岁月里，他含辛茹苦，披荆斩棘，通过不断探索终于为数学物理研究开辟了新路子。在科学研究工作的组织与布局上也可以看出他的这种用心，他创建的中科院数学计算技术研究所和中科院武汉数学物理研究所，都是顺应国际上学科发展的趋势和国家的战略需求，在国内最早建立的数学与其他学科交叉融合的科研机构。其中数学计算技术研究所 1968 年划归国防科研系统，即现在的中国船舶重工集团公司第七〇九研究所。他甚至还受冶金部委托，组织领导了武钢"〇七工程"超薄带钢轧制系统的数学建模工作，为发展我国现代国防和现代工业作出了贡献。

在教育方面，李先生也强调理论联系实际，学用结合，主张学生在学习专业知识的同时要提高从实践中提炼出数学问题和解决问题的能力，在此过程中增长自己的才干。20世纪60年代，他曾多次带领学生到武钢工厂、麻城农村、葛洲坝建设工地等现场办学，一边学理论，一边引导学生提高解决实际问题的能力。这是李先生在当时的历史条件和客观环境下对教改进行的大胆和认真的探索与尝试。他把实践出真知、实践出干才的科学结论认真落实到教改实际中去，这对于我们今天仍具有启示作用。

着眼大局的育才风格

李先生60多年的教书生涯为国家培养了大批的数学骨干人才，其中院士有五人，博士生导师、教授、研究员等辄数以百计。耄耋之年，他还怀着"登高人向东风立，捧土培根情更急"的迫切心情坚持招收和指导博士生、硕士生，高兴地看着一批批年轻人在他的指导下迅速成长，成为有用之才。

李先生指导研究生有其特点：一是随时把握着学科发展的总趋势，着眼于学科发展大局，不失时机地把前沿性课题引进来交给学生去学习、研究。二是舍得把学生推到学术研究的第一线去摔打磨练。

有一件事很能说明他的这种风格。20世纪70年代末，李先生招收了改革开放之后的第一批两名硕士研究生，我是其中之一，以后又招收了博士生。经过"文革"十几年的停顿，函数论的发展往何处去？选择什么方向作为主攻方向必定是他深入考量的问题。记得当时他首先让我们学习多复变函数，拿国外原版教材来讨论。讨论了大约一个学期，有一天他突然找到我们说，"现在函数论的随机化是一个国际潮流，我们必须有人去占领"。我清楚地记得他是用了"占领"这个词。并且指定两人中的一个继续学习多复变，另一个研究函数论的随机化。可见他是站在学科发展的高度，着眼于全局，甚至是从国家科技发展战略的角度去思考问题的。改革开放之后，在函数论这个研究方向上，李先生先后推出了多复变函数论、函数论的随机化和算子函数论三个课题让学生去研究，亲自举办讨论班，至今这些课题都是值得进一步深入研究的。

他指导研究生是开放式的，反对近亲繁殖、固守一隅。他引导学生开展新领域新课题的研究，但从来不以自己的兴趣和专业范围去束缚学生。实行学术民主，主张学生不盲从老师，鼓励学生独立钻研，直至开辟新领域。因此，他的学生遍布于数学、计算机学科乃至系统科学的许多领域。

鞠躬尽瘁的奉献精神

回顾李先生的一生，我们不仅可以看到他在科学事业上取得的丰硕成果，而且可以看到他无私奉献、奋发进取的精神；不仅有权势莫能屈、困苦莫能折的道德风范，而且有襟怀坦荡、率真成性、不居功、不居傲的人格魅力。

"文革"中李先生被打成反动学术权威，被诬陷为"里通外国"，多次挨批斗，他的长子因承受不了巨大压力而自杀。就是在这样的情况下，他强忍着精神上、肉体上的巨大折磨，仍然勤奋工作，有时白天挨批，晚上仍坚持搞研究。"文革"结束后，他又教育学生要向前看，不去纠缠历史旧账，努力创造新成绩。不久，我国迎来了科学的春天，他抓紧时间，以惊人的毅力重建了武汉大学数学研究所、中科院数学物理研究所，创建了国家科委武汉计算机培训中心等研究机构。他与其他老一辈数学家一起创办了《数学物理学报》《数学杂志》及《数学年刊》等学术刊物；创办或恢复了中国系统工程学会、湖北省暨武汉市数学学会、系统工程学会等学术组织；担任《系统工程理论与实践》副主编；亲自主持召开了第一、第二届全国"数学物理学术讨论会"，为我国新时期科技事业的繁荣与发展奠定了基础。

20世纪80年代后期，李先生先后退出了武汉大学与中科院武汉数学物理所的领导职务。之后李先生仍风雨无阻坚持到研究所上班，除了每年照常带一两名研究生之外，还时有研究论文发表。此外他还出版了《算子函数论》等专著，撰写了《亚培尔函数论》《推广的黎曼几何及其在偏微分方程中的应用》等书稿。李先生一生共发表近百篇学术论文，撰写或与学生合作撰写了十八部学术专著。甚至在生命的最后一息，他还在关心国内外数学研究的进展。1996年年初，他第二次住进医院，再也没能走出来。在清理遗物时，新出版的法国《巴黎科学院院报》等学术期刊仍赫然摆在他的案头。

李先生退出领导职务以后还做了两件鲜为人知的事情，一是应聘于武汉大学物理系电离层研究室做兼职研究员，帮助他们做统计推断工作以验证电离层演变规律。二是受聘为中国科学院武汉物理研究所波谱与原子分子物理国家重点实验室研究员

李国平辅导学生

和顾问，帮助他们校正图像参数，这些都是无报酬的服务工作。记得有一次我有事去李先生家里，家里人说他在山上，我又爬到珞珈山上，他正在山上的电离层观察站查看观测记录。问了之后才知道，他每周要上山两次，查看前三天的记录，对后三天的状态做出推断。他意味深长地说："搞应用研究必须从最基础的工作干起！"人们知道，李先生晚年患有严重的支气管哮喘病，需要定时吸氧气。可是他还要每周两次爬上山，这是何等的胸襟！

李先生为国家为人民无私奉献，以自己的一生践行了"鞠躬尽瘁死而后已"这个中国知识分子的最高行为准则！他是老一辈科学家的典范，他永远活在我们心中！

（原载《武汉大学报》2010 年 10 月 29 日。图片由武汉大学数学与统计学院提供）

陈永龄 珠峰高程准 神州坐标精

周豫 刘扬

陈永龄（1910—2004）

北京人，1955年当选为中国科学院学部委员，我国大地测量学的开拓者和奠基人

"寻求光明、科教救国"这种高尚品德始终贯穿着陈永龄的一生。他既是一位德高望重、学识渊博的大地测量科学家，也是一位苦心耕耘、严谨治学的教育家，留学回国后为促进测绘科学的发展，与夏坚白、王之卓等合作编写的测绘方面的大学丛书，对于中国测绘事业的发展和测绘教育起了积极作用。作为测绘研究所的第一任所长，他自力更生，短短几年就建立起大地、航测、制图、地名、电子和情报等研究室，为国家出成果、出人才。作为华南工学院和武汉测量制图学院的组建者和创始者，他功不可没。

作为一位教授，他为人师表、待人诚恳；作为一位院士，他谦虚谨慎、一丝不苟。他在交通部任职时，首次将航空摄影测量技术应用于闽赣路线的勘测，他还在1975年测得珠峰海拔高程值，获得世界上迄今为止最为精确的数值，让中国测绘水平得到国际公认。他襟怀坦荡，对人诚恳，遇事认真，近 60 年来，他在测绘高等教育、科学研究和生产技术等方面都有突出成就，是集教育、科研和生产技术于一身的大地测量学科的带头人，对当代中国大地测量事业的建设和发展有着不可磨灭的功绩。

编写国内首套大学测绘教材：归国施教

陈永龄出生在北京市一个职员家庭，不满 5 岁就上了北京师范大学附属小学，1927 年，17 岁的他考入清华大学工程学系，后转入上海交通大学土木工程学院继续攻读，1934 年，他作为中英庚款董事会招考的第二届公费留学生，先后在英国、德国学习大地测量，德国著名大地测量学家、波茨坦大地测量研究所所长埃格尔特和史麦尔都曾教授过他。

1939 年秋，陈永龄学成回国，在香港与清华大学文学系高棣华女士结婚，那时中国各地烽烟四起，半壁河山遭日本侵略军铁蹄践踏，东部沿海地区已全部沦陷，他由香港转去昆明，任西南联合大学教授，主讲测量平差和地图投影等新课程，开始了他的教育生涯。他先后于清华大学、同济大学、中央大学、中山大学、岭南大学任教。1951 年，陈永龄出任岭南大学理工学院院长，成为该校第一位中国籍的院长。随后，他还担任了华南工学院副院长、武汉测绘学院副院长兼大地测量系主任、国家测绘总局总工程师兼测绘科学研究所所长等职务。

在武汉大学测绘学院成立后，身居领导岗位的陈永龄亲自担任了课时较多的大地测量学教学任务。为了编写好讲义，他查阅了大量的参考资料。经常利用夜晚到实验室做实验，收集数据，充实教材。"他编写的讲义内容新颖，资料翔实，概念清晰明确，重点突出。为了讲好课，他备课非常认真。他的讲稿书写工整，讲稿上绘有各种符号和标记。他那严谨认真、一丝不苟的治学精神感人至深。"曾与之共事、担任过武汉大学测绘学院总支副书记的周慎杰回忆，"在讲台上他流利潇洒，能把比较枯燥无味的内容讲得生动活泼。他讲课重点突出，深入浅出，声音洪亮，板书工整。每逢他讲课，许多进修教师争先前往，教室里常常座无虚席。凡是和他共过事的教师和听过他讲课的学生无不称赞陈永龄教授的教学效果，他是一位不可多得的测绘高等教学的楷模"。

在长期的大学教学工作中，陈永龄始终十分重视高等测绘教育中的教材建设。

早在1931年他在清华大学刚恢复的土木工程学系任助教时，就与同任助教的夏坚白共同编写了《养路工程学》，被收入大学丛书。20多岁的陈永龄，开始在教育界崭露头角。在西南联合大学任教时，开始编写大学测量教材《测量平差法》，在同济大学任教时开始着手中国第一套《大地测量学》教材的编写，还对夏坚白著的《实用天文学》进行了大量修改和充实，连同已出版的《测量平差法》等大地测量用书，形成了中国第一套内容比较充实、文字深入浅出的大学测绘教材。

逐句逐段帮青年人指导论文：甘为人梯

陈永龄十分重视和关心对青年教师的培养。1957年4月，他在题为"与青年教师谈进修问题"的一文中指出："只有教师不断地提高自己的政治和业务水平，才能使高等教育质量不断地提高，才能使中国的科学技术迅速赶上国际水平。"

他既是一位博学多才的学者，也是一位德高望重、关心青年的长者。在教学实践中，他亲自和青年教师共同讨论制定教学方案，帮助他们选择教材，向他们传授教学方法，还亲自为身边工作的青年教师制订学习、进修规划，为他们提出努力的目标，指明研究的方向。据周慎杰回忆，"他告诫青年教师，学习进修要以所在教研组的专业内容为方向，一开始不要好高骛远，要加强培训树立牢固的基础，还专门抽时间为青年教师补课，即使在外地出差也不忘对青年教师培养，今天这批青年教师早已是各单位教学科研骨干。他调到总局工作后，每逢他的学生到北京出差总要去看望他，向他讲述学校的建设发展，汇报个人的学习工作情况以得到他的教导，可见他在青年教师中享有崇高的威望"。

陈永龄非常重视对年轻人的培养，对年轻人不但言传，而且身教。从大学理工科毕业的青年人撰写的论文，由于存在文学水平较低、表达能力较差、逻辑性不强的问题，陈永龄都会逐句逐段地帮助指导修改，详细讲述撰写论文的一般格式和基本要求。为了改变中华人民共和国成立初期测绘科学技术的落后面貌，他积极参与《1956—1967年国家最重要科学技术发展规划》的国家级测绘项目计划的制订，提出了诸如大地测量法式的制定、各种测量基准的建立、天文大地网的整体计算和地球形状的研究等一系列战略性课题，为发展大地测量科学技术指明了方向。1962年更是主持制定了全国包括大地、航测、地图制图、工测、仪器等专业共16个中心问题、66个主要项目的发展规划。"他在做测绘研究所的第一任所长时，短短几年时间，就建立起大地、航测、制图、地名、电子和情报等研究室，帮助这些研究室制定了长远的科技发展目标，选配了各方面的科技管理干部和研究人员。"中国科学院院士、国家测绘局科技委员会主任陈俊勇在谈及陈永龄时也尤为敬佩。

视力严重衰退仍亲写测绘"大百科"：孜孜不倦

陈永龄在教学工作的同时，还主持了大地测量法式的编写和论证工作，并负责撰写《我国测量法式说明》，致使1959年10月我国第一部《中华人民共和国大地测量法式（草案）》得以实施，从此结束了我国大地测量搬套苏联细则规范进行的落后状况。在20世纪60年代初，他通过对当时我国确定的1951年北京坐标系进行研究，首先发现这一坐标系所依据的椭球及其定位与中国大地水准面的差距较大。这一科学论断为后来资料分析结果所证实。他的这些研究成果对教学、科研与生产有着较大的指导意义。

中国空间大地测量刚刚兴起时，夏坚白组织翻译了美国《卫星大地测量概论》一书，当陈永龄看完译稿后立即将它推荐到测绘出版社，使该书及时出版，成为我国第一本介绍卫星大地测量的参考书，他敏锐地指出："空间大地网布成之后，可以建立精度高的点位，分布较密的全国地心坐标系统，意义十分重大。"在1988年12月"全国陆地、海洋卫星定位网年会"召开时，他不顾年老多病，毅然决定参加会议，并亲自写了贺信以及有关建议，还在大会上作了书面发言。

1980年，70岁高龄的陈永龄不仅身患多种疾病，而且视力已完全衰退，不能正常地阅读和写作了，但他仍接受了《中国大百科全书·测绘学》卷的总编辑任务，在视力急剧下降的情况下，他让人给他念学科组寄来的有关研究资料，并以顽强的毅力亲自给学科组回信。《测绘学》卷200条词目，近40万字，在4年多的时间内，他亲自撰写了近6000字的大地测量学方面的词条。由此，测绘学作为自然科学的独立类别，列入中国第一部大型综合性百科全书而自成一卷，这在当代世界众多百科全书中也是仅有的。

建立新大地坐标系神准测珠峰：敢于突破

在德国学习期间，为获取更多的测量知识和了解国际测绘科学技术发展动态，陈永龄进行了许多学术活动和参观学习，他曾利用暑假一个月的时间去瑞士威特公

1938年，夏坚白（右一）、陈永龄（右二）、王之卓（左一）、黄维恕（左二）在罗马列席第五届国际摄影测量会议

陈永龄在武汉测量制图学院工作照

司实习，后又去捷克测量局参观，在 1939 年获得博士学位后还专门去巴黎学习了半年法语，以便阅读更多的外文书刊。

20 世纪 40 年代，他致力于大地控制网的布设理论和中国地区地球开关（大地测量学水准面）方面的研究，首次发现了起自西伯利亚经过我国东部地区一直延伸到缅甸和马来西亚半岛的大地水准面上翘带。在领导闽赣铁路线的勘测工作时，还提出利用航空摄影的方法，陈永龄成为把航空摄影测量技术应用于中国铁路路线勘测的创始人。他曾建议将我国采用的兰勃特（Lambert）正形圆锥投影，改用高斯（Gauss）正形投影，但这一建议直到中华人民共和国成立后才得到采纳。

20 世纪 60 年代初，我国正在大规模进行国家大地控制网布测时，作为总工程师的陈永龄就开始组织力量研究我国天文大地网平差问题。他在对天文大地网整体平差理论和技术方案的研究中，发现"1954 年北京坐标系"所根据的椭球及其定位与中国大地水准面的差距较大，沿海地区最大达 68 米，天文大地垂线偏差在东部有规律地由西往东倾斜，并论证了我国选择椭球大小及定位不够理想，远见卓识地提出重新选择与我国大地水准面最佳拟合椭球及其定位，由此建立新大地坐标系。

珠峰是世界第一高峰，它的高程历来为人们所注意，但由于珠峰地区特殊自然地理条件的限制和一些特殊理论与技术问题没有很好解决，使高程测定精度较低，1965 年陈永龄提出了求定观测珠峰时的大气折光系数和推求珠峰附近大地水准面起伏的方法，并于 1975 年测得珠峰海拔高程值为 8848.13 米，这一海拔高程是世界上迄今为止最为精确的数值，已得到国际的公认。

（原载《南方日报》2013 年 7 月 3 日。图片由武汉大学测绘遥感信息工程国家重点实验室提供）

王之卓

一代测绘宗师

杨欣欣

王之卓（1909—2002）

河北丰润人，1980年当选为中国科学院学部委员，中国摄影测量与遥感学科奠基人

多年来，校园里的师生心怀钦敬注视着这样一幅画面：通往图书馆的花木葱茏的林荫小道上，在风和日丽的清晨或午后，一位鹤发童颜的长者迈着沉稳的脚步向图书馆走去。

这画面似乎总给人以感悟和启迪。

这位老人便是今年92岁高龄的王之卓院士。到图书馆查阅资料是他几十年如一日的习惯，在进入耄耋之年以后，还坚持每周两三次上图书馆。直至90岁时做了一次大手术，他才不得不忍痛舍弃了一生最大的爱好，但仍旧请家人和学生帮他找来最新的学术资料阅读。

王之卓是我国测绘领域著名的科学家，在国际上享有崇高的声誉和威望。他是我国摄影测量与遥感学科的奠基人。

60 多年不懈地追求和奋斗，他取得的成就和获得的奖项难以数计；在他已 89 岁高龄的 1998 年，还获得了中国科学的权威奖——陈嘉庚奖中的地球科学奖。

流年如水　时不我待

王之卓 23 岁以全校第一名的成绩毕业于上海交通大学土木系。1934 年被选派用庚款公费留学专攻测绘。

兴冲冲地来到英国伦敦，王之卓和伙伴们在报纸的分类广告中寻到一个物美价廉的住处。叩开房门，一位英国老妇用怀疑、蔑视的眼光上下打量着他们："中国人？没有梳辫子？你们抽鸦片吗？"满腔热情顿时化作深深的耻辱，鸦片战争的阴影笼罩在大家心头。

"中国人决不甘当'东亚病夫'！"王之卓心中热血喷涌。他憋着一口气，苦读一年，便获得了伦敦大学帝国学院的 D.I.C 文凭。不久，在李四光的帮助下，他转赴当时世界上测量科学最先进的德国，在柏林工业大学测量学院深造。1937 年，他获得特许工程师文凭，1939 年获工学博士学位，成为我国第一个获得博士学位的航测专家。

王之卓回国后先后在中山大学、中国地理研究所、陆地测量局从事测量专业的教学、研究工作，后任上海交通大学教授、工学院院长、校长。

中华人民共和国成立后，王之卓先后任上海交大校务委员会常委、教授；参加创办青岛工学院，任教授、教务长；参加筹建武汉测量制图学院，任系主任、副院长。

"文革"中，当过国民党大学校长和"少将处长"的王之卓在劫难逃。他饱受折磨，却心如止水，一切"顺其自然"，从不怨天尤人。

改革开放后，已届古稀之年的王之卓焕发了青春，在科学研究上取得了超越前贤、启示后辈的辉煌成就。

王之卓曾当选第三届、第六届全国人大代表。他是国务院学位委员会第一届工科评议组成员，国务院首批批准的博士生导师。1980 年被增补为中国科学院地学部委员。1984 年任武汉测绘科技大学名誉校长。

测绘先知　一代宗师

在王之卓所从事的摄影测量与遥感领域，他始终站在学科发展的前列，高瞻远瞩,指出学科的发展方向,奠定其理论基础。

早在 20 世纪 30—40 年代,王之卓即对摄影测量理论进行了一些开拓性的研究。他提出了"航空测量空中三角计算之微分关系公式";系统地提出了变换光束测图的理论,指导了当时的测绘生产实践。20 世纪 50 年代,他推导了精度较高的定向公式,被称为"王之卓公式"。20 世纪 60 年代初,他在我国最早提出用电子计算机进行解析法加密的理论与实施方案,同时推导了利用电子计算机解算空中三角测量的基本公式,并提出了区域网平差方案。20 世纪 70 年代,他的研究促进了我国独立模型法和光束法区域网平差程序的问世。20 世纪 70 年代中后期和 80 年代初,他提出了我国摄影测量自动化要走数字化道路的思想,并获得了具有世界一流水平的成果。他的这些研究成果,对我国摄影测量事业的发展起到了奠基的作用。

建立在其渊博的学识和敏锐的洞察力之上的一系列预见,使王之卓被称为我国测绘界的"先知"之一。

早在 1965 年,当人造卫星图像还处于保密阶段时,王之卓就预见"人造卫星将会为测图人员提供编制或修订地球上地形图的像片"。此后遥感技术的发展,完全证实了他的这一预见。

1978 年,王之卓在世界上第一次提出了"全数字化自动测图系统"的构想。当时,国内外很多人对这一方案持怀疑甚至否定态度。王之卓毅然领导了这一项目的研究,经过十多年的不断深入研究,先后取得了一系列具有世界先进和领先水平的成果,先后获国家教委科技进步一等奖、国家自然科学二等奖,其成果实现了对摄影测量的根本性变革。随后,该成果形成商业化软件,占据全球市场 20% 的份额,成为国际上同类软件的五大品牌之一。在全球积极迈向数字时代的今天,回想王之卓 20 年前的远见卓识,不能不令人称奇。

难怪国际摄影测量与遥感领域的众多权威专家惊叹:作为一名科学家,王之卓已远远超越了他所处的时代!

恪尽天职　培植后学

王之卓还是我国当代测绘教育的先驱。在 60 余年的教学生涯中,他始终把培养人才作为自己的天职,呕心沥血,辛勤耕耘。他的学生遍布全国,有不少成为我国测绘事业的栋梁之才,其中包括"两院"院士李德仁、欧亚科学院院士张祖勋、长江学者特聘教授龚健雅等。在教学中，他坚持求实与创新、传授知识与传播方法并举，注重教学与科研相结合。

中华人民共和国成立前，他与夏坚白、陈永龄合作，撰写了《航空摄影测量》《测量平差法》《大地测量学》《实用天文学》四部专著，这是我国第一套测绘学教材，结束了我国高等测绘教育只用外国教科书的历史。以后，他又主持编写了测量系列教科书。1979年，年逾古稀的王之卓以顽强的毅力写完了《摄影测量原理》一书，并出版了英文版。此书引起了国内外学术界的高度重视，被认为是该学科的经典性著作，国外许多大学用它做研究生教材。该书先后荣获全国优秀科技图书一等奖和全国高校出版社优秀教材特等奖。1988年获全国高等学校优秀教材特等奖，这是从全国高等院校近10年间出版的数千种教材中选出的22个特等奖之一。为此，王之卓与其他特等奖获得者一起受到李鹏总理的亲切接见。

王之卓十分重视吸纳新知识，充实和改造教学内容，培养适应科技发展的人才。由他领导实施的专业改造系统工程，成功地将航空摄影测量专业改造为摄影测量与遥感专业。在国内，它是目前测绘类专业中唯一的全国重点学科；在国际上，可与美、德等强国的同类学科相媲美，是世界三强之一。

似兰斯馨　如松之盛

王之卓院士不仅是一位伟大的科学家，他的崇高品德在全国乃至全世界测绘界也有口皆碑。"似兰斯馨，如松之盛。"全世界的测绘学人以不同的语言、同样的心情，表达着他们对王之卓卓越成就与高尚人格的赞美。

20世纪六七十年代，王之卓辅导李德仁（站立右四）等学生

1986 年，匈牙利测绘学会授予他"名誉会员"称号；1988 年，国际摄影测量与遥感学会第 16 届大会授予他"荣誉会员"称号，这是该领域的最高荣誉称号，全球仅有七人获此殊荣。1989 年 2 月，德国摄影测量与遥感学会在王之卓的母校柏林工业大学为他获得博士学位 50 周年举行了隆重的庆祝活动，并授予他"金博士"证书，"向他及他为科学，特别是为摄影测量所作的贡献致以崇高的敬意"。1998 年 4 月，新加坡总统王鼎昌在新加坡向他颁发了陈嘉庚地球科学奖。

几年前，已届 90 高龄的王之卓，作为湖北省人大常委会副主任，还经常外出考察和调研。好心人劝他别去，他说："我总不能在其位而不谋其政。"

新武汉大学组建前后，王之卓数次就学科建设和学校发展提出自己的看法和建议。

日前，他向省委、省政府提出书面建议，呼吁及早建设"数字湖北"。

……

60 多年来，王之卓矢志不渝地追求着，奋斗着，一刻也不曾停止过前进的脚步。面对日益富强的祖国，面对日益兴旺的摄影测量与遥感事业，这位有着一颗不老之心的长者，脸上露出了恬然的微笑。

（原载《武汉大学报》2001 年 3 月 30 日，原题《一代宗师》。图片由蔡列飞提供，薛顺和等摄影）

20世纪90年代，王之卓（左二）与陈述彭院士（左三）及学生李德仁（左一）、张祖勋（右一）

高尚荫 与生命的敌人周旋

管玲缇

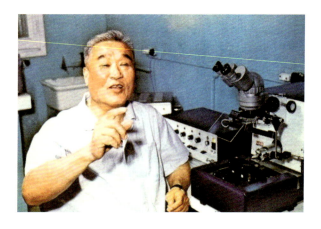

高尚荫（1909—1989）

浙江嘉善人，1980年当选为中国科学院学部委员，中国病毒学主要奠基人

生命对每个人来说都是宝贵的。可是病毒的感染和侵袭却给人的生命造成很大的威胁。生命与病毒到底是一种什么关系呢？著名病毒学家、武汉大学教授高尚荫为揭开这个谜奋斗了几十个春秋。

高尚荫教授是中国科学院院士、武汉大学副校长，原籍为浙江省嘉善县陶庄镇。

我曾两次到武汉参加会议，都去拜访了他。第一次见到高尚荫教授是在1986年1月20日，那天恰好是中科院武汉病毒研究所庆祝建所30周年的日子，他是病毒所的老所长、省微生物学会理事长。他邀我去庆祝会上共进晚餐。高尚荫教授有着高高的身材、方圆的面孔，是一位非常和善的老人，一口标准的家乡话说得相当地道，英语、德语说得也很流利。当时高教授亲切地询问我家乡的发展情况。他说："少小离家，老大不回，思乡呀，我的家在陶庄乡净池边朝南滩，是个绿树成荫、河浜交叉的水乡泽国，那里有美丽的汾湖，现在水质好吗？我小时候就在汾湖边长大，湖中帆船片片，飞鸟上下，真可谓'浓妆淡抹总相宜'。"他还问起家乡工农业生产的发展情况，是否以粮、桑为主？现在稻禾、西瓜病多吗？真是三句不离本行，又讲到病毒、微生物……我告诉他，嘉善有家微生物厂，生产井岗霉素、细胞分裂素，这下他更来劲了，可见他对发展微生物农药有着浓厚的兴趣。

高老还说："我50多年未回家乡，真是乡音无改鬓毛衰。"高教授的热情、风趣、朴实、和蔼，给我留下了深刻的印象。

在美丽富饶的汾湖南滩，陶庄镇上有一座三进式木结构的砖瓦房，人们都称它高家墙门。1909年，高尚荫出生在一个书香世家，7岁那年，他进入父亲办的一所乡间小学接受启蒙教育。孩童时期，长着一张十分逗人喜爱的娃娃脸，爱动好玩的他是这一带出了名的，家乡的花草树木、飞鸟走兽、昆虫鱼虾，深深地吸引了童年的高尚荫。他采集和捕捉各种植物和昆虫标本，对各种奇异现象提出不计其数的"为什么？"这些问题引导他一步步走向探索生命奥秘的道路。1926年，高尚荫中学毕业后考取了苏州东吴大学，在我国著名昆虫学家胡经甫教授的指导下学习。他博览群书，尤其对各种生物书籍爱不释手。高尚荫不仅是个书迷，而且是体育场上的运动迷。他体格健壮，大学期间，曾是学校篮球队、网球队、田径队的队员，从不放过一场场比赛的机会。他还有一种偏爱，喜欢阅读国内外音乐家传记，无论是莫扎特、李斯特、贝多芬的传记，还是中国古典音乐家的生平，他都感兴趣。每当他攻读学业之余，总要欣赏一下这些音乐家的名曲。他爱好广泛，精力旺盛，被师生称为多才多艺的现代大学生。1930年，他完成大学学业，获东吴大学理学士学位，并于当年获得美国佛罗里达州劳林斯大学的奖学金。经过一年时间的学习，他各科成绩优秀，免修了很多课程，获得了劳林斯大学文学士学位。1931年秋，他转到美国耶鲁大学研究院当研究生，头两年主要在实验室协助教授们工作以维持生活费用。1933年由耶鲁大学的教授推荐获得洛氏基金会的奖学金，1935年年初，他的论文"草履虫伸缩泡的生理研究"提前完成，在答辩过程中受到导师和专家的好评，获得了耶鲁大学自然哲学学位。

　　当高尚荫获得博士学位后，他的几位美国朋友希望他留在美国工作。可是，此时的高尚荫想得更多的是祖国，祖国需要科学、需要掌握科学的儿子。多年来，他眼看着世界列强欺负自己的祖国，中华民族的民族利益受到外国侵略者的侵犯，而且他家中还有年迈多病的老母，思国、思乡之情，促使他决计回国。正当他积极准备启程回国时，接到家里电报，得知母亲病逝。这时，很多好心的朋友、同事前来规劝他，你的国家太穷，很难开展科研工作，您原来惦记家中老母，希望回国无可非议，现在您母亲已经去世了，还回去干什么？这些话听起来也近乎情理，可他们怎能料到此时的高尚荫回国工作的决心更坚定了。他决定辗转欧洲回国。

　　1935年2月，高尚荫在毕业论文通过答辩后，来不及坐等5月底举行的毕业典礼，就提前离开了耶鲁大学来到了欧洲，他想更全面地考察一下发达的西方国家科技发展现状，想接触、学习更多的先进技术，以便回国后更好地开展工作，因此当他来到英国，就决定在伦敦大学研究院从事短期的科研工作。

　　1935年8月，高尚荫回到了离别5年多的祖国，受聘任教于武汉大学，当时他是该校最年轻的教授（年仅26岁）。1935—1945年，他先后讲授"普通生物学""原生动物学""无脊椎动物学""微生物学"等课程，其中"普通生物学"由他连续讲授10年。他执教期间，注重理论联系实际，以激发学生对生物学的兴趣。他认为学生大学毕业后应有牢固的基础知识才能深入进行有关生物学的研究，他常常鼓励学生除生物学外应广泛阅读其他书籍，包括人文科学方面的书籍。他治学严谨，教学方法灵活，一贯提倡学生独立思考，不要死读书。另外，他还特别注重学生的外语学习，特别是英语的学习。他自己除精通英语外，还懂得德语和法语，他从自身的经历中深深地感到，外语是我们学习外国先进理论和技术的工具，要想跟上国际科学技术发展的步伐，必须掌握这一工具。

　　1937年，他与武大女教师刘年翠结婚，他们有着共同的理想和志向，这一结合不仅使他们建立了一个美满的小家庭，而且刘年翠成了高尚荫的得力助手（刘年翠在20世纪50年代任武汉大学生物系微生物教研室主任，后任武大病毒系教授和昆虫病毒研究室主任）。

　　1945年，在武汉大学已经连续工作了10年的高尚荫利用两年的学术假期，到美国洛氏医学研究所任访问研究员。从此，他开始了对病毒的研究。他在诺贝尔奖获得者斯坦雷的实验室刻苦钻研，发表了数篇学术价值颇高的研究论文，其中《两棵烟草花叶病毒的比较研究》尤属出类拔萃之作，它证实了病毒性质的稳定性。在美从事病毒研究期间，高尚荫教授发现病毒这种介于生命与非生命物质之间的最小生物，一旦进入机体细胞，便有可能大量繁殖，引起各种病状。如果把它从细胞中分离出来，再加以提纯，它又像其他化学物质一样，能形成无生命形式的结晶体。这个有趣的事实告诉人们：生命的早期形式很可能始于病毒。病毒是从分子水平研究生命活动最理想的材料！高尚荫得到了莫大的收获。

1947年，高尚荫返回武汉大学，立即着手创建了我国第一个病毒研究室。这时，国内有关流感病毒的研究，一直是使用孵育中的鸡胚蛋进行的。高尚荫教授却第一次成功地在孵育的鸭胚蛋中培养出流感病毒，并且经过试验，证明了病毒的理化性质不因宿主不同而有所改变。从此，他的名字更加引人注目。

1955年，高教授在武汉大学主持创办了国内大学中第一个微生物学专业。1958年，在国际病毒讨论会上，他宣读了《家蚕组织培养方法的研究》，引起了专家们的极大兴趣。于是，他多次应邀到东德、苏联、波兰、匈牙利、保加利亚、罗马尼亚等国进行讲学和学术交流。高教授的家蚕组织培养方法的研究，1978年在全国科学大会与湖北省科学大会上均获重大科技成果奖。近年来，高教授更注意把科技成果应用于解决国民经济中的实际问题。在他的指导下，武汉大学病毒学系昆虫病毒研究室于1980年研制成功我国第一次经国家鉴定的病毒杀虫剂W—78菜粉蝶颗粒体病毒杀虫剂。这一成果受到国家有关部门的奖励，并获湖北省科技成果一等奖。

半个世纪以来，高尚荫教授在国内外刊物上发表了120篇学术论文，出版了4本专著，创建了我国第一个病毒研究所，先后担任10多门有关生物科学课程的教学工作，培养硕士、博士研究生50多名，为国家培养了一批高质量的病毒学专业人才。

1980年，高尚荫当选为中国科学院院士（学部委员），1981年，他又被美国劳林斯大学授予荣誉科学博士学位，还担任了一系列学术领导职务和社会行政职务：全国微生物学会副理事长、病毒专业委员会主任委员；湖北省暨武汉市微生物学会理事长；中科院武汉分院副院长、中科院武汉病毒学研究所所长；武汉大学副校长、党委常委；民盟中央委员；省政协副主席；省科协副主席；省对外友协副会长等。

第二次看到高教授是在1987年5月，我再次参加中国科协在武汉召开的会议，得知他因心脏病住在东湖梨园疗养院。疗养院在市郊，我花了两个多小时赶到梨园，已是下午2时。我一跨进病房，看到高老正在和武大几位教授洽谈出版《病毒学》

教材和培养人才工作等事宜，这使我十分感动。下午3时，还有一位日本遗传学家来与他一起探讨用遗传工程的方法来研究病毒。届时日本客人来了，高老到会客室去了，要我在房间里休息一下。我环视这间病房，除看到药品、营养品外，写字台、茶几上堆着的尽是书、杂志、有关部门的文件、教师研究报告和研究生的毕业论文，桌上还摊着高老未写完的文章。这哪里是病房，简直成了高老的第二办公室。高老接待完客人，显得有些疲乏。他感叹道："我已垂垂老矣，心有余而力不足。""高老，您还在整理文稿？"他点头说："这是我20世纪80年代撰写的论文，想再出个集子……"自1984年以来，他又写了《中国病毒学30年》等几十篇文章，他想把20世纪80年代研究病毒学的新成果汇编起来。他说："学校经费紧张，我一开口，他们会答应的，但我不能增加他们的麻烦，以后自己想办法。"

我在高老病房逗留了两个小时，转眼已是下午4时半，他热情地邀我在阳台上摄下了一张珍贵的照片。他执意要送我到公共汽车站，他那向我挥别的音容笑貌至今仍还深深留在我的脑海中。

1989年4月23日，高尚荫利用星期天医院人少清净，又工作了整整一天，到了晚上8时，他感到身体很不舒服，但还是坚持对一位美籍科学家第二天的访华活动作了充分准备。晚上12时，他因心脏病突发，经多方抢救无效，溘然与世长辞，享年80岁。他为我国的科学和教育事业工作到生命的最后一刻。

1935年，高尚荫（后排中）获美国耶鲁大学博士学位

高尚荫在实验室辅导学生

高尚荫常说："努力在我，评价在人。"在他逝世后，党和人民给了这位杰出科学家崇高的评价。高尚荫教授是一位学术造诣很深、在国内外享有很高声誉的科学家、教育家。在半个多世纪的科学、教育生涯中，他始终如一地热爱中国共产党，热爱祖国，忠诚党的科学教育事业，并为之呕心沥血，奋斗不息。他为我国的科学、教育事业的发展作出了重要贡献。

（原载《科学24小时》2002年第9期。图片由武汉大学生命科学学院提供）

高尚荫在美国的耶鲁—中国联谊会上致词

查全性

大师远行 风骨长存

夏静 刘志强 吴江龙

查全性（1925—2019）

江苏南京人，1980年当选为中国科学院学部委员，电化学家

2019年8月1日，我国现代电化学重要奠基人之一、中国科学院院士、武汉大学教授查全性，走完了他95年的人生旅程。噩耗传来，武汉大学师生沉浸在对先生的追思之中。网友留言"我们都是恢复高考的受益者，感谢查老为恢复高考作出巨大贡献，向查老先生深深鞠躬"。巨星陨落，风骨永存，查全性敢想敢言的精神永远激励和感召着后辈学人。

一生耕耘电化学

查全性出生于书香世家，其父查谦是著名的物理学家，在父亲的影响下，他从小就树立了为科学奋斗的志向。

1947年，22岁的查全性从上海大同大学转学进入武汉大学化学系，1957—1959年赴苏联莫斯科大学电化学研究所进修，在国际著名电化学家、苏联科学院院士 A.H.Frumkin（弗鲁姆金）指导下从事电化学研究。学成回国后，在条件十分艰苦的环境下，查全性克服重重困难，以极大的热情开始了在武汉大学的电化学研究和人才培养工作，使武汉大学成为当时全国现代电化学研究的重要基地之一。

查全性特别注重理论与实践相结合，为我国电化学研究事业作出了重大贡献。20 世纪 70 代中期，在对气体扩散电极深入研究的基础上，查全性科研团队根据国家急需研制出了 200W 间接氨空气燃料电池系统和军工锌—空气电池。此后，他还创建了适用于研究粉末材料电化学性质的粉末微电极方法。

1987 年，他因在表面活性物质吸附规律、电化学催化和光电化学研究等方面的突出成就，获得国家自然科学三等奖。耄耋之年，查全性依然奋战在科研第一线，出版了化学电源研究领域的重要论著《化学电源选论》。

查全性上课从不照本宣科，总是能在第一时间把最前沿的内容教授给学生。85 岁高龄时，他仍然坚持为本科生上"浅析能源结构"公开课，花费大量精力重新分析相关领域的技术发展态势和前沿问题。他根据多年教学经验编著的《电极过程动力学导论》，被公认为是我国电化学界影响最广的学术著作，是该学科领域被采用得最广泛的研究生教材之一。

武汉大学化学与分子科学学院教授陆君涛回忆自己与查全性亦师亦友的 60 年时光感慨不已，"查老师是我认识的最善于学习的老师。他的课堂教学不受教科书的束缚，往往把不同课程的知识融会贯通联系起来讲，因而特别活，大家都很喜欢听他讲课"。这对习惯于"上一门课读一本书"的学生来说可谓耳目一新。

查全性不仅在学术上对学生要求极为严格，而且对学生的道德品行也极为重视。武汉大学化学与分子科学学院教授艾新平回想起自己 2004 年参加国家"863"计划电动汽车专项的监理检查工作时，对查全性"我对你的专业能力一点都不怀疑，但作为年轻人一定要做到实事求是，敢于说真话"的嘱咐一直铭记在心，并将之作为一生行事做事的基本准则。

敢说真话的知识分子

武汉大学化学与分子科学学院教授陈胜利回忆，"查老是最讲慎言与必言的，没有把握的事绝不评论，但在必要时一定会挺身而出，直言不讳，这是因为他有强

20世纪50年代，查全性（后排右二）留学苏联

烈的责任感和使命感"。

时任教育部党组成员兼高教司司长、著名教育家刘道玉，知道武汉大学有个并不出名但敢讲真话的查全性。1977 年 8 月，邓小平组织召开全国科学和教育工作座谈会，查全性受邀参加。在谈到招生一事时，他勇敢地站起来，当着邓小平的面，大胆建言："一是应该建立全国统一的招生报考制度，招生名额不要下到基层，由省、市、自治区掌握。现在名额分配上很不合理，走后门很严重，名额分配上，多的胀死，少的饿死。二是按照高中文化程度统一考试，严防泄露试题。考试要从实际出发，重点考语文、数学，其次是物理，化学和外文可以暂时要求低一点。三是要真正做到广大青年有机会报考，能按自己志愿选择专业。大学生可以从应届高中毕业生中招，也可以从社会青年中招。有些人没有上过高中，但实际上达到了高中文化程度，可不受资历的限制。"查全性力主高等教育招生必须通过考试，并建言当年恢复高考。停止了 11 年之久的高考终于在当年冬季得以恢复。一个可以通过公平竞争改变自己命运的时代回来了。

查全性指导学生实验

2015年5月4日，查全性和儿时玩伴在武汉大学十八栋前聚首（前排从左至右：皮公亮父子、查全性和夫人、桂嘉年；后排从左至右：陈一周和夫人、桂庐音、皮公亮夫人、叶禧宁）

2017年，为纪念恢复高考40年，一家企业向武汉大学捐资1977万元设立"查全性教授1977奖学金"。该企业董事长与合伙人都是通过参加1977年高考改变人生命运，通过这种方式来纪念和感恩查全性1977年建言恢复高考这一历史性贡献。

"40年了，没有查先生当年的历史性建议，我不可能走到今天。查先生的建议改变了一代人的命运，后面又有了78级、79级……从这一点来说，这一建议改变了整个国家的命运。"1977年参加高考的熊晓鸽深情回忆。

查全性的真言直谏，改变了中国高等教育的发展方向，让无数青年人的命运改写。网友"曹爽"说："先生一生鞠躬尽瘁，全性率真，复国之大考，振学之大计，功当代而利千秋。"

大师远行，留下的是对中国高等教育深沉的渴望与期待，更是对党的教育事业滚烫的心愿。

江水泱泱，先生之风，山高水长，我们永远怀念查全性院士。

（原载《光明日报》2019年8月2日。图片由武汉大学化学与分子科学学院提供）

杨弘远 研究植物奥秘的高手

李敏

杨弘远（1933—2010）

湖南长沙人，1991年当选为中国科学院学部委员，植物学家

他，出身人文世家，却偏好蚊虫花草；

他，一个不折不扣的"捣蛋鬼"，搞起科研来却特别执著较真；

他，从小就不是一个优等生，却成为中国科学界一颗耀眼的明星；

他，功成名就，却始终保持着一种"入世"中的"出世"境界……

他，就是中国科学院院士、中国被子植物生殖生物学的开拓者和奠基人之一、推动中国实验胚胎学迈向实验生殖生物学的先驱杨弘远。

浓烈兴趣本天成

杨弘远，祖籍长沙县青山铺，1933年3月25日出生于湖北武汉大学一个教师之家。他可谓出身名门。父亲杨端六是著名经济学家、货币银行学专家、中国商业会计学的奠基人，是民国时期中央研究院院士，是国民军政府唯一不着军装而穿长袍马褂的上将。母亲袁昌英曾留学英、法，是第一个在英国爱丁堡大学获得硕士学位的中国女子，是武汉大学的"珞珈三女杰"之一，一度与冰心、卢隐、凌叔华、冯沅君、苏雪林等齐名。姐姐杨静远，1945 年毕业于武汉大学外文系，1948 年又毕业于美国密歇根大学英语文学系，是一位知名翻译家。

杨弘远的童年是在抗日战争的烽火中度过的，全家曾随国立武汉大学迁往四川乐山，1946 年迁回武汉后，杨弘远才开始接受正规学校教育。良好的家风，动荡的岁月，历练了杨弘远在简陋的环境下、于简单的生活中自娱自学的习惯。

杨弘远从小就对动物有着浓厚兴趣，正如他自己所说："从小我就喜欢生物，乐山时期我家住在远郊，那里没有什么玩伴，我就去看小动物。"各种蚊虫蚂蚁都是他欣赏的"模特"，他可以趴在地上看蚂蚁，一看就是十几分钟。他善于观察，可以从鸡的一鸣一啄、一振翅一梳羽中感知他们的"喜怒哀乐"。

和所有调皮的男孩子一样，年幼的杨弘远也是一个不折不扣的"捣蛋鬼"，斗蟋蟀、掏鸟窝、养蚂蚁、养鸡、被土蜂蜇……他一样都没落下。而正是和这些可爱玩伴的交集，把他引入变幻莫测的生物殿堂。

上初中时，杨弘远继续顽皮。他自己曾坦言：我初中时绝对不是一个好学生。有一个假期，我天天到护城河边去玩，把沙子裹到身上，黑乎乎的，一玩就是一天，玩着玩着就忘了开学这回事，后来还因旷课被学校记了过。

杨弘远由于对功课不太用心，每次考试只能"勉强及格"，而他对自己的爱好却特别沉迷，对生物更是"情有独钟"，尤其喜欢猿猴。他从大量课外书籍中搜索到有关猿猴的描述，将其中关于各种猿猴的文字与插图摘抄下来，然后综合整理，编成《猿猴辞典》。他自我评价："虽然价值不大，却也自得其乐。"

从此，"好奇"与"好学"陪伴着杨弘远终生。

笃定求索终不悔

1950 年，杨弘远高中毕业报考大学。那时，贴近国家建设的工科是热门，大家的兴趣都放在学习大生产需要的实践技能上，父亲则希望他子承父业学经济，杨弘远却毫不犹豫地将第一志愿瞄准了武汉大学冷僻的生物专业，并被顺利录取。当时，全系学生人数总共 30 多名，更有一个年级仅男、女学生各一名，且报考生物学的多是第二志愿，像杨弘远这样以第一志愿入学者微乎其微。由于不喜欢解剖台上解剖动物时血淋淋的场面，很快，杨弘远将注意力转移到了植物学上。

大学 4 年，为了致力于植物探究，杨弘远可以说是铁定了心，铆足了劲。

为了自己心爱的专业不被耽搁，杨弘远"斗胆"违背一年级学生都要下乡去参加"土改"的规定，而向学校提出和二年级学生一起到宜昌去做高山实习。虽然学校批准了，但后来杨弘远自己回想起来都有些后怕："当时自己就是傻乎乎的，怎么能不去搞"土改"呢？那可是出格的行为啊，要挨批评的！"就这样，杨弘远在自己心爱的专业里沉浸了 4 年。

1954 年大学毕业前夕，他怀着将青春献给祖国科学事业的豪情壮志，在毕业分配志愿书上郑重地填写：第一志愿"高山勘察队"、第二志愿"科学院上海植物生物研究所"、第三志愿"综合大学生物系"。结果他被分配到本校本系担任助教工作。在那个时代，服从组织分配是天经地义的事。于是，杨弘远义无反顾地走上教学岗位，从此和武汉大学生物系结下不解之缘。每周 4 次实验课，每次杨弘远都乐在其中。他还抽空自己做实验，阅读俄文版植物解剖学教材，看到新奇的内容，就摘译下来。

1955 年夏，杨弘远被调到达尔文主义教研室（后更名为达尔文主义与遗传学教研室）协助来校讲学的苏联专家工作。

尽管当时杨弘远只能帮助收集翻译专业资料、旁听专家讲课和与研究生的谈话，而与当研究生无缘，但他善于抓住机会，充分利用这一难得的机遇，用心观摩苏联专家指导研究生的每一个环节。同时，他从苏联专家带来的大量俄文书籍中，意外看到一本《被子植物胚胎学》，从而引发了对探索植物有性生殖奥秘的浓厚兴趣。

同期，杨弘远还有幸得到一份人生最珍贵的收获：与刚从苏联列宁格勒大学生物系毕业的周嫦共事，志同道合，最终结为终身伴侣。

不料，当杨弘远与周嫦正打算在植物有性生殖研究领域大干一场时，一场来势汹汹的反"右派"斗争袭来。杨弘远的母亲袁昌英被划为"极右分子""历史反革命分子"，被开除公职，监督劳动改造。杨弘远的父杨端六也因自身历史问题和老伴的处境而备受打击。杨弘远作为这个家庭出身的子弟，承受着沉重的政治压力，处境可想而知。随后的两年间，杨弘远先后两次下乡，直到 1962 年才回校稳定开设植物胚胎学课程。

回校开课后，杨弘远激情高涨。给学生授课，每讲一遍就修改充实一次讲义与实验指导，力求在讲透基本内容外多向学生介绍最新研究进展。在最后一次编印的教材中，杨弘远参考了167篇论文与专著，且大多是俄文与英文文献。

教学之余，杨弘远抓紧时间在科研上奋力拼搏，每年春夏进行田间实验，秋冬转入室内工作，先后在小麦、油菜、芝麻等作物上开展研究。最后，他选定受精生物学方面研究相对薄弱的芝麻作为重点研究对象，并取得了进展。正是这项研究成果，成为杨弘远科学道路上的一块奠基石。

随后，杨弘远将20世纪60年代初期的科研成果予以整理，先后在《植物学报》《遗传学集刊》《湖北农业科学》等刊物上发表了多篇论文，开始受到国内学术界的重视。

然而，这样一种勤奋而高效的工作态度在当时的政治与学术环境下反而被指责为"走白专道路""开夫妻店"。沉重的精神负担使杨弘远一度彷徨苦闷。最终，他选择了宁愿放弃"骨干教师"待遇也不舍弃学术追求。

"文化大革命"10年，杨弘远先是被迫停课，关闭实验室，写大字报，搞大批判，后又遭受清理阶级队伍，到外地"政治野营"，大办"工厂"，又两次被遣送到沙洋"走五七道路"和"办分校"，下放长达5年。他遗憾地说："可惜，在我精力最旺盛的中年时期，却没有机会进行学术研究。"

父子因袭的文化熏陶与做人治学的潜移默化，让杨弘远多了几分睿智与果毅。1975年在沙洋办学时，为了寻求精神寄托，杨弘远一头钻进了一个尘封旧书废报的仓库。一个偶然的机缘，他从中发现了几十种国外期刊影印本。如获至宝的他赶忙挑选了30多种自己心仪的，回去便自学英语，埋头阅读，并逐期做摘录，卡片整整装了6个盒子。正是那一段时间的埋头阅读，使他保持着与国际前沿发展的息息相通，为日后的教学科研作了重要能量储备。

告别了"文革"噩梦，杨弘远由沙洋回到母校，又重新开设"植物胚胎学"课程。同期，他踏遍珞珈山，收集了各种红叶，做标本，测数据，自编了《红叶辞典》。

常人眼里，与植物打交道是一件枯燥乏味的苦差事，更何况是一辈子。然而，在杨弘远的心里，每一颗种子、每一株幼苗都是生命，它们在用自己的方式和人类交流。杨弘远则倾其一生探究植物的奥秘和神奇。

早在20世纪80年代初，杨弘远便萌发了让"植物体外受精"这样一个新颖而大胆的念头。于是，他与夫人周嫦带领一拨弟子们，醉心于植物的无声世界，执著探索其生命奥秘。尽管经历了无数曲折，但他"任尔东西南北风"一门心思"啃"生物。最终，他的执著获得了丰硕的成果：针对不同性细胞的生物学特点，在世界上较早建立有效分离方法；将分离出来的性细胞进行体外融合，摸索出在 PEG（聚乙二醇）微滴中诱导单对原生质体技术，实现了精细胞与卵细胞的"一对一"融合……杨弘远曾自豪地说："中国人的聪明才智一点不比外国人差！"

20 世纪 80 年代—21 世纪初，杨弘远先后主持一系列国家自然科学基金重大、重点项目及欧盟国际合作项目，创建了中国第一个植物发育生物学教育部重点实验室和第一个发育生物学全国重点学科，在花粉原生质体、精细胞、卵细胞、合子等的分离、培养、融合、转化及有关细胞与分子生物学研究方面，取得了一系列有特色、前沿性的成果。

1980 年，杨弘远和夫人周嫦联合向国际同行宣告：首次由水稻未受精子房中培养出单倍体植株，首次揭示了未传粉子房与胚珠培养诱导的水稻助细胞无配子生殖和向日葵卵细胞孤雌生殖现象；他主持的"水稻未传粉子房培养的研究"获 1985 年国家教委科技进步一等奖，"胚囊酶法分离的研究"获 1987 年国家教委科技进步二等奖。

1990 年，杨弘远作为第一位被美国植物学会特邀的中国专家，在第 41 届生物科学年会上作专场报告；1991 年，杨弘远当选为中国科学院生物学学部委员（1994 年改称院士），并获国家自然科学奖三等奖；2004 年，杨弘远与人合作完成的《植物性细胞、受精及胚胎发生离体操作系统的创建与实验生物学研究》，荣膺 2004 年度国家自然科学奖二等奖。

杨弘远专长植物有性生殖的实验研究，著有《植物有性生殖实验研究四十年》《水稻生殖生物学》《高等植物的离体单位体》《植物生殖的细胞生物学：一个新的学科生长点》《由未传粉子房与胚珠离体诱导单倍体植株》《高等植物实验生殖生物学与生殖细胞工程：现在与未来》等一系列引领学科的精深论著。

春华秋实，杨弘远在生物研究领域开拓出一片自己的天地。

心无旁骛善取舍

杨弘远一生低调，始终满足于做一名真正的科学家，从事一门学科实实在在的学术研究。尤其是取得巨大科研成就后，名、利、权的诱惑纷沓而至，可他深谙"鱼和熊掌不可兼得"，懂得选择，舍得放弃，不去攀比别人，也不自我陶醉。

曾经，多位美国专家邀请他和夫人去美国做研究；武汉大学希望他担纲系主任；评上院士后，有人建议他去担任更高的领导职务……他都以与所研究的课题冲突或不愿介入为由拒绝了。他坦言："社会对你的期望值太高，使你完全身不由己。到处都推荐你，讲学、评审、做召集人，忙得团团转，虽然也抵制了一些，但还是根本无法安心搞科研。花费了大量精力写了一大堆东西，于做学问来说一点用都没有，唯一的好处就是给你提供了获得更多财富和权力的可能，可是我全没有接受。"

"科学家就是做科研的！"杨弘远执拗地坚守着。

杨弘远摒弃名人效应。面对一个个重量级的奖项，他淡然地说："我们的研究只是在某些方面有亮点、有特色，而不是在国际上全面领先，这样评价才比较实事求是。他常说："人的生命是有限的，学术生命更有限，能在科学的大山上添一粒土，就很知足了。""连牛顿那么伟大的科学家都形容自己是海滩拾贝的儿童，更何况我这样平凡的科学家呢？"

他将自己定位于一名普通的科学家，反感把"权威""泰山北斗"这样的词语用在自己身上，不愿别人叫他院士，而乐于接受老师之称。他说，院士只是别人给的一个称谓，而老师是一份沉甸甸的职责。由是，有人称他是"流入民间的博导"。

提前从教学和科研一线退下来，杨弘远潜心著书立说。他说："过去一直忙着向前看，现在也要向后看，要总结和反思。"至于没能名利双收，他没有半点遗憾："人生有得必有失，哪能全部的好处都堆到一个人的身上？人的精力是有限的，难以一心二用，我就给自己8个字：清白做人、清心治学。他还说："真正做学问的人，不能有太多功利的思想，只要有衣穿有饭吃就足够了，没有必要把自己搞成个大富翁。我个人觉得选择自己从事的事业很快乐。"

一位外国专家曾连连称赞杨弘远及其夫人："You are not sheep（不做羊群）。"不模仿别人，这就是杨弘远。

德艺双馨启后人

受父母的无形影响和熏陶，杨弘远一生治学严谨。他自己曾这样总结道：当时母亲的写字台旁边有这样一副对联，即"业精于勤荒于嬉，行成于思毁于随"，父亲也经常让我一章一章背《四书》《五经》，当时烦得很，后来长大了，觉得句句都是真理，而且越回味越有味道。可见，虽然未继承父母的事业，但他们的治学理

念影响了杨弘远一生。

杨弘远将品格培养放在首位。他谢绝无关的活动，但对青年的要求，无论是一般的科普活动还是和同学们的思想交流，却总能做到有求必应。他曾连续多年在武汉大学新生开学典礼上第一个讲话，作励志报告。他身体力行，培养学生的良好学风。学生的论文，他从来不把名字加在前面。他说，这是一名科研人员最基本的道德。就是和自己的妻子也不例外，谁做的贡献大谁的名字在前。对于学术界的剽窃、抄袭，他更是零容忍，曾亲自撰写了多篇文章予以抨击，强烈呼吁反对学风浮躁和学术腐败。

杨弘远经常以切身体会，和学生们交流治学成才之道。他不赞成"学海无涯苦作舟"，而欣赏"乐乃成功之道"，笃信学习的动力来自自身激情而非外在压力，倡导从自己的专业中体会到学习的乐趣。他特别告诫学子："要防止急功近利的思想，要老老实实、安安心心做学问，做好学问。要不断改正错误，哪怕是小而又小甚至小到没有人注意到的问题。"

杨弘远注重教学上的"精耕细作"。他从繁重的科研任务中挤出时间编撰《勤思集》，要求学生"让自学成为一种习惯"，并引用一位化学专家"3H3C"的名言寄语年轻学子："Head，Heart，Hand；Clear，Clean，Clever"即："头脑清晰，心无旁骛，动手灵活。他认为，导师不可以权威自居，既要善于运筹帷幄，从战略高度指引学生在科学研究中登堂入室，也要勤于亲临火线，做好战役、战术的指导。

他曾说："培养学生不能像放羊"，不能散漫不管，不能只讲数量不讲质量。每个学生都各有不同，一定要对学生进行分别的指导，针对每个人的特点区别对待，不能千人一面。几十年间，除为本科生上课之外，杨弘远只培养了18位博士和12位硕士，数量少质量却颇高，不少学生都已成为知名学者、著名教授、学科带头人。

杨弘远认为，一个学科的发展，不是靠几个人的力量能完成的，自己要为更多的人创造成长的空间和环境。他年届古稀仍致力于科研，但当主持的重点项目在2001年结题后，他就坚决不再领衔申请新的科研项目，不再带研究生，而把更多的机会让给别人，特别是年轻人。面对他人的挽留，他再三解释：实验室已有了好平台，40多岁的中年人年富力强，我的知识有些陈旧，出出点子还行，但无须在第一线承担大项目。有一次，武汉大学评名师，杨弘远又被选上，但他竭力反对："不能老是几张旧面孔，应该让年轻人上去。"

杨弘远一生豁达宁静，经历了无数的磨难和坎坷，仍感恩社会，感慨自己和那

痴迷植物生殖生物学研究

杨弘远与夫人周嫦

些不幸的人比简直是"太顺了"。

杨弘远搞科研一丝不苟，生活却充满情趣。他笃信"花草树木亦有情"，与人合著的《赏花拾趣》以独特的视角，给原本单调的植物科普文章赋予了生命精灵的魅力，充满了对生命的至诚至敬。

杨弘远与夫人周嫦是一对学术伉俪，生活中相濡以沫，事业上共同攀高。他们的 Email 地址以"hyyzc"为名。杨弘远常说："当年，我家在最艰难时，她毅然来到我身边。"周嫦常念叨："我走后，唯一不放心的是弘远。"

1994 年 12 月，周嫦不幸突患脑血栓。自己也受痛风症折磨的杨弘远在完成艰巨的科研课题的同时，十多年如一日悉心照料右体瘫痪的老伴：求医，熬药，安慰，鼓励……使她用左手绘出一个崭新世界，焕发出"第二次青春"——能左手写一手端正美观的钢笔字，成为"左手临摹画家"。她写的《从容面对病残》《冬菊与宝石花——科学家讲故事》《龟兔赛跑三部曲》等先后出版。两位科学家应邀赴中国地质大学作专场报告，报告的内容却是两老执子之手呈真爱、皱纹之中释青春的感人故事。

2010 年，杨弘远被发现身患晚期食道癌。他乐观镇定，笑对人生，早早地立下遗嘱：死后不在学校设灵堂，丧事从简，不愿意太多人来参加追悼会。

2010 年 11 月 18 日，杨弘远平静低调地"走"了！

儿时率性，青年求索，中年奋发，老年旷达，可说是杨弘远一生的精辟诠释。

（原载《湘潮（上半月）》2015 年第 5 期。图片来自《武汉大学报》2011 年11 月 18 日）

田波 与病毒不懈抗争的一生

刘黎琼

田波（1931—2019）

山东桓台人，1991年当选为中国科学院学部委员，病毒学与生物技术学家

　　田波是中国现代病毒学的先驱和开拓者。他早年致力于植物病毒学研究，在 20 世纪 50—70 年代，阐明了病毒与高温在马铃薯花叶型退化中的作用，合作制定了茎尖脱毒生产无病毒马铃薯原种的技术方案，广泛应用于我国马铃薯的生产中，取得了良好的社会和经济效益。80 年代开始研究亚病毒，在国际上率先利用卫星 RNA 防治黄瓜花叶病毒引起的植物病毒病，并利用核酶高效抑制植物病原体，获得了高抗类病毒的马铃薯品系，提供了防治类病毒病害的新途径。90 年代，他毅然转向医学病毒学研究，范围涉及乙型肝炎病毒、艾滋病毒、SARS 冠状病毒等，首次从由乙肝病毒引起的肝癌癌组织中发现热激蛋白 GP96 与病毒抗原肽复合物，为研发治疗慢性乙肝和肝癌的药物提供了新策略。在 60 余年不舍

昼夜、不懈耕耘的科研生涯里，他在病毒研究领域斩获颇多，成就斐然。

造福民生，社稷情怀

1931 年 12 月，田波出生于位于鲁中平原东北端马踏湖畔的桓台县夏庄。这是一个秀丽淳朴的北方水乡，苏东坡曾在此留下"贪看翠盖拥红妆，不觉湖边一夜霜，卷却天机云彩缎，纵教匹练写秋光"的诗句。田波的祖父是秀才，父亲田俊颐也接受了较严格的旧式教育，田波在父亲的言传身教下长大，深受山东桓台当地尊师重教修齐治平教育传统的影响，对天下家国怀抱着朦胧的感知和担当意识。

而战争铁蹄下生灵涂炭的严酷时局，更让幼年的田波受到精神上的鞭笞。彼时正逢日本侵华战争，儿时的田波目睹了躲避在芦苇荡中的村民被日军肆意枪杀的人间惨状，国弱民遭殃，田波立志发奋读书，强国救民。田波小学、初中的教育都是在战乱时代的颠沛流离中辗转多地完成的，可谓历尽艰辛、度尽劫波。高中时代，他先后就读于南京中央大学附属中学和青岛市立高中，借住在六伯父田愚斋家。田愚斋毕业于北洋大学，在南京中央大学附属高中做老师，是一位爱国情怀洋溢、笃信科学救国的新式知识分子，他的一言一行，都在潜移默化中推动着田波的精神成长，使得田波建功立业造福国家的信念逐渐根深蒂固。

1950 年，田波考入北京农业大学（今中国农业大学），攻读植物病理学。当时的北京农业大学植物病理学系聚集了我国多位著名植物病理学家，如戴芳澜、俞大绂、林传光、裘维蕃和周家炽等教授。大学四年，学之弥深，钻之弥坚，老科学家们高山仰止，身先垂范，为田波日后的科学研究夯下了坚实的基础。

50 年代中期，田波到中国科学院微生物研究所工作，正式开启他贡献了毕生心血的科研生涯。微生物研究所建所时就坚持"人民的需求就是方向"，服务国家、造福百姓、解决重大现实需求是所里科研人员的重要目标。若仔细审视田波一生经年累月辛勤耕耘的科研事业，正闪耀着一位爱国为民的科学家耀眼的精神光辉：始终心系社稷民生，极其关注国家重大需求和社会紧迫的现实问题，具有一种深沉的济世情怀。

兵荒马乱的童年里，看尽国人的苦难，为国人的饥饿、疾病所触动，他最早想学医以治病救人悬壶济世。但因故却从植物病毒学起步，但这也是与社稷民生关系特别密切的学科。做马铃薯研究，与当时中国面临的最大问题是粮食问题密切相关。

社会在急速发展，时代主题迅速变换，他敏锐地触摸到国际前沿问题和国家现实召唤，遂以极大的胆识和勇气，转型研究人类疾病病毒，这也是他选择到武汉大学工作的重要原因。

当对祖国的热爱与对科学的激情两相融合，必然迸发出澎湃的推动力量。破解时代命题，回应人民关切，在创新的路上继续迸发，科学家的这种人文情怀，往往是支撑他在科研之路上走得更稳更长更久的内在动力。田波的一生，有力地印证了这一点。

格局阔大，锐意创新

创新精神是科学研究最鲜明的禀赋，创新永无止境，田波的科学研究屡屡跳出舒适区，敢于跨越多个不同领域，并且都有丰厚的斩获，正体现着一名卓越的科学家锐意创新、上下求索、追求真理永不停歇的精神。

在科研生涯初期，他与导师林传光先生合作，成功找到了马铃薯退化原因，研究结果在美国《马铃薯》杂志上发表，并获得了 1956 年中国科学院研究成果奖。接着，他又寻找到了抑制马铃薯退化病的方法，将所得的马铃薯原种病毒感染率控制到 0.5% 以下，达到了国际先进水平，并形成了较完整的无病毒留种体系，推广面积达 1000 万亩以上，使全国马铃薯产量提高了 30%~50%，取得了巨大的经济效益和社会效益。此项技术获得了 1978 年中国科学院重大成果奖的第一名和 1986 年中国科学院科技进步奖一等奖。当时正值中华人民共和国成立初期，新中国的一切都在摸索着建设，实验设备也很简陋，还没有分子生物学实验手段，生化实验技术也不够完备，而且缺乏有力度的经费支持。但田波等老一辈科学家当年正是在这样的条件下，凭借满腔热血和非凡的毅力取得了重大进展。

20 世纪 60 年代，田波开展了多种植物病毒的生化研究，澄清了一些病毒的鉴定问题，并为以后的分子生物学研究打下了基础。后来，田波成功研制出烟草花叶病毒（TMV）疫苗，这项成果当时迅速在全国 20 多个省市推广，为国家挽回了巨大的经济损失。

接着，他研究了被称为"植物癌症"的黄瓜花叶病毒（CMV），CMV 依靠蚜虫传播，蔬菜、水果等植物一旦被其侵害，就会引起叶片卷曲皱缩、植物矮化、果实畸形坏死，严重危害了农业生产。当时找不到抗病的品种和资源，基因技术等手段在中国还没有出现，对 CMV 的防控能力非常有限。为探索有效防治 CMV 的方法，田波领导的科研组于 1983 年在国际上首次报道了成功应用卫星 RNA 对黄瓜花叶病毒进行的防治，并提出卫星 RNA 防病的分子机理，受到了国内外的广泛关注。这一成果获得了中国科学院 1987 年科技进步一等奖和 1988 年国家科技进步奖三等奖，田波本人更被提名为美国植物病理学会 RuthAllen 奖的候选人。

在此基础上，田波领导课题组构建成黄瓜花叶病毒卫星 RNA 和外壳蛋白双基因表达载体，成功地获得高度抗病的转基因烟草和番茄。转基因番茄在田间表现出良好的抗病性，抗病毒转基因烟草获中国科学院 1990 年科技进步奖二等奖。由于在抗病毒基因工程方面的突出成就，田波被邀请成为第八届国际病毒学会议中"遗传工程抗病性"讨论会主席。

在类病毒的研究方面，田波发现转基因马铃薯能有效地抑制 PSTVd 的复制，成为国际上把核酶对植物病原物抑制水平降低到检查不出来的第一个例子，该论文于 1997 年发表在《美国科学院院报》上。

马克思说："在科学上没有平坦的大道，只有不畏劳苦沿着陡峭山路攀登的人，才有希望达到光辉的顶点。"[①] 当田波决定继续转型研究人类疾病病毒时，已经七十多岁，且已是院士。他本可以躺在成就和荣誉的功劳簿上，本可以在已经开拓的植物病毒、植物生物技术等疆土上继续安稳地做下去，而且可以预期必将有更多丰硕成果，但他仍然以年轻人的激情和勤奋，继续向未知的科学顶峰攀登，全心全力投入动物病毒、医学病毒和免疫学这些全新的研究领域。这一转型意味着什么，著名病毒学家高福院士道出了其中三昧——"搞研究钻到一个新的行当，从基础知识到专业术语，一直到前沿科学课题的选择，都是一道道难关，因为我们是实验科学，实验手段的利用就很需要时间和精力。我非常佩服他，第一是田院士有决心进来；第二，进来后能这么刻苦，最终把它攻下来；第三，攻下来以后，还能够去做国际一流的、重要的科学问题。这都是相当不容易的，我认为非常非常难。"

田波院士带领团队无惧向前，攻坚克难，潜心研究乙肝病毒、SARS 病毒等，多项结果发表在国际著名医学杂志《柳叶刀》(*The Lancet*) 上。高福院士对此评价说："他做出了非常瞩目的成绩，有些达到国际一流水平。一、乙肝是我们国家的'国病'，他做了肝炎的免疫，尤其是肝炎细胞的免疫，这是国际一流的科研。二、艾

---

① 《马克思恩格斯全集》(第二十三卷)，人民出版社 1972 年版，第 26 页。

滋病和 SARS 这种病毒的侵入，我也参与了合作，这些工作也是走在前面的，从他发表的杂志就可以看出他对科研前沿的贡献。他能够很快找到这种国际关注、国际一流、民生特别需要回答的问题。"

科学是面对未知的无尽的探索，只有对客观真理的不断探求和追寻是永恒不变的。纵观田波的科研生涯，我们能够清晰地感觉到，他拥有非常开阔高瞻的学术视野，总是永葆好奇之心，面向国际，面向学科最前沿，瞄准大问题、大事件，向世界顶尖的科学和科学家学习，不愿固步自封，永在开拓进取。如今面对日趋激烈、关乎国运的世界高新科技竞争，抢占制高点，布局于长远，注定要成为当代中国科学家的时代担当。

全局思考，眼光前瞻

站得高、看得远、想得深邃，这使得田波观察和评估事物时往往有了别人不容易达到的前瞻性和预见性。在 20 世纪五六十年代我国科研条件非常艰苦的情况下，他做病毒研究采取了静电培养、加热处理等一系列办法，把病毒从植物体内清除，再产生新品种就可以抗病毒，这些工作在国际上也是属于前沿领域。20 世纪 70 年代以后，国际生物科学迅猛发展，进入分子生物学和基因工程时代，田波很快瞄准基因工程技术并将其带进了植物病理学研究。他对亚病毒颗粒的学术嗅觉也非常敏锐。国际社会刚发现类病毒时，他又很快抓住这种新的致病因子迅速开展研究。他把基因工程技术和新的亚病毒结合在一起，在 20 世纪 80 年代就做出了在国际上影响非常大的成果，即：用卫星病毒来防治病毒。他又通过做核酶去降解类病毒，从而控制病毒，这些在当时都是国际非常前沿的研究。这种学术上的敏锐性，后来延伸到健康生命科学领域也就是人类疾病病毒研究上。他意识到真正重大的问题须回归人类自身，于是转到乙肝相关的研究包括病毒如

2004年田波在实验室开展抗SARS病毒实验（图片来自《武汉大学报》2004年3月26日）

何进入细胞膜、抗病毒的抑制剂这些研究中来。与此同时，他观察到人类社会不断出现新病毒、造成重大疫情的突发病毒也时时露头，而微生物所当时主要还是以植物病毒、真菌病毒为主，缺乏医学病毒研究条件，于是毅然选择去武汉大学推进他的医学病毒研究。田先生一直能够看准整个学科的发展，这是促使他一生能够保持很高学科水准的重要原因。

武汉大学基础医学院院长郭德银对他这一点非常敬佩："一个病毒学家只有深层次地思考这个学科的发展，才能够站得这么高看待这个问题。一般的病毒学家只看看自己研究那一点点工作，这可能就是一个大学者和一般的研究者不同的地方。"

作为一流导师和顶级科学家，田波院士最卓越的地方恰恰在于他对国家社稷民生的体贴关怀，心怀苍生，科研事业高度面向国家重大战略需求，此成其"大"；密切关注国际科学前沿，及时追踪领域最新趋向，活到老学到老，眼界开阔，此成其"高"。他正是"既赢得崇高学术声望，又展示高尚人格风范"的杰出科学家代表。

习近平总书记指出："祖国大地上一座座科技创新的丰碑，凝结着广大院士的心血和汗水。我们的很多院士都具有'先天下之忧而忧，后天下之乐而乐'的深厚情怀，都是'干惊天动地事，做隐姓埋名人'的民族英雄！"[1]田波院士的精神将持续激励着我们，相信新时代科学家们将接过老一辈科学家的衣钵，将其高洁的科学家精神与科学精神代代传递，发扬光大。

（原载《微生物学报》2020年第4期，略有删节）

2005年4月田波（右）、何大一（中）、桂希恩（左）联手抗艾（图片来自《武汉大学报》2005年4月22日，高翔 摄）

①　科学技术部编写组：《深入学习习近平关于科技创新的重要论述》，人民出版社2023年版，第374页。

李德仁 数字绘天地大美

杨欣欣 肖珊

李德仁（1939— ）

江苏泰州人，1991年当选为中国科学院学部委员，1994年当选为中国工程院院士，摄影测量与遥感学家

"数据也许是冰冷的，但我希望通过这些数据，为人们带来温暖的生活。"这位国际测绘界的杰出科学家，在数字世界中孜孜以求，如今已是硕果累累。

今年4月底，他又远赴荷兰阿姆斯特丹，从印度第11届总统阿卜杜尔·卡拉姆博士手中，代表武汉大学领取了地理空间信息科学"全球领袖"奖；而他个人则接到了国际摄影测量与遥感学会的通知：授予他"荣誉会员"称号，这是国际上该领域的最高荣誉，全世界仅有10人享此殊荣。

他曾解决了世界测量学上的百年难题，3次获国家科技进步二等奖，研发成功3项测绘界全国第一，指导的博士生论文5次入选全国百篇"优博"……正是在以他为首的科学家团体的努力下，中国测绘科学与美德并驾齐驱，稳立世界三强。

他，就是中国测绘界和湖北省唯一的两院院士、武汉大学教授李德仁。

逆境 15 年，解决测绘学百年难题

"我读书时胆子大，爱提问，常把自己对名家著作的质疑写成读书心得，到处寻找老师求解。"学生时代的李德仁，就有那么一种与众不同的特质。

1957 年，17 岁的李德仁被武汉测绘学院航空测量系录取。大学 6 年里，他每天都处于求知若渴的状态。大四时，他在苏联专家撰写的教科书上发现了问题，写了好几篇文章。同班同学朱宜萱和王之卓院士的女儿是好朋友，李德仁就托她把文章转给王之卓，而李德仁和朱宜萱后来也成就了美好姻缘。

王之卓在文章上写了很多批注，并把李德仁叫到家里，师生俩长谈了 3 个多小时，连晚饭都耽误了。正是这次交流，奠定了这对师生黄金搭档的终生情谊。

1963 年，李德仁本科毕业，王之卓鼓励他报考自己的研究生。但因为档案里一份"莫须有"的材料，他被取消了录取资格。

天之骄子开始面对长达 15 年的人生逆境。李德仁谨记恩师嘱托，在工作中精进业务。1978 年国家恢复研究生招生，李德仁终于回到了恩师身边，这一年，他 39 岁，6 年前"下放"时在水泥厂研制的硫铝酸盐水泥系列，获得第一届国家科技发明二等奖。

李德仁朱宜萱伉俪

57

1981 年，当他以全优成绩获得硕士学位时，已练就一身过硬本领：基本功扎实，洞悉本学科发展状况和国际著名专家研究方向。他站在中国测绘学界的前沿，整装待发，随时准备跑步冲进世界航测研究的前列。

这一年他留校任教，随即以访问学者身份赴联邦德国进修。在波恩大学，他针对西方学者发现和消除粗差的倾向性方法，反其道而行之，在极短时间导出比丹麦法更优越的新方法，被国际测绘界称为"李德仁方法"；他根据该方法研制的新软件，获得了比波恩大学原软件更佳的计算结果。

1983 年，李德仁转入斯图加特大学，在欧洲摄影测量试验组织主席阿克曼教授门下攻读博士。多年之后，阿克曼还这样教育德国学生："你们羡慕李德仁教授的成就吧，他为自己的祖国而拼搏，他每天工作都在 14 小时以上，而且常常是通宵达旦！"

只用两年半时间，李德仁完成了通常需要五六年才能完成的博士论文和学位课程。长达 255 页的博士论文，给测量结果的准确度问题研究带来一片光明，使不同模型误差的区分和同一模型误差的定位难题迎刃而解。它以"1 分加 5 星"的得分，迄今仍保持着斯图加特大学博士答辩的最高纪录。

"我为这篇文章而激动，它解决了测量学上一个百年来的难题。"素以严谨著称的大地测量学家、德国洪堡基金会委员格拉法韧特教授再也无法掩饰内心的激动，挥笔在他的博士论文上批道。"获得了前人所没有解决的创造性成果。"王之卓称赞李德仁。

李德仁把粗差发现的理论上升到粗差和系统误差区分的理论上，荣获了该项成果的最高奖——汉莎航空奖。今天，即使是世界上科学技术最先进的国家，也要用李德仁的理论来校正自己的航测平差系统。

李德仁婉言谢绝了欧美许多摄影测量教学科研单位的热情邀请，1985 年，他站在了母校的讲台上，不讲职称和待遇，给本科生开了三门课。一年后他被破格晋升为教授；1991 年当选为中国科学院院士。

3S 集成，让百姓享受高科技

20 世纪 90 年代，在主持完成多项达到国际领先水平的研究课题后，他敏锐意识到：多系统集成，是学科发展的方向！

于是，当选院士后的第一篇文章横空出世：《论3S集成》（3S指GIS、GPS和RS）。这一思想受到国际认可和赞扬，成为李德仁的标志性文章。其后，随着一项项创新成果相继诞生，进一步奠定了中国作为世界上航测遥感三个最重要强国之一的地位——

他在1994年年底给全国的航空摄影测量人员带来福音：他主持完成的"GPS用于空中三角测量的试验研究"使野外工作量减少了90%，节约费用70%，并大大缩短了成图期，获1999年国家科技进步二等奖；

他领导研制的具有中国版权的地理信息系统"吉奥之星"，一举击败老牌的美国ARC/INFO软件，成为全国测绘系统数据库生产的主要软件，打破了国外GIS软件"一统天下"的局面，获2001年国家科技进步二等奖；

他主持研制成功我国第一个具有自主知识产权的高性能、高清晰度可视电话，系列产品达到国际先进水平；

他主持研制的中国首套"移动道路测量系统"，被誉为"革命性的高科技产品"，已向全世界推广，成果获2007年国家科技进步二等奖，产品已在国内外销售120多套；

……

依托这些高科技成果，李德仁先后创办了三家高科技企业，用最快的速度将最新的科研成果转化为社会生产力。他一直认为，科研人员的成果，无论是技术还是产品，都应该取之于民、用之于民，最终的目标是造福国人。

2009年，李德仁利用测绘技术完成的"影像武汉"网络地图，成为国内首个最完整、也是真正意义上的免费"影像城市"。这一系统只是构建"数字城市"的一部分，而"数字城市"又是"数字中国"和"数字地球"的一部分，李德仁的最终梦想是构建"智慧地球"。

"数字地球与物联网结合到一起，就变成智慧地球了。"谈及心爱的事业，73岁的两院院士双眼炯炯有神，"到时，人和人、人和机器、机器和机器都沟通起来了，地理信息随之进入了一个按需服务的新时代"。

"李老师最大的贡献，是与其他老一辈科学家一起，推动了中国整个测绘学科的发展。相对于其他国家而言，中国的测绘学科近年来发展得最好最快。"李德仁的得意门生、中国科学院院士龚健雅说，"美国、欧洲的测绘都在走下坡路，而中国的测绘学科紧紧抓住 3S 技术，在国家空间信息技术的发展中占主导地位，国际影响不断增强"。

2008 年，瑞士苏黎世联邦理工大学授予李德仁名誉博士学位，颁奖词指出，"李德仁院士的杰出成就，使武汉大学成为今天世界上地球空间信息领域最著名的研究机构；他还对培养国家和国际学术人才作出了不可磨灭的贡献"。

博导五冠王，学生是最满意成就

"教授的第一任务是教学，第二任务是组织科研，第三任务才是自己动手搞科研。"这是李德仁的信条。不管工作多忙，他都坚持亲自上讲台授课。

"我最本质、最喜欢的是作为一名教师、一名导师，我的责任是传承学问，培养下一代的接班人。"在所有头衔中，李德仁坦承，自己最钟爱的岗位是"教师"。

截至今年，已经有 120 位博士研究生从李德仁门下毕业。从 1989 年带第一个博士生开始，20 多年来，他平均每年要带 6 人。他的弟子数量之庞大，在整个中国甚至世界都位居前列，而且几乎个个成绩斐然。

"把我从王先生和阿克曼教授那里学到的基本的治学方法，传承给他们；把我从他们那里学到的宽大的胸怀、关心后生的品德，传承下去。"问及有何"绝招"，李德仁如是回答，"拿到最新的资料，我绝对不会锁到抽屉里，我会送到需要的人手里"。

2006 年，李德仁指导学生

在武汉大学，以测绘泰斗王之卓院士为前导，李德仁为中坚，龚健雅为后续的教学、科研、开发精英群体，其师生三代均为院士的测绘佳话被生动续写和传播着。

"他既有严格的要求，主要教学生研究方法和应该达到的目标，又能够放手让学生选题，自主寻找解决问题的技术路线，锻炼研究能力。"龚健雅一语道破导师培养学生多快好精的"秘诀"。

出门记得给家人打电话、谈一辈子恋爱为感情"保鲜"……李德仁的弟子们，许多已成为行业精英，每每想起恩师的温情教诲，脸上总会露出幸福的微笑。

弟子黄俊华将李德仁生动概括为：严师、慈父、侠士。"说他侠士，是因为每次都来去匆匆，整天飞来飞去，奔走在世界各地，尽量帮助更多的人，如同古时候的侠士一般。"

李德仁有个心愿，希望自己的思想能够影响更多的人，更希望自己的弟子能从学科带头人变成领军人物。而他自己，虽已年逾古稀，仍在不断前行。

这就是李德仁，一个坚持"读书、思维、创新、实践"而永不停歇的探索者，在神奇的测绘遥感领域，用数字绘天地之大美。

（原载《武汉大学报》2012 年 6 月 29 日。图片由蔡列飞提供）

2012年，李德仁代表武汉大学领取地理空间信息科学"全球领袖奖"

卓仁禧 不断开拓科研新领域

冯林

卓仁禧（1931—2019）

福建厦门人，1997年当选为中国
科学院院士，高分子化学家

　　6月的一天，细雨阴沉，但中国科学院院士卓仁禧的心情却十分晴朗。国内外传来的高分子化学领域的最新进展带着清新的气息，仿佛一场凉爽的夏雨即将来临；学院不断出现引人注目的教学科研成果；受他培养以及受他影响的新秀在国内外竞出……

　　看到自己自幼就有的科学强国之梦和35年之前绘制的生物医用高分子化学发展蓝图一一变成现实，望着自己办公室外日益优雅洁净的大学校园，卓仁禧的脸上露出欣慰的笑容。

从鼓浪屿走出，立志做国家之急需

　　鼓浪屿小岛上有一座深蓝色的大屋，青砖筑墙，斜坡屋顶，在大海蓝天的映衬下显得内敛庄重，一如代代相传的卓家家风。

这是卓仁禧的出生地。

卓仁禧出生在一个成功的商人家庭，他在鼓浪屿的万国文化中度过了童年。许多知情者对鼓浪屿的这个家族怀有敬意：不只是因为其家世显赫，曾经家财万贯，而是因为其家风俭朴，人才辈出，不少人成就卓越，且是各自工作领域的精英。

1953年，卓仁禧从上海复旦大学毕业，分配到武汉大学工作。由于国家经济建设急需人才，于是1957年卓仁禧被选派往天津南开大学，跟苏联专家学习元素有机化学。学习期间，在专家的指导下进行有机硅化学的研究。由于他勤奋学习、刻苦钻研，两年后取得了优异的研究成果，且在我国著名期刊《化学学报》上发表了论文，在科学研究领域崭露头角。回校后不久，他就在教学和科研上做出了一系列创新性成果。

光学玻璃防雾剂，斩获国家大奖

1972年，中国人民解放军总后勤部根据国防需要，并考虑到武汉大学化学系在元素有机化学具有较好的研究工作基础，派人到武汉大学，提出共同合作研制光学玻璃防雾剂。在这之前，总后勤部已经组织研究了光学玻璃的防雾，但没有解决问题。

1945年秋天，卓仁禧与父母兄弟姐妹在鼓浪屿家中

他们找到了卓仁禧，将这个难题摆在了他面前。据说，卓仁禧当时"略一沉思便接受了这项任务"。教研室首先组建了卓仁禧领导的研究小组，到全国有关研制单位调查研究，寻找别人没有成功的原因。

经过调研和思考，卓仁禧等得出初步结论：光学玻璃出现雾点影响透明度，可以认为是玻璃在水的存在下被腐蚀的现象。"如果在玻璃表面能有一层很薄的、透明的疏水膜，可能会达到防雾效果。"他由这样的构思提出了防雾剂的分子设计，当时的研制组军方成员甄广全回忆起那个过程时，记忆犹新。

随后，他们开始设计并合成一种有机硅化合物，用于光学玻璃的表面处理。通过严密的逻辑推理和反复试验后，防雾剂研制小组成功地达到了光学玻璃防雾的目的，并很快应用于多种光学玻璃器件。

1976 年 9 月，毛泽东主席逝世。为了使存放毛主席遗体的水晶棺保持长期晶莹透明，有关方面又找到了他，要求提供水晶棺的防雾剂。在卓仁禧的领导下，高分子教研室的许多老师共同协作研制并顺利完成任务。

这项创新性研究成果，获得了 1978 年全国科学大会奖和 1983 年的国家科技发明奖。

彩色录像磁带黏合剂和助剂，提高电视播放质量

20 世纪 70 年代中期，电视技术在中国还不很成熟，用于电视广播的录像磁带，偶尔会使屏幕上出现像流星一样的"闪"点，影响播放质量。这是一个关乎中国电视产业和影视文化形象的事情。武汉市一个生产录像磁带的厂家派人来到武汉大学，请学校派专家到厂参与彩色录像磁带黏合剂和助剂的研制。

这一重任又落在能战而且是能胜战的化学家卓仁禧身上。卓仁禧与两位同事来到工厂，仔细了解各生产环节和使用的原材料，他们发现工厂所用的二元共聚物黏结性能不好。应该将二元共聚物进一步部分水解，变成略带亲水性的三元共聚物。同时，他们建议加入一种有机硅化合物作为助剂，以增强无机磁粉和三元共聚物黏结，并能在涤纶带基上均匀涂布。

厂方采纳此方案后，"闪"点奇迹般地从电视屏幕上消失了。一方面，这是一个惠及千家万户的研究成果，另一方面，他们也解决了计算机磁带漏码问题。这个与工厂合作的研究项目，也获得 1978 年全国科学大会奖。

生物医用材料研究，新领域取得新成果

1970 年，武汉大学化学系高分子化学与物理专业开始招生，但研究方向尚未确定。在这时候，卓仁禧开始思考教研室和自己的科学研究方向。考虑到国内外高分子学科研究概况、发展趋势以及国家需求，卓仁禧认为生物医用高分子是高分子学科一个重要的科研新方向，对今后医学理论和技术的进步能起到重要的支撑和促进作用。1979 年年初，卓仁禧和几位同事合作，将科研方向转到生物医用高分子材料这一新领域。

1981 年，卓仁禧应邀去法国参加 IUPAC 高分子学术会议，在会上报告了他们在生物医用高分子方面的研究成果。1982 年，应日本学术振兴学会邀请，去东京大学、早稻田大学和大阪大学等著名大学作生物医用高分子的研究报告和学术交流。1983 年，卓仁禧去美国耶鲁大学做访问学者，从事生物活性化合物的研究。迄今他已发表相关论文 640 多篇。

20 世纪 90 年代，磁共振成像（MRI）已成为一种重要的医学诊断技术。我国不少大医院相继引进磁共振成像设备，并进口用于提高诊断准确性的造影剂。但这种 MRI 造影剂，价格很高，每支 20 毫升针剂售价 2000 元，对病人是个沉重的负担。科学家的良心使卓仁禧不能视而不见，他们很快就合成了与进口商品相同的钆造影剂，成本仅几十元。研究组还进一步合成了含 DOTA 配体、氨基酸配体、高分子配体和器官靶向性的新型钆配合物，并测试了其物理化学和生物医学性能。这项研究荣获 1996 年度中国化学会高分子化学创新论文奖。卓仁禧的博后、现任教于美国凯斯西储（CaseWesternReserve）大学的吕正荣教授，仍在继续从事这方面的研究。

在药物控制释放高分子材料的研究中，卓仁禧等系统开展了脂肪族聚酯、聚磷酸酯、聚氨基酸等高分子的设计、合成、表征和药物控释性能的研究，也取得了创新性的重大成果，并先后获得 1991 和 1999 年两个国家自然科学奖——《以 5—氟尿嘧啶为中心链节的生物活性高分子》（1991），《若干生物医用高分子的研究》（1999）。由于卓仁禧等在这个新领域取得了丰硕成果，1993 年生物医用高分子材料教育部重点实验室在武汉大学成立。卓仁禧理所当然地成为该实验室第一届主任。

20 世纪 90 年代以来，国际上兴起一个热门研究课题——基因治疗。这一新治疗方法的基本原理是将健康的基因或治疗基因，通过载体传递到细胞或细胞核去改

卓仁禧和助手们

卓仁禧夫妇访问霍普金斯大学时，与在该校工作的弟子毛海泉合影

造或取代疾病（变异）的基因，从而达到治疗一些难治疾病的目的，如癌症、艾滋病、先天遗传疾病等。另一种是将小干扰核糖核酸（siRNA）运载到细胞质中去干扰信使 RNA（mRNA）的转录，阻断患病基因的表达（也称为基因沉默）。因此，载体的研究是发展基因治疗的关键课题。在 21 世纪以前，多数的研究是采用病毒作为基因载体。虽然病毒载体的转染效率高，但是病毒的毒性也很高，所以限制了其临床应用。

卓仁禧研究组从 20 世纪 90 年代中期开始基因治疗化学载体的研究，并取得出色的成果，先后合成了多种新型基因载体，包括肿瘤细胞靶向性载体，并用细胞和小鼠测试了它们的毒性和转染效率，期望能够得到低毒高效的基因治疗化学载体并用于临床。这项研究获 2006 年湖北省自然科学奖。

2012 年 10 月 17 日《科技日报》的国际新闻报道了卓仁禧的博士生、现在美国约翰霍普金斯（JohnsHopkins）大学做研究的毛海泉副教授，在纳米基因载体的研究中取得重大突破。他发现蠕虫状纳米粒子在肝细胞中的基因表达要比球型纳米粒子高出 1680 倍；比平均长度 130nm 的棒状纳米粒子高出 120 多倍。

（原载《武汉大学报》2013 年 5 月 10 日。图片由武汉大学化学与分子科学学院提供）

邓子新

生物科学「探险家」

付晓歌

邓子新（1957— ）

湖北房县人，2005年当选为中国科学院院士，微生物学家

他甘坐冷板凳，一坐20年，坐实了DNA上存在第六种元素——硫的重大发现，先后获评2005年中国高校十大科技进展和《环球科学》2007全球十大科学新闻；他极富个人魅力，从世界名校召集了一批青年才俊至其麾下，不到1年就建设起具有国际水准的"组合生物合成与新药发现教育部重点实验室"。

他，就是2年前与武汉大学结缘的中国科学院院士、第三世界科学院院士邓子新。

跳出农门的山里娃

1957年3月，邓子新出生于湖北省房县，是家里最小的孩子。父母要养活5个孩子，生活异常艰苦。十几岁的邓子新已经承担起持家的重任，山间的小路上，常常见到他挑着百来斤茅草的幼小身影，几十里的山路记录下他的青春岁月，如今身上还有砍柴留下的累累伤痕。

父母希望孩子们脱离这种贫苦的生活，千方百计地供他们读书，希望知识能够改变命运。"我读书的时候，连一个练习本都买不起，作业本都是顶格写，左右那一点点缝隙都舍不得浪费。每学期的 2 块钱学费，都迟迟无法交上。"邓子新说。

1977 年恢复高考，邓子新燃起跳出农门的希望之光。进入备考阶段，他却还在工地上打眼放炮。高考前一天，还在工地上开山放炮，第二天带着满身泥土走进考场。

功夫不负有心人，邓子新以满意的成绩考入原华中农学院（今华中农业大学），成为土化系微生物专业的大学生。"大学是我生命的一个转折点。"他感慨万千。

初入大学的邓子新仿佛走进另一个世界，可是他怎么也没有想到，第一次英语考试，他考了全班倒数第一。"房县的教学条件差，我念中学时，连书本都没有，26 个字母能够理解全就已经不错了。"不服输的他每天都挤出两三个小时学英语。5 点起床，跑到后山湖边大声朗读。凭着这股钻劲儿，邓子新的成绩一跃而起，名列前茅。

邓子新（左二）与导师David A.Hopwood（右一）等交流

邓子新作为火炬手参加2008年北京奥运会火炬传递

1982 年，邓子新毕业留校任教，并被推荐到欧洲分子生物中心戴维·霍普伍德教授门下深造，用 3 年时间就完成了学业的两级跳，顺利戴上英国皇家博士帽。

1988 年 5 月，邓子新婉拒老师们的挽留，偕同妻子一起回到祖国。回国前，戴维·霍普伍德对邓子新说了一句话："邓，你是个做基础科学研究的料，要坚持。"这句话给了他莫大的鼓舞。

邓子新一颗回国的心无比坚定。他坦言，自己从未想要留在英国。"我经常想起我的家乡和父老乡亲，走的时候，乡亲们拉着我的手说，'子新，你可要回来，别人不回来，你可要回来。'"那时的他感受到，在老乡们朴实的观念里，如果不回来为国家做贡献，会被看成忘恩负祖的罪人。学习期满，他不附带任何条件地回到了母校任教。2000 年，邓子新进入上海交通大学创办的 Bio—X 生命科学研究中心，组建了微生物遗传学团队。后任生命科学技术学院院长。

科研路上的实干家

刚刚回国的邓子新面对的却是国内大学争相在科研上搞创收的局面，一个月只有 90 多块钱工资的邓子新不为所动，坚持搞自己的基础研究。

在英国时，邓子新每月补贴是 158 英镑。他一分钱掰成两半花，用省下的钱和国家给留学生的免税指标买了冰箱，就是为了回来以后便于存放试剂，使科研工作能够开展起来。当时的武汉，科研条件相对落后，许多试剂买不到，邓子新就亲自到北京上海去购买，已是家常便饭。

2005 年，由教育部科学技术委员会评选的 2005 年度"中国高等学校十大科技进展"在京揭晓，邓子新领衔的"DNA 大分子上一种新的硫修饰"成果脱颖而出。

邓子新团队首次提出，在某些微生物基因组中作为生命中枢的 DNA 大分子上存在硫元素，而且分离出与硫修饰有关的完整基因簇。DNA 新结构的最终阐明将丰富分子生物学的基础理论，打开一个新的学科领域，也将为 DNA 损伤，甚至癌症治疗因子的作用机理提供理论基础。

"十年磨一剑"，这一剑，邓子新整整磨了 20 年。早在英国时，他就从一个司空见惯、不值得一提的偶然现象中发现了其中的苗头。当他历经千辛万苦，第一次提出这个设想时，遭到的却是一片质疑声。但他选择了坚持，在经历一次又一次的失败后，依然前行。

1997 年，邓子新和同事分离出相关基因，这是他们第一次拿到 DNA 上存在硫修饰的证据，但那时还没有遗传学、生物化学，尤其是没有化学分析的最终证据，难以服众。

师从邓子新的王连荣还记得，刚进实验室时，师兄师姐就告诫她，所谓硫修饰的课题就是一个无底洞，千万不要接手。而她却被邓子新的毅力所感染，与老师并肩作战。邓子新不断加油打气，告诉她希望就在眼前。

所有的坚持终于燃起希望的火花，2004 年，他的团队在实验中证实了细菌 DNA 分子中硫元素的存在。2005 年，《DNA 大分子上一种新的硫修饰》论文在《分子微生物学》期刊上发表。2007 年又相继在《自然—化学生物学》《核酸研究》《生物化学》和《分子微生物学》等期刊上连续发表 4 篇论文，获得化学结构和生物学功能的一系列突破。他团队的这项非凡成果获得国际分子生物学界的一片叫好声，专家评论说，这是一项振奋人心、令人意外的发现，具有最高级别的科学价值。

如今，邓子新回忆起 20 多年的科研历程，感触良多，"我很享受这个发现的过程，失败有时候也是一种美妙的体验，要相信自己，耐得住寂寞，有敢于把冷门捂热的勇气、执著和毅力"。

除了埋首于揭示硫元素的存在，邓子新还是个多面手，在微生物分子遗传学、抗生素药物代谢工程和化学生物学领域都作出了许多卓有成效的成绩。

2003 年以来，邓子新团队在国际上克隆了一系列新结构类型的抗生素生物合成基因簇，并在国际上首次提出了多类抗生素生物合成的模型。

同时，邓子新团队还系统性地建成了具有国际影响的"抗生素药物基因资源库"和"抗生素药物化合物库"，建立和发展了重要抗生素产生菌的基因克隆体系，开展了提高抗生素药物产量和创新药物的研究，提高了重要药物（如多氧霉素）的产率，获得了数十个新抗衍生物，申请了 18 项发明专利。这些成果标志着邓子新团队转变自然微生物中被动筛选抗生素新药物的传统模式，迈出主动高产、创新微生物药物的第一步。

充满激情的领导者

2009 年年底，武汉光谷获批第二个国家自主创新示范区，邓子新受邀考察武汉国家生物产业基地的九峰基地等。随后，他欣然接受担任武汉大学药学院院长，同时兼任武汉生物技术研究院院长的邀请。他说，到武汉大学"过程很简单"，"只为做大事，做成事，没想太多"。

来到武汉大学的，不仅仅是邓子新，10 余位高层次人才也追随着他的步伐，来到珞珈山这片科研乐土。

2010 年春节，在剑桥大学生物化学系做研究的孙宇辉接受了邓子新的邀约，加盟武汉大学。不久后，邓子新曾经的学生——就读于哈佛大学的博士后陈实、就读于斯坦福大学的博士后刘天罡、就读于麻省理工学院的博士后王连荣等，也追寻老师一起来汉。许多以前未曾相识的"海归"们也纷至沓来。

来武大后，邓子新不仅仅是一名科学家，更是一位领导者，致力于构建生物药学研究平台，建立丰富的药物基因资源库及化合物分子库，实现生物药物的创新和高产。

他认为，自然科学，尤其是基础性研究，很多重大的科学发现是无法提前计划的，探索科学就是探索未知。实验室应强调培养学生的兴趣、吃苦耐劳的精神和执著追求的精神，尤其是创新的激情。

实验室硬件建设是物质保障，但软环境建设更为重要，对此，邓子新颇有心得：

"一定要营造有利于科研创新的文化。"

采访中记者发现，师生们说得最多的就是团队合作精神。实验室有一条不成文的规定，不论谁申请到科研经费，都要拿出一部分来，贡献给团队，作为新同事的科研启动资金，也可以资助暂时未能申请到经费的教师。大家还共同凝练出"博学精问、同舟共进"的"室训"来支配实验室创新精神和团队文化的发展。

"我们有冲劲，有活力，却难免急躁，邓老师像慈父一样，包容着大家的个性与失败。"王连荣说。

谈起包容失败，邓子新滔滔不绝，"社会的评估体系，特别是容忍失败的体系，可能现在还不是特别健全。我们应该容忍失败，在科学上面尤其如此，只要整个探索过程是科学的、有逻辑的，即使最后没有产出论文和产品，可它还培养了人才。从更深层面来说，科学研究应该是科学知识和人文底蕴的积累"。

面对自己所取得的成功，邓子新十分谦虚，他把一切归结为拥有一个支持他事业的集体。他说，"我的精神支柱是一个知识分子对国家的责任感"。"现在正是做贡献的时候，这种贡献，只有开始，没有终点。"

（原载《武汉大学报》2012 年 6 月 22 日。图片由郭俊红提供）

张俐娜

有激情不怕年高

刘振兴 谢婷婷 雷宇

张俐娜（1940—2020）

福建光泽人，2011年当选为中国
科学院院士，高分子物理化学家

46岁才开始真正意义上的科学研究，从一个烧瓶、一支试管到创建国际一流的科研实验室，"半路出家"的张俐娜后来居上，在年过古稀之际，成为百年学府武汉大学唯一一名女院士。

同样是在那一年，张俐娜凭借世界首创的一种神奇低温水溶剂"秘方"，获得美国化学会安塞姆·佩恩奖，成为半个世纪以来获得该奖项的第一位中国人。

她是社会评价中的"大器晚成者"，她自己也常说自己是一只"笨鸟"，之所以成就事业，是因为付出了比他人更多的时间和精力。

然而，中学时代的张俐娜其实就已绽放出"金子的光芒"了。书香世家的耳濡目染、一流中学的勤奋学习，培养了她超群的自学能力和责任意识。

回首半个多世纪来的奋斗历程，张俐娜感恩中学时代。她说，中学时老师注重学生德、智、体、美的教育培养，为她后来在逆境中克服困难、寻求发展机会，成长为"真正的科学家"，打下了坚实的基础。

从小被老师当"科学家"培养

张俐娜的父亲毕业于清华大学，后担任江西师范大学图书馆馆长，母亲是一名认真负责的中小学教师。

因此，她从小受到了良好的教育。父亲喜欢藏书，她从小学时就接触过许多中外名作，耳濡目染，让她养成了爱读书爱思考的习惯。由于是家中长女，父亲对她要求较为严格，这促使小俐娜从小做任何事都有条有理，认真执著。

小学毕业，张俐娜考入江西省南昌一中初中部。入学时，她的成绩在 21 个班级排名中属于中上等；到初三毕业时，已经处于上等水平，一举考上了当地最好的高中——南昌市第一高中，后来它改名为南昌市五中。

初中报考师范还是报考高中，成为张俐娜人生的转折点，令她终生难忘。

1955 年，张俐娜初中毕业前夕，适逢国家扩大中等师范学校招生，拟为农村及偏远地区补充小学教员。张俐娜响应号召，填报了师范学校。初中老师马叔南认为张俐娜当小学老师有可能埋没她的潜能，向校长举荐说，张俐娜是块当科学家的料。校长遂以"组织决定"要张俐娜改填南昌市第一高中，当"未来的科学家"。

如果没有马叔南老师的甘冒风险、慧眼识珠，今天的科学界可能就没有张俐娜。

"我很幸运，总是遇上学问好、有责任心的老师。"当时，马叔南对张俐娜语重心长地说："要努力学习，报效祖国。"

这句话，从那时起就响在张俐娜的耳畔，半个多世纪来一直激励她奋勇前进。

"我到了这么大的年纪，还拼命为科学技术拼搏，就是想让我们国家在生物质材料领域居国际领先地位。"75 岁的张俐娜接受记者采访时说。

短跑成绩超越男生课堂笔记是"秘密武器"

初中刚入学时，张俐娜身体很差，常常生病。为了增强体质，她开始跑步。结果一发不可收，越跑越快，初三时参加全校运动会拿了短跑第三名，这彻底激发了她跑步的热情。

高中后，张俐娜成为学校田径队和体操队的队员。体育老师为了激励张俐娜跑步，每当在操场上看到张俐娜，就让一些男生和她比赛，男生们总是跑不赢她。后来，张俐娜以江西省田径第二名的成绩参加了在青岛举行的全国首届少年运动会。

张俐娜在回忆这段经历时说："体育运动对我学习成绩没有影响，运动锻炼了我的身体也磨炼了我的意志和毅力。"

在她看来，中学生就是要德智体美全面发展，才能走得更好、更远。

在学习方面，张俐娜不仅肯下功夫，而且讲究技巧，形成了一套自己的学习方法。

读高中时，她最喜欢上化学课，不爱笑的化学老师非常严格，但课上得很好。"我特别喜欢做实验，尤其是银镜反应实验。"采访中，张俐娜兴奋地比划起做实验的动作。在试管中，滴入适当比例的规定化学溶液，震荡、加温，试管内壁出现一层光亮如镜的银。这启发了少女时代的张俐娜对未知世界的好奇。

张俐娜说自己记性并不好，在背书上不如别人。所以平时学习时，总是依靠理解记忆。比如化学方程式，她从不死记硬背，而是在实验中记忆。她花在化学上的功夫并不多，但化学成绩出乎意料的好，总是考5分（满分）。

每个成功人士的背后总有一套自己探索的"秘密武器"。张俐娜也不例外，她的"秘密武器"就是"自己的课堂笔记"。平时课上听老师讲课，课后再次回忆一遍，把老师的知识转变为自己的收获，并用简明的语句作总结记录，"你把它变成了自己的东西，就可以去主宰所有的东西"。

杜予民（右一）张俐娜（右二）夫妇一同参加国际学术研讨会（图片来自《武汉大学报》2007年5月25日）

张俐娜女儿代母亲领取安塞姆·佩恩奖（图片来自武汉大学新闻网2012年3月28日）

在数学公式的推断、几何方法的证明中，她擅长分门别类找规律，认真归纳，"如果你去死记硬背，你很快就会遗忘，而我是用心去做这件事情，变成自己的东西，就不容易遗忘"。

在自学计算机时，她在笔记本上记录每一个疑惑和解答，把答案写在纸上，也记在心头。以前从未接触过计算机的张俐娜，成了武汉大学第一批使用 E-mail 的人。

后来访日期间，自学日语，张俐娜超强的自学能力又派上了用场。她拿着字典看电视，一边看一边想，根据情节记忆对话和词组，每隔两天就和房东太太用日语交流。至今，张俐娜还能与日本专家流畅地对话。

张俐娜的成长史被科学家们喻为"神话般的故事"

初中时，张俐娜有一次在睡梦中被铃声惊醒。

她半梦半醒地说："我还没睡够呢，我梦见我上了莫斯科大学（那个时代所有的宣传都称，莫斯科大学是世界上最好的大学）。"

室友听后，有的嘲笑她异想天开，有的笑她做国外名校读书的白日梦。可是谁也未想到，多年后张俐娜不仅去国外名校留学，而且还去了不少名校做学术报告。

"很多东西需要约束，中学生处于心智不成熟阶段，也需要师长的用心引导。"张俐娜坦言，自己正是因为家长、老师的正面引导，才能够始终走在正确的轨道上。

舅舅谷霁光是历史学家，教导她要"多向名师请教"——在学习中有不清楚的地方，可以与同学相互讨论，但一定要请教有名的老师，问他的一些观点，让名师

2016年，张俐娜指导法国女博士后（图片来自《武汉大学报》2016年11月4日）

的学术思想和观点开阔自己的视野。

父亲的言传身教更是对她影响深远。

"诚实守信、刚正不阿、悉心钻研、锲而不舍、爱国爱家、宽厚待人。"张俐娜说，这 24 个字是她父亲赋予的宝贵财富。

也正是这样的教育伴随和支撑她走过特殊的年代。

1963 年，张俐娜从武汉大学化学系毕业时也是优秀毕业生。但她的出身太特殊了，父母都是"臭老九"，堂伯父是张国焘，她的档案被打入另册。毕业时她没能留校，而是被分配到北京铁道科学研究院。

多年后她辗转回到母校，46 岁时，这位武汉大学昔日的高材生的职称还是一名讲师，她终于从做衣服棉被、下"软而不烂、色香味俱全"面条的琐碎家务中解放出来，第一次有了自己的科研方向和实验团队。

铭记并秉承父亲的教导，张俐娜不但家庭和睦，而且做到了锲而不舍。

2000 年 1 月，已经是武大化学系教授的张俐娜获得国家自然科学基金重点项目资助，开始了纤维素新溶剂及材料的研究。这一年，她 60 岁。这个年纪，许多人已经退休。

在长达十余年的研究后，这项科研结出硕果，被科学家们喻为"神话般的故事"，张俐娜因此获得 2011 年度安塞姆·佩恩奖，这是国际纤维素与可再生资源材料领域的最高奖。

评委们认为，张俐娜教授带领的研究队伍通过开发一种神奇而又简单的水溶剂体系，敲开了纤维素科学基础研究通往纤维素材料工业的大门。

回首过往，她始终相信"天才出于勤奋"。

在她看来，既要动脑又要动手，同时用心做事，才能说得上真正意义的勤奋，而勤奋固然很重要，"激情更是决定事业成败的关键"。

张俐娜坦承，有爱才有创新的激情，爱是自己前进的动力，爱也成就了自己的人生，"我们那时候的教育是爱祖国、爱人民、爱劳动、爱科学，所以我从小就爱父母、爱师长、爱学习"。

这位历经坎坷、风度依然的老人说，如果没有对祖国和人民的挚爱以及对科学的热爱，自己就不可能在化学领域取得这些成就。

（原载《中国青年报》2015 年 11 月 3 日）

龚健雅　经纬空间写鸿篇

陈丽霞

龚健雅（1957—　　）

江西樟树人，2011年当选为中国科学院院士，测绘与地理信息学家

这是一张满满当当的行程安排表：赴南非参加地理信息标准化委员会工作组会议，参加对地观测与导航科学与前沿论坛，赴北京、郑州、沈阳等地开会，给学生上"测绘学概论"课程，赴香港参加国际摄影测量与遥感学会研讨会……

对于刚当选中国科学院院士的龚健雅来说，这却是再平常不过的一个月。"在科学的殿堂里，决不允许庸庸碌碌，唯勤奋才能取得入门证。"这是龚健雅对学生的告诫，几十年如一日，他是这样说的，也正是这样做的。

责任，支撑前行脚步

1978年秋，龚健雅走进华东地质学院大门，4年后，他以全优的成绩毕业并留校任教。任教期间，由他主持的"桩点法航测数字成图"项目获原核工业部二等奖。1988 年,他成为王之卓院士和李德仁教授的博士生,在新的领域开始探索。

1989 年,龚健雅到丹麦技术大学进修,两位导师以富于学术预见性的眼光,为他选准"面向对象 GIS"作为研究方向。不久,他在欧洲第一届 GIS 学术讨论会上提交论文,被选为大会报告论文,引起了专家的浓厚兴趣,澳大利亚《摄影测量和大地测量学报》全文转载。

时任 ISPRS 主席、日本东京大学村井教授等对"面向对象 GIS"概念给予高度评价,认为"这种新的一体化数据结构和面向对象数据模型,为建立新一代 GIS 奠定了理论基础"。

由于看中了龚健雅在学术上的突出表现,丹麦农业部致信龚健雅,邀请他到该部工作。尽管当时国内的科研条件与生活环境和国外有着很大差距,怀着对祖国的责任感和对恩师深挚的爱,1990 年,龚健雅婉言谢绝了丹麦农业部等单位的挽留,毅然按时回国。

作为一名教育工作者,龚健雅不仅有立足国家需求做科研的赤子情怀,还将为国家培养优秀测绘人才视为己任。他认为,"学生是老师最大的成果,科研和教学可以相得益彰"。多年来,龚健雅一直坚守在教学一线。他给学生上的第一堂课就是要诚实、正直,决不容许学术抄袭现象。他给学生提出要做到几个"一流":要做一流的研究者,要在一流学术刊物上发表文章,要创造一流的科研成果。他本人和他的学生不仅在国际国内刊物上发表了大量论文,而且论文被引次数超过 9000 次,其中在《测绘学报》发表的论文连续 8 年引用次数排名第一。

笃行,勇攀科学高峰

"龚健雅是一位站在学科前沿,服务于国家重大需求,踏踏实实带领团队工作的优秀中青年科学家。"中国科学院、中国工程院院士李德仁这样评价龚健雅。

"要广泛学习,勇于探索,不断进取,持之以恒,不要太在乎结果和名誉,力争把事情做好。"龚健雅寄语年轻学者。

在龚健雅看来,持之以恒是最为重要的科研品质。他说,"我们所做的工作都应是学术前沿和国家需求。如果看准了一个事情,就要坚持做下来并不断完善,绝不能半途而废"。

1992年3月，龚健雅博士毕业答辩通过后，与三位导师王之卓、李德仁、丹麦技术大学Ole Jacobi教授合影

　　1992年，龚健雅博士毕业，带着他在GIS理论上的重要建树，赶上了国家测绘局设立"八五"重点攻关项目——面向对象GIS基础软件研究。龚健雅带领当时只有十来个人的科研队伍，开始了研制我国自主版权的GIS基础软件的艰难之路。

　　1993年，龚健雅带着队伍封闭攻关4个多月，最终拿出了第一个面向对象GIS基础软件雏形——吉奥之星（GeoStar）。目前，吉奥之星已成为GIS领域的主流软件，并获国家科技进步二等奖。时任国际摄影测量与遥感学会秘书长JohnTrinder教授评价，"吉奥之星是国际上面向对象GIS的领航者"，龚健雅由此获得学会颁发的首届Dolezal成就奖。

　　在成功研发"吉奥之星"的基础上，面对异构操作系统、异构网络、异构地理信息系统等复杂问题，21世纪初，龚健雅主持自主研发出二维和三维地理信息网络服务平台GeoSurf和GeoGlobe，成为国家地理信息公共服务平台——"天地图"的基础软件，引领了"面向对象GIS"向"面向服务GIS"的发展，分别于2005年和2010年再获国家科技进步二等奖。

　　2010年10月，时任国务院总理温家宝在汉考察时，亲身体验了"天地图"，并由衷称赞提供核心技术支撑的测绘遥感信息工程国家重点实验室："你们真厉害！"

在取得 GIS 领域一系列重大成果的同时，在摄影测量与遥感领域，龚健雅还在国际上率先提出了双中心投影的广义几何成像模型理论，并主持研发了我国遥感卫星地面处理系统。该系统成功应用于我国多个国产遥感卫星地面数据处理中，彻底结束了过去依赖国外进口软件的历史，不仅带来了巨大的经济效益，更确保了国家安全。

长期以来，龚健雅与李德仁一道，带领测绘遥感信息工程国家重点实验室打造从基础研究、技术创新到成果转化的完整科技创新链条，不仅创造了一流的学术，也解决了一系列国家重大需求问题。此模式为国内外同行所称道，成为该实验室的一个重要特色。

用世界眼光谋划发展，用更高要求鞭策自己。龚健雅常说，"国家经济发展了，在科学技术领域也应该有与经济实力相称的话语权。我们科研工作者通过开展一系列工作来实现国家的话语权，是非常必要的"。目前，龚健雅及其研究团队正在筹划和实施一系列以武汉大学为发起和牵头单位的国际合作项目，使中国科技界的声音更多地影响全球。

包容，打造一流团队

"感谢我的导师王之卓院士、李德仁院士的培养，感谢我的老师、同事和学生的支持与帮助，没有他们的培养和支持，我不可能有今天。"提起今天的成就，龚健雅满怀感恩之情。

事实上，实验室自建立以来，就是在王之卓、张祖勋、李德仁院士等几代学者共同奋斗下发展起来的。"作为我们学科和实验室第三代学术领军人物，龚健雅教授相继担任实验室常务副主任和主任职务，对实验室发展倾注了大量心血。实验室被国家科技部授予'金牛奖'，在国家科技部组织的五年一次评估中连续三次被评为优秀。这十分不易！"实验室党委书记杨旭介绍。

在优良学术传承的影响下，龚健雅十分注重发挥团队的力量。他常说："小成绩可以靠个人，大成绩则一定靠团队。"严以律己、宽以待人，是他作为团队负责人所坚守的原则。

龚健雅曾带领全国 50 多名研究人员，开展"863"项目研究；作为"973"项目首席科学家，他又带领国内外 100 多名教授，研究"对地观测数据—空间信息—

地学知识转化机理"。

作为一名科学家，如何将富有个性的科研人员聚在一起，围绕一个共同目标进行攻关？在这个过程中，龚健雅的德和行"征服"了所有人。他的合作者说："一位研究人员如果跟龚老师合作不好，那他跟其他人也难以合作。"而龚健雅的"秘笈"只有一条，那就是以个人利益和好恶为轻，以大局和国家利益为重。

在李德仁、龚健雅等带领下，实验室业已成为国际上测绘遥感信息工程领域的一流研究平台、高素质人才的培养中心和高新技术成果的辐射基地，得到了国际同行的高度评价，与学科同行一道为武汉大学赢得了崇

1988年，龚健雅在原武汉测绘科技大学攻读博士学位

高声誉。2008 年 11 月，瑞士苏黎世联邦理工大学在授予李德仁荣誉博士称号的颂词中称："武汉大学是当今世界上地球空间信息领域最著名的研究机构。"

（原载《武汉大学报》2012 年 3 月 6 日。图片由胡灵提供）

2006年，龚健雅与妻子、女儿

舒红兵 书写抗病毒免疫新传奇

付晓歌

舒红兵（1967— ）

重庆荣昌人，2011年当选为中国科学院院士，细胞生物学、免疫学家

6年前，一位自山乡走出、从美国归来的富有传奇色彩的年轻学者，在江城开始了他人生的另一段旅程；6年后，44岁的他当选为中国科学院院士，成为武汉大学乃至全国生命科学与医学领域最年轻的院士。他，就是生命科学学院院长舒红兵。

听闻舒红兵很少接受媒体采访，与他联系时，记者有些忐忑，没曾想他竟一口答应："既然你是我们学校的记者，那么我愿意接受你的采访，希望我的经历和体会能给学生们一些启示，让他们可以比我更成功。"一双睿智的眼睛闪着真诚的光。

成长，历经曲折之路

"为学先要学会为人。踏踏实实做人，才能够认认真真做学问。"舒红兵说，"我所取得的一切，与我的成长经历分不开"。

1967年，舒红兵生于重庆市荣昌县的一个偏远农村，在乡村小学里接受启蒙教育。他经历了9岁丧母的不幸，也有过考中师失利的失落。从小他就十分好强，高中学习阶段，在旁人的激将下从倒数第二冲到了全班第一。

从糊里糊涂进入兰州大学生物系动物学专业，到硕士阶段因导师出国而"吃百家饭"的科研经历，再到仅用两年十个月就获得Emory大学博士学位，成为近几十年该校生物医学领域在最短时间内获得博士学位的学生——舒红兵一步一步走出自己的别样成长路。

1995年，他在生物工程技术先驱、美国科学院院士David V.Goeddel博士指导下完成博士后训练。舒红兵坦言，这段时间让自己受益匪浅。

他兴致勃勃地讲述，导师能从一张普通的X光片中，看出许多有意义的现象，他为这种惊人的洞察力赞叹不已。有了名师指点，加以长期积累，他在科研的道路上快速成长着。"舒老师极具洞察力，我们在试验中遇到问题，他总能及时拨正方向。从一个现象中，他能想到后面的很多东西。"2010级博士生冉勇说。

1997年，他被聘为Magainin制药公司的资深科学家，接着又被聘为世界著名免疫学研究机构——美国犹太医学研究中心及科罗拉多大学医学院免疫学系的助理教授，并组建了独立的实验室，从事细胞凋亡、肿瘤坏死因子家族信号转导方面的研究；2003年7月晋升为副教授。2000年起被聘为北京大学生命科学学院长江学者特聘教授，组建细胞信号转导研究实验室。

创新，屡获重大突破

舒红兵关注的一个重要科学问题是：病毒感染宿主细胞后，细胞以何种机制来清除病毒。他通过研究，发现了一个在细胞抗病毒反应信号转导中具有关键作用的蛋白VISA。该研究为了解细胞抗病毒反应信号转导的分子过程及精细调控机制，作出了重要贡献，推动了对病毒与细胞相互作用这一重要领域的了解。

该发现被同行认为是天然免疫领域"激动的新进展""了解宿主早期抗病毒感

染的重要路标""通向天然免疫的无价的连接"，*Science* 杂志将其誉为"2005 年细胞信号转导领域的重大突破之一"。

舒红兵是武汉大学全球招聘而来的院长，平时要处理学院众多纷繁复杂的日常事务，但他不仅实现了生命科学学院甚至是武汉大学整个理科"973"项目零的突破，使学院科研水平和经费大幅度增长，还成功引进了十余位优秀的青年学者。

刘江东副教授的实验室与舒红兵实验室比邻，他说，"这些年，不论再怎么忙，他（舒红兵）始终没有放弃科研工作，一有时间就泡在实验室里"。"舒老师总是来得最早，走得最晚的那一个。"学生们如是说。

2008 年 9 月，舒红兵研究组用表达克隆的方法发现了一个与 VISA 相互作用，在细胞抗病毒反应信号转导过程中具有关键作用的新接头蛋白 MITA。"仅是在筛选基因文库这一部分工作上，我们就花了半年时间。"2010 级博士生雷曹琦说。机体对病毒的免疫反应如果不被适当控制，会引起免疫损伤和疾病。这项最新的研究成果为了解抗病毒天然免疫的精细调控机制提供了新线索，相关论文发表在 *Immunity*，被论文评估机构 "Faculty of 1000 Biology" 推荐为"必读"论文。

舒红兵透露，以他以前在美国发现的一个免疫分子为靶标，一家公司已研发出了药品，用于红斑狼疮治疗。他说，"虽然我们做的只是很小一步，但正是因为那一步，才有了后面的一切"。

目前，舒红兵主要研究人体细胞抵抗病毒感染的机制。他希望，通过这些机制，促进新型抗病毒疫苗和药物开发，对病毒感染疾病的防治作出贡献。

为师，享受育人之乐

走进舒红兵的办公室，一樽"我心目中的好导师"奖杯放在显眼处。"在所获得的荣誉中，这是我最喜欢也最看重的奖项之一，因为这是学生们投票评出来的。"舒红兵言语中透露出对学生的眷恋。

"舒院长坚持给本科生上课，课堂中把科研中的前沿问题与知识点结合起来，采取设问、互动的教学方式，引起学生们对生物领域的好奇。他的教学方法对我们青年教师也很有启发。"刘江东说。

"我有两个别名，'舒一歌''舒一菜'。"舒红兵笑道。不论是学院晚会，还是实验室聚会，只要让他表演节目，他便献上一首唯一会唱的《我只在乎你》。

2015年12月，舒红兵获《自然》杰出导师奖（图片来自《武汉大学报》2015年12月18日）

舒红兵很会做菜，但他每顿饭却只做一道菜。他说，"我对生活的要求很低，也没有什么爱好，我最大的爱好就是科研。"醉心于科研的他，也要求学生在科研上始终保持严谨的态度。

做实验时要设对照，要用英文做实验记录，而且要让每个人都能看懂；实验记录必须放在桌面显眼处，便于他随时翻阅；实验室内聊QQ、看视频"零容忍"，组会上被他"打破砂锅问到底"急得脸红说不出话甚至掉眼泪的学生不在少数……说起舒红兵的"严格"，每个学生都能数上几条。

2010年，舒红兵前往北京参加为期三个月的干部培训。时值毕业答辩前夕，无法与学生面对面交流，他就通过电话指导学生修改答辩PPT，连字母大小写、行间距都做到一丝不苟，甚至把图片放大到400倍，查看是否完美。"舒老师总说，从PPT就能看出一个人的科研素质。"2009级博士生陈锐说，"每年答辩前，师兄师姐们的PPT都改了不下几十遍"。

师者，言传身教而育人。在舒红兵看来，"身教"重于"言传"。他从不硬性规定学生的工作时间，但自己却来得早，走得晚，节假日照常工作。日长月久，学生们也受他影响，实验室便形成了踏实勤勉的氛围。

做实验时，舒红兵常亲自带着学生操作。一次，他要求学生做一个同位素实验，几天后，却未收到学生关于实验的任何反馈。舒红兵明白，学生们对同位素的放射性有畏惧心理。于是，他和学生一起走进同位素实验室，亲自示范同位素实验操作，

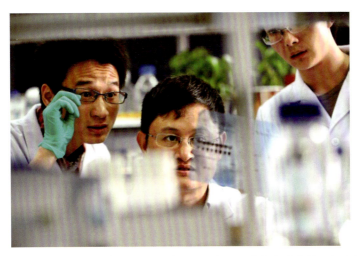

舒红兵（中）带领学生做实验（图片由武汉大学生命科学学院提供）

不到两天就完成实验。"我们这才知道，只要防护得当，仔细操作，同位素也没什么可怕。"从硕士阶段就师从舒红兵的李姝说。

"你们的竞争对手不是周围的几个人，而是全世界。"舒红兵在不同场合多次表达过这个观点。

2007 级博士生钟波还记得，一次，他的一篇论文被 *Immunity* 杂志要求修改，而时间非常紧张。做实验需要大量细胞，实验室同伴们都停下手中的实验，为钟波培养细胞，部分实验需要人外周血单核细胞，七八个男生便纷纷献血，提供实验样本……最后论文顺利发表。"我们实验室就像一个大家庭，学生之间相处和睦，彼此支持。"这令舒红兵十分欣慰。

"我只是在专注地做一件事。在知识长河中留下一丝痕迹，就能带给我最愉悦的满足感。"舒红兵说。正是对科研的无限热爱和严谨勤奋的治学态度，成就了今天的舒红兵——他在国际刊物上共发表 SCI 论文 70 余篇，并被同行广泛引用。他以第一完成人的身份获得了国家自然科学二等奖，并将中国细胞生物学学会首届杰出成就奖收入囊中。2011 年，他当选为中国科学院院士。

在人类抗病毒研究的历史上，已经充满了诸多传奇；当抗病毒研究新时代到来之时，舒红兵和他的同道们，又在书写着新的篇章。

（原载《武汉大学报》2012 年 3 月 16 日）

朱玉贤 让中国的棉花纤维长高0.3厘米

佚名

朱玉贤（1955— ）

浙江杭州人，2011年当选为中国科学院院士，植物生理学家

我国是世界第一产棉大国，年产量近 500 万吨，但我国每年仍然要进口超过 100 万吨原棉。大量进口的原因，不是因为国产棉花产量不够多、价格不够低，而是因为国产棉花的纤维不够长，直接影响到高端纺织品的质量。

直到 2011 年，一位农民出身的科学家，经过十多年的艰苦实验和不断培育，将我国棉花纤维的长度提高了 0.3 厘米，而就是这小小的 0.3 厘米，却让中国的高端棉纺织产业开始摆脱对进口棉花的依赖，也使中国的棉花研究达到世界领先水平。

他就是中国科学院院士、武汉大学高等研究院院长、著名植物分子生物学家——朱玉贤。

始终没有放弃对学业的追求

1955 年，朱玉贤出生在浙江富阳一个普通农民家庭中。高中毕业后，朱玉贤务过农，当过兵，却始终没有放弃对学业的追求。

"我在乡下念到初中，1971 年到我们县城，被推荐去上高中。上了两年，我们就回乡当农民。1974 年 12 月，应征入伍，在舟山三年，在陆军守岛部队。"这段当兵守岛的经历，磨炼了他的毅力和体魄，也为随后的求学和科研生涯打下了重要基础。

1977 年国家恢复高考，这个消息激起了朱玉贤继续求学的渴望。1978 年 4 月，朱玉贤退伍回家准备参加高考，但一到家，却赶上了农忙。四月、五月正好是割麦子、割油菜的时候。

"帮他们把麦子收了，油菜收了，田都种掉之后，我就着急上火地要复习功课了。我妈下地的时候跟我说，'儿子，今天我们家油菜晒在外面，要下雨，你记得收油菜。'我下午在我的房间里面看书，看到窗外巨大的雨下来。我脑子里一脑袋的代数、几何，根本就没想到我妈跟我说的要把油菜收回来。等到她晚上下班回来的时候，一看我们家的油菜全在地里。所以这个故事，就成了我们家乡农民攻击我这个书呆子很老的故事。"

让中国的棉花纤维长高 0.3 厘米

1978 年，朱玉贤考入浙江农业大学，毕业后留校当了 3 年助教。随后，朱玉贤申请到美国康奈尔大学植物科学系攻读博士学位，开始深入分子生物学研究的前沿研究领域。

"我本来就是农民，高考就上了农大，农大毕业之后成家，留在学校当老师。那个时候农业部搞世界银行贷款，帮助培训青年教师，我们就用了世界银行贷款的钱去了美国康奈尔大学，用了不到四年的时间获得了博士学位。毕业之后，就去到中部的华盛顿州，在华盛顿大学做了一年半的博士后。虽然做一年半的博士后都可以转成绿卡的身份，但我们是农民的小孩，有一种叶落归根的感觉，我还是愿意回国，1991 年回到北大生物系。"

回国后，朱玉贤进入北京大学生命科学学院任教，开始从事植物基因克隆和表达研究，并建立起自己的实验室。

1998 年，国务院提出建设优质棉工程。农民出身的朱玉贤终于找到了一个充分施展才能的理想课题，由此开始了长达十多年的棉花研究。他介绍，"1997、1998 这几年都在找一个课题，找一个适合自己做的东西，这个很要紧。一直到 1997、1998 年，国家搞优质棉工程，我发现这个好像很适合我，就开始做棉花。棉花是一个很有意思的作物，我们现在穿衣服都是丝被体的棉花，纤维长在 3.0～3.3 厘米，我们国家的棉花主要在 2.8～3.0 厘米，美国的棉花在 3.0～3.3 厘米。差 10% 的纤维长度，在纺织业来说差距很大的。质量好的棉布就要掺入越来越多的 3.3 厘米的蚕纤维，以保证棉纱之间的接头越来越少。我们以前的棉花纤维比较短，布就比较粗比较厚，随着人民生活水平的提高，希望用好的、穿好织纱的布，那就需要越来越多的长棉，所以纤维从 3.0～3.3 厘米或者 3.4 厘米，那对纺织业来说是一个革命，非常重要"。

2011 年，朱玉贤（右）在中国科学院院士证书颁发仪式上

在小小的实验室里，朱玉贤带领团队进行了长达 13 年的反复实验，终于发现了控制棉纤维伸长的调控机制。通过这些发现，朱玉贤的团队成功让中国的棉花纤维长高了 0.3 厘米。

2010 年，中国农科院棉花所的栽培试验证实，在棉花纤维显著伸长的 10 个株系中有 8 个都来自朱玉贤实验室。

2011 年，朱玉贤研究团队的成果，获得国家自然科学二等奖，用科学力量开拓出我国棉花产业的新格局。

创新首先是要把底子打好

回顾这段科研探索经历，朱玉贤院士分享了他的科研体会。"做科研肯定有很多难以想象的艰难困苦，科研里面最多的是失败。我康奈尔大学的老师 Peter Davis，他跟我说的是，'每个人一生，只要你是个学者，你遇到的失败要比成功多得多。成功如果是 1 的话，失败可能就是 99，所以你要不会面对失败的话，那你就不能做科学。'实际上做科研，我早年去剑桥，看到牛顿的纪念堂地上有几行字说，'自然和自然界的规律隐藏在黑暗中，学者就是给人类带来光明的人。'科学家实际上做的工作成功不成功，你是不知道的，只不过凭着你的本心，不断地克服困难，往前走。"

朱玉贤院士也是国内最早从事植物分子生物学前沿研究的科学家，他主编的《现代分子生物学》，发行量超过 50 万册，已成为我国高等学校生物学专业的主要教材。

朱玉贤指导年轻人做实验

朱玉贤在做实验

他经常和学生分享，"当你进入实验室的时候，要像脱去外衣那样放下你的想象力，因为实验操作中不能有一丁点儿的想象，否则，你对事物的观察就会受到影响；当你翻开书本的时候，你又必须尽可能展开你想象的翅膀，否则，你就不可能走在别人前面"。"我们有一句话叫温故而知新，所以创新首先是要把底子打好，把已知的都知道才能创新，并不是异想天开。创新就是要在全世界从来没人知道过的那点上，往里面做。所以，要创新首先就要把现在的知识学好、学扎实、学到。"

扎实的基础是创新前提，在朱玉贤院士看来，要推动一个国家科研实力的不断提升，一方面要培养高水平创新人才，另一方面更要加强科学普及，提高全民科学素质。"国家是一个很复杂的体系，国家需要科学家，国家也需要很多的农民、很多的工人，所以科普并不是一定要鼓动很多人当科学家，科普就是让当农民、当工人的人，都有更好的认识，能够认识到当农民怎么把农民当好，当工人怎么把工人当好。所以科普的一些东西当然里面会有一些文章，会触动一些少年的情怀成了科学家，这很好。但是不成科学家也不要紧，科普只要把知识、把道理告诉国人就够了。"

2014年4月，朱玉贤院士担当起武汉大学高等研究院首任院长，开始带领团队开拓生命科学、化学、物理学、材料科学等领域的学科交叉研究，探索交叉学科人才培养的新模式。

我们期待朱玉贤院士团队，在前沿创新和人才培养上给中国科学界带来新的惊喜！

（原载"今日科协"微信公众号，转自"武汉大学"微信公众号2018年4月10日，略有改动。图片由武汉大学高等研究院提供）

夏军 做有情怀的水利人

刘嘉梅　彭博薇

夏军（1954— ）

湖北广水人，2015年当选为中国科学院院士，水文水资源学家

　　夏军是我国首位自主培养的水文学及水资源专业博士；是首位获得国际水文科学奖——Volker奖章这一殊荣的中国学者；2011年，他荣获第三世界水管理中心授予的"水资源管理杰出贡献奖"；他是国家"973"等重大科技项目团队负责人，已发表学术论文400多篇，其中SCI收录134篇、EI收录157篇，获省自然科学一等奖1项及省部级科技进步奖励6项；2009年当选为国际水资源协会（IWRA）主席，也是中国学者首次担任国际知名水组织主席，并在世界水理事会（WWC）、世界水资源智库（GTT）等其他全球有重要影响的国际水组织中发挥核心作用。

　　自20世纪70年代初，夏军结缘水文学及水资源以来，就在这条道路上一步一个脚印走来，一个个荣誉是对他执著

追求、辛勤付出的最好奖励。

他围绕水循环非线性、水系统多元耦合以及全球变化影响的不确定性科学问题，取得了系统性成果，得到了国际学术界的高度认可。

水，实现了他的梦想，也滋润了他的心灵。

与水的不解之缘

为什么会从事水文学及水资源研究？在回答这个问题时，夏军说："也许是因为一次罕见暴雨——河南"75·8"洪灾，所产生的巨大灾难，引发我作出了决定。"

那是 1975 年，就读原武汉水利电力学院的夏军正在河南驻马店板桥水库军训和实习，每天往来于板桥水库。8 月 8 日凌晨，因台风北上引发特大暴雨使板桥水库发生垮坝，驻马店地区东西 150 公里南北 75 公里范围内一片汪洋，400 多万群众被洪水围困。

那一场大雨夺去了 2.6 万同胞的生命，也深深地触动了夏军的心。他意识到水利工程水库大坝安全与人民的生命财产安全息息相关，也清醒地知道学习水文的重要性。

怀揣着投身水利建设事业的理想，1978 年，夏军师从国内外知名的水文学专家叶守泽教授，考取了武汉水利电力大学河流工程系陆地水文学专业首批硕士和博士研究生，从此与水结下了不解之缘。

夏军聪颖好学，读书阶段刻苦钻研，分秒必争。他常常用沙袋子精神鼓励自己，只有承担更重的任务、更大的压力，等卸下沙袋时才能走得更快，跳得更高。孜孜不倦、刻苦钻研精神贯穿了他学习和实践的全过程。他特别注意学习水文学基础的数学、物理、计算机和外语及环境学、社会知识等。20 世纪 80 年代的学习环境比较艰苦，夏军如饥似渴学习水文复杂系统模拟的数学模拟和计算技术，但是很多研究生必须排队等着用大学唯一的一台 TQ16 电子计算机。为了把握这难得的机会，夏军时常通宵不睡觉，拿着成堆的数据，守在计算机旁一算就是一整夜……

在导师叶守泽的指导下，1985 年，年仅 31 岁的夏军以优异的成绩通过博士学位论文答辩，被授予工学博士学位，成为我国自己培养的首位水文学及水资源专业博士。

夏军一直坚持系统水文学与水资源可持续利用研究方向。原武汉水利电力大学教授、入选中国科学院"百人计划"、武汉大学水资源与水电工程科学国家重点实验室首届主任、中国科学院陆地水循环及地表过程重点实验室主任、中国科学院水资源研究中心主任、武汉大学水安全研究院院长……夏军的每一步，走得踏实、坚定。

"科研道路是漫长的，有高潮，也有低谷，我很庆幸找到了自己所热爱的事业，因为这份热爱，辛苦也是快乐。"四十载春秋，夏军在水文科学的道路上不断前行。

漫漫水文科研路

1989 年，夏军参加了爱尔兰国立大学的国际河川水文预报研讨班，他分析了全球 60 多个流域世界范围资料，首次提出了水文系统时变增益的非线性机理，建立了水文时变增益系统模型（TVGM），解决了水文非线性理论中"复杂关系中找出简单关系"的科学难题，TVGM 模型得到全球范围不同气候区水文流域实测资料的检验，较线性理论模型更优。

"夏军博士提出的水文非线性系统模拟与预报方法获得了非常好的成果，衷心希望能够长期加强这方面的合作与研究。"国际著名水文学家纳什（J.E.Nash）教授说。

夏军注重将水文科学发展置身于社会实践特别在发展中国家的应用和社会效益。"发展中国家的水问题极其复杂。这些国家经济基础薄弱，社会发展程度较低，有些国家气象条件恶劣，生态还极其脆弱，而这些国家利用水资源的需求又十分迫切，因此二者间的矛盾十分尖锐。"夏军说。

针对这一矛盾，20 世纪 80 年代以来，夏军潜心于研究暴雨洪水过程的非线性应用基础问题，针对长期使用的线性单位线性理论计算设计洪水的不足，发展了水文非线性系统识别理论与方法，提出了针对水库大坝安全问题的设计洪水计算非线性理论与修正的方法，应用到水利工程设计洪水计算，在保障水库大坝安全时发挥了重要科技支撑作用。这套理论与方法也被推广应用到中国长江、淮河等多个流域水文预报。

近十年来，针对流域防洪防污面临的挑战问题，夏军在分布式 TVGM 基础上，发展了以水循环为纽带耦合水质过程、水库闸坝群运行的水系统新途径。在我国水管理的水质水量联合评价、流域防洪防污联合调度等方面，发挥了核心的科技支撑作用。其成果应用于多个流域与部门，使得曾经多次发生重大水污染事故的淮河干流，事故概率减少了 75% 以上，得到生产应用部门高度评价。

学界认为，"这是中国学者在水科学应用基础研究成功的一个典范。对国际上尤其发展中国家的水管理也有重要的借鉴与示范作用"。

此外，夏军在国际水资源协会（IWRA）、国际水文科学协会（IAHS）、世界水理事会（WWC）等全球有重要影响的国际水组织中发挥核心作用，引领和直接参与了若干个全球水文计划和全球水安全战略研究，为扩大中国的国际影响作出了重要贡献。

2014 年，夏军获"国际水文科学奖——Volker 奖章"。"他是一位杰出的科学家，在发展水文科学与实践的知识与战略、在中国乃至全球的水管理与可持续开发及应用方面，作出了创新性贡献，在国际社会产生了重要的影响。"杜格—纳须国际水文科学大会颁奖词如此评价夏军。

2014年，夏军（右二）获"国际水文科学奖——Volker奖章"

上善若水静无声

"夏军教授发表的论著颇丰，在改进全球水文学知识、水与环境管理的实践产生了重要的影响，为发展中国家尤其是中国的水文水资源教育和水专业人才培养，作出了重要贡献。"国际水文科学协会主席休伯特·沙文（Hubert Savenije）教授说。

的确，作为一名水文科学领域的科学家，夏军取得了一系列具有国际影响的成就；而作为一名教师，夏军同样为学生培养、团队建设等倾注了大量心血。

"在我求学期间，我的导师叶守泽教授为人师表、平易近人，思想开明，坚持自由公平的学术氛围。他谦逊地给予我们学习和生活上的指导和帮助，是我们人生道路上学习的榜样。"夏军回忆，"叶老师十分讲究教学方法，他注重因材施教，要求学生夯实基础知识，同时教育学生学以致用，将所学的基础理论充分运用于应用实践"。

正是由于学术传承的影响，夏军深知一名导师对于学生的重要性。在长期的教学实践中，他逐渐总结出自己的一套管理办法。一方面，对学生要求严格，定期组织学术交流，让学生汇报自己的研究进展，每月上交读书报告，及时了解学生学习情况，另一方面，把学生当成朋友，与他们谈心交心，帮助他们解决生活难题。夏军平时非常注重通过自己的言行，潜移默化地影响学生。

"夏老师时常教导我们做人做学问，不怕慢，就怕站，人生是一个前行的过程，做人要积极向上，不断进步。"夏军学生、博士后佘敦先说，"他还是一位不知疲倦、精力旺盛、做事专注的研究学者。他时常教导我们要在学习之余多锻炼身体，也常常和我们一起聚餐、表演、唱歌"。

夏军十分注重发挥团队的力量。他将项目需求和个人意愿结合起来，注重跨学科人员的合作，并且不断优化学生结构，积极开展"传、帮、带"工作，项目完成的质量和效率都得到大大提高。

对于年轻学子，夏军充满信心与期待。"与老一辈学者相比，当代年轻人思维活跃，要积极鼓励他们勇于创新，永葆水利情怀。"夏军说，"中国是最大的发展中国家，水文科学的发展需要从传统工程向环境水文、生态水文、水系统科学与经济需求方面转变，这需要当代年轻人积极努力和贡献，他们代表了中国的未来"。

（原载《武汉大学报》2015 年 12 月 11 日。图片由洪思提供）

张平文 为中国培养最优秀的计算数学人才

魏梦佳

张平文（1966—　）

湖南长沙人，2015年当选为中国科学院院士，数学家

周一到周六，每天工作10多个小时，51岁的中科院院士张平文在闲暇之余的唯一爱好，就是在未名湖畔散步。从湖南农村考入北大，再到留校任教，他在燕园已度过33载光阴。一路走来，他成为北大当年最年轻的教授、最年轻的系主任，在复杂流体等领域卓有成就，而多年耕耘也换来了桃李芬芳。

他说，人才培养是个系统工程，一定要"用心"，"学生们好了，我就好了"。

湖南农村走出的数学家

在北大东门附近的理科楼里，北大数学科学学院党委书记、教授张平文有间简单的办公室，一张桌、一把椅，椅后一株半人高的绿植，书柜里摆满了中英文书籍和专业教材。

说起家乡长沙县跳马镇喜雨村，张平文立刻滔滔不绝。对于家乡，这位数学家有着朴素深沉的情感。他从小家境贫困，一家人全靠父亲种田糊口，最穷的时候甚至"没饭吃"。为供他读书，母亲多年靠卖鸡蛋补贴家用。

而他从小就表现出对数学的热爱和天赋。不仅成绩优异，为减轻家里负担，他还趁着酷夏农忙背着木箱走街串户地卖冰棍，"一根冰棍挣一分多钱"，他说。他还是采野山菌的好手，"我从小分析能力很强，什么地方长什么菌子我都知道"，他笑着回忆。

1984 年，高考成绩全省前十名的张平文被北大数学系录取，从此开始探索数学的奥秘。

为了尽早完成学业、工作养家，张平文勤奋攻读，经常学习至深夜。攻读计算数学的硕士博士，别人要 6 年，他用了 4 年就顺利读完。

1992 年，优秀毕业生张平文留校任教。1998 年，32 岁的他成为北大科学与工程计算系主任，当时系里有 8 个人，他是年龄最小的一个。

班里同学纷纷出国，张平文却选择了留校教书。"我那时想，大家都出去了，国家也需要数学人才吧。"他说，这些年也总有人高薪聘请，都被他婉拒，"这里是我事业的起点，我挺知足"。

张平文为武汉大学本科生讲授"数值线性代数"课

让计算数学从"冷僻"到"热门"

经过近 20 年发展，张平文所带领的科学与工程计算系已枝繁叶茂，人才济济。10 多位教授中，院士、"千人计划"等拔尖人才就占到一半，计算数学也从过去乏人问津的专业成了北大的热门专业之一。这期间，张平文付出了巨大努力。

"刚开始系里只有 4 个教授，学院 160 多本科生里只有 7 个愿意学计算数学。"张平文至今仍记忆犹新。无奈之下，他一间间敲开学生宿舍的门，向他们介绍计算数学的前景，这才勉强招到 20 多人开课。这样的"劝学"工作一直持续了 3 年。

"计算数学的魅力在于要把数学、计算和行业知识融合起来，要针对具体问题，偏应用，是交叉科学，难度很大。"张平文说。

张平文深知，"知识能否解决实际问题最重要"。为增强学科的应用性，2000 年初，他开始着手改进专业基础课的教学内容。几年后，他主编的三四本新教材中，每个章节后都加上了"上机习题"，让学生在机器上做实验，使课程更具操作性。其中，《数值线性代数》在全国发行近 4 万册，被一些高校作为教材使用。

为增强专业吸引力，他深入研究学生需求，适时调整学科方向布局，搭建了"拔

张平文与2023届毕业生合影

尖人才培养计划"等多个平台,为学生提供平台和机会,同时引进国际化人才,还邀请国内外一流学者来院交流,开阔学生视野。

作为学术带头人,多年来,张平文还在复杂流体、移动网格方法及应用、多尺度算法与分析等多领域进行了开创性研究,其科研项目"复杂流体的数学理论和计算方法"获得国家自然科学奖二等奖。最近,他还在研究如何用大数据手段让天气预报更为精准。

"他们都好了,我就好了"

"长江学者"特聘教授、"新世纪百千万人才工程国家级人选"、北京市"五四"奖章获得者……多年来,张平文获得诸多荣誉,但最让他感到自豪的还是"北京市师德标兵"和"北大十佳导师"的称号。

"人才培养最关键的是要从学生的角度考虑问题,我总是想尽办法让学生越来越好。他们都好了,我就好了。"张平文说。

在博士生莫毅眼中,张平文是"性情中人",为人耿直坦率,对学生要求严格,"如果你偷懒、不认真,他会直言不讳、非常严厉",但他又对学生很体贴,过年过节都送来茶叶、月饼、粽子等。大家找研究方向、规划出国、工作推荐甚至碰上情感问题,都喜欢找张老师商量。

"从发邮件到PPT制作,他做啥事都要求'专业'。"博士生蔡永强说,张老师要求,论文必须高质量才能发表,做什么课题都必须"亲自摸索一遍","他让我找到深刻的科学意义,也让我看到什么叫专业"。

"他会根据每个人的兴趣和水平制定单独的培养方案,提供不同专业方向供我们参考,做课题有很大的自由度。"莫毅说。

张平文还鼓励学生出国深造,他总是热心为学生推荐、联系国外的好学校,还专门开设出国讲座,建立微信群为学生提供出国咨询指导。

"过去我们的计算数学只应用于国防,随着国家创新驱动发展,技术需求爆发,计算数学发展现在赶上了发展的好时机。"张平文说,"我希望能培养出更多计算数学人才,为国家发展服务。"

(原载新华网 2017 年 6 月 3 日)

窦贤康 让雷达的智慧光眼更亮

陈丽霞

窦贤康（1966— ）

安徽泗县人，2017年当选为中国科学院院士，空间物理学家

　　研制出国际上第一台大气探测量子激光雷达；揭示中性大气与电离成分作用机制，在国际上首次在低纬地区探测到高达170公里的热层钠层；首次提出若干大气波动影像中高层大气变化性的新机理，为中高层大气建模和精准预报奠定基础……

　　说到这些"在云端"的科研成果，你一定会说这样的"学术大咖"太牛了；如果告诉你这位"大咖"还是武大校长，你是不是更要惊叹？

　　在武汉大学，提到校长窦贤康，很多人会说他"低调务实""有亲和力""有担当""善于招才""关爱学生"；

鲜为师生们所知的是，长期从事中高层大气观测研究的窦贤康，其学术成果也是业界一流的。

2017 年 11 月 28 日，窦贤康当选为中国科学院院士。

研制国际上首台大气探测量子激光雷达

中高层大气与空间环境的耦合一直是空间物理学的重大前沿问题，同时，中高层大气也是中高空高速飞行器等新型武器的飞行区域。但中高层大气气体稀薄，其中自由电子更为稀疏，导致各种遥感回波信号微弱，探测极其困难。基于以上科学研究和军事应用的需求，解决中高层大气的探测问题显得尤为重要和迫切。

围绕着中高层大气最难探测的风场要素，窦贤康率领团队展开技术攻关，解决了"千兆赫"瑞利宽谱的大气分子散射中"兆赫兹"多普勒频移量检测问题，以及影响测量精度的激光频漂等技术难题，在国内率先实现对流层以上高空风场的激光雷达探测。国际著名光学期刊 Optics Express 副主编 Boreman 评价该成果为"亚洲首次，结果令人瞩目"，德国布尼茨大气物理研究所所长 Lübken 团队评价为"中国科技大学的观测结果是目前国际上仅有的几个平流层大气风场测量之一"。

利用新发展的自主技术，窦贤康团队已建成两套车载多普勒测风激光雷达（探测高度 5~35 公里和 15~60 公里）和一台钠层窄带宽测温测风激光雷达（80~105 公里），构成了固定探测与流动探测相结合的高空风场观测系统，实现了 110 公里以下大气风场的准无缝隙探测，为中高层大气的耦合研究奠定了观测基础。该观测系统是国际上见报道的仅有两个系统之一，其中 5~35 公里车载多普勒测风激光雷达获得 2014 年军队科技进步一等奖。

中高层大气多时空尺度变化和全球星载测风，要求激光雷达更灵敏、更小型。传统激光雷达通过提高激光雷达的出射功率和增大望远镜的面积，进而提高激光雷达探测信噪比的方式面临技术瓶颈。当时身处量子研究技术在国内首屈一指的中国科学技术大学，窦贤康心想，何不将量子技术整合到传统激光雷达技术中，以提高激光雷达的信噪比？

近年来，窦贤康团队通过攻关量子（单光子）频率上转换和全光纤激光雷达集成等一系列关键技术，在国际上首次建成量子上转换气溶胶/风场探测激光雷达。该雷达首创的量子频率上转换技术突破了常温下探测红外单光子的量子效率极限，开创了一种激光雷达探测新体制，探测信噪比优于传统激光雷达 3 个数量级，为高精度、高时空分辨的中高层大气探测奠定了基础。量子上转换测风激光雷达获 2017 年日内瓦国际发明展特别金奖。

最近，窦贤康领导团队在国际上首次实现基于超导纳米线单光子探测器的双频多普勒测风激光雷达，获得空间分辨率为 10 米、时间分辨率 10 秒的最高精度的风场探测。美国光学协会（OSA）对该成果进行了专题报道，指出"这种新型的激光雷达基于光纤 FP 干涉方案，采用最精简的光学结构，使得整个系统具有足够的可靠性和稳定性，适合在恶劣的环境（例如机载、星载平台）运行"。

低调务实的"领头羊"

2016 年 12 月，履新武汉大学校长伊始，窦贤康就出现在校内一个杰出青年科学基金项目的预答辩现场，对答辩的老师给予指导意见。

务实高效，是许多与窦贤康接触过的老师对他的印象。"为了帮助我们申报国家重大仪器研制项目，校长多次参加我们的会议，帮我们出谋划策，甚至连 PPT 上的一点小纰漏都不放过。"工业科学研究院执行院长刘胜介绍，在窦贤康的全力支持下，武汉大学首次牵头获批国家重大仪器研制项目。

2017 年 10 月，窦贤康来武大后首次率团赴美揽才。3 天 4 场人才招聘会，行程 26170 公里，横跨美国东西海岸，飞行时长近 36 小时，为了节省时间，常常吃盒饭

窦贤康在武汉大学海外人才纽约招聘会上延揽人才（图片由武汉大学国际交流部提供）

或面包披萨充饥。这样紧凑的行程，连开车的司机都感叹不已："这么多年来，我从没接待过像你们这样忙到连饭都没时间吃的出访团队。"

然而，这是窦贤康一以贯之的风格。2016年国庆节期间，同样在美国，窦贤康马不停蹄，最多一天跑三个城市、开两场学者宣讲会，晚9点晚餐后，还安排与学者交流的活动。唯一的"观光"行程就是开车前往下一个大学宣讲会途中浏览窗外红叶初现的秋色。

"引凤筑巢"——来武大后，窦贤康提出了这样的人才工作理念：变被动为主动，把"凤凰"引来后，为他们量身打造适合他们科研教学需要的平台，把武汉大学打造成高端人才聚集地。2017年，学校定位为"人才强校年"，加大宣传力度、海外招聘、举办国际交叉学科论坛、搭建高端科研平台、健全育才体系、营造学术氛围、提高服务水平……

一系列引才育才举措，推动今年学校人才工作各项指标全线"飘红"——新增两名院士、"杰青"排第六、长江学者排第五、"优青"排第六、"青千"并列全国第四……

关心团队、关爱学生，窦贤康课题组的老师和学生们都对此深有体会。为了帮助他们更好地投入科研工作，窦贤康会在政策允许的范围内，尽最大可能给他们提供科研保障。"作为团队负责人，我有责任为每位团队成员创造最好的条件，让每个人都能发挥出自己的长处。"

窦贤康和团队进行测风激光雷达野外观测实验（图片由中国科技大学激光雷达团队提供）

窦贤康院士在给本科生讲课（曹海钢　摄）

在良好的团队氛围影响下，2012—2017 年，窦贤康团队创造了一个"奇迹"：在本领域国际顶级期刊 *Journal of Geophysical Research* "中高层大气"领域发表论文 48 篇，数量仅次于美国国家大气科学研究中心（NCAR），在国际同类研究机构和大学中排名第二。

来武大后，窦贤康曾要求相关部门负责人带他去看学生宿舍和食堂，并要求对条件最差的立即予以整改。"将心比心。作为管理者，我们要想，如果是自己的儿女住在那样的宿舍，心里作何感想？"窦贤康要求，一定要把服务学生落到实处，具体而言：要把改善学生的生活环境落到实处，把优化学生的成才条件落到实处，把加强学生思想政治工作落到实处。在讨论如何用好今年中央修购专项经费时，窦贤康也要求优先用于学生的基础设施改造，包括宿舍、食堂、基础体育设施等，尽可能惠及更多学子。

6 月，2017 届毕业生成为学校首届全体身着学位服参加毕业典礼的学生。在庄严肃穆的行政楼前，没有学生再"被代表"，7000 余名毕业生集体由校领导和导师团拨穗。这是窦贤康送给他任校长后的首届毕业生的"大礼"，目的是给毕业生们营造一种"仪式感、庄重感和荣誉感"，一种尊重学生、维护学术尊严的校园文化。

而今，身兼校长和院士双重身份的窦贤康更忙碌了，"身为大学校长，我会倾尽全力、不折不扣地履行好自己的职责；对于科研，我也会全力以赴，争取做出更多有国际影响力的成果来"。

（原载《武汉大学报》2017 年 12 月 8 日）

徐红星 「自立自强」是中国科技事业的原始基因

——陈文博

徐红星（1969—　　）

江苏灌云县人，2017年11月当选为中国科学院院士，物理学家

"掌握关键科学技术，实现高水平科技自立自强，是科学家的本能，也是中国科技事业的原始基因。"近日，中国科学院院士、武汉大学教授徐红星在接受采访时如是说。

初见徐红星院士，他可掬的笑容、风趣的表达，以及谈到科研工作时坚定的目光，都给记者留下了极为深刻的印象。

徐红星院士是中国科学院院士，也是武汉大学教授、武汉大学微电子学院院长。他长期从事等离激元光子学、分子光谱和纳米光学的研究，在单分子表面增强光谱和纳米全光网络方面作出了开创性和系统性的工作。在实验上首次发现金属纳米结构间隙的巨大电磁场增强效应，是在纳米尺度上对微弱光信号进行放大和操控以及超灵敏传感的基础。发表论文 240 余篇，被引用 18000 余次（Web of Science），单篇引用超过 1000 次的 2 篇，单篇引用超过 100 次的 46 篇，h 因子 66。

"没有别人的作业可抄，只能自己摸索着找答案"

1969 年，徐红星出生在江苏省连云港市的一个医生家庭，学医的父亲曾希望徐红星能够延续自己的事业，但青年时期的他，却已经表现出对"物理"极大的兴趣。"我的母亲很支持我的选择，她认为我喜欢的东西应该是有价值的，所以我如愿在填报高考志愿时选了物理。"

徐红星并没有辜负母亲的期望，他于 1988 年考入北京大学技术物理系，并在 1996 年前往瑞典攻读硕博学位。留学海外的几年中，由于研究课题极具前瞻性，徐红星形容，那是"没有别人的'作业'可抄，只能自己摸索着找'答案'"的时期。那时，为了测量一个数据整夜不睡是家常便饭，他解释，那既是最原始的"好奇心"驱动，也是内心深处"家国情怀"的鞭策。

尽管留学海外多年，但在徐红星心中，回国效力的心却从未变过。徐红星回忆，"我们同一批留学海外的学子，大家都有相同的信念，要通过科技自强解决中国现阶段一些领域的核心技术问题，要让最前沿的科技成果在中国大地上'落地生根'"。

改革开放以后，我国许多行业的发展都经历了一个学习先进、发展现有，直至超越提升的过程。光学领域也正在经历这个过程，从跟跑、并跑，到努力超跑。徐红星说："我很幸运，在我学习工作的 30 年间，正好是中国科技发展最快的时候，也是国际交流卓有成效的时期。我看到了差距，就有奋起直追的压力和动力。"

既要解决"燃眉之急"也要消除"心腹之患"

实现科技自立自强，中国现阶段还存在一些领域关键核心技术的"卡脖子"问题。徐红星对此深有体会，"大家都知道芯片卡脖子，芯片里有一个关键元器件——滤波器，有无线通讯的地方就必须要有滤波器，此前国内只有组装技术，高端滤波器的研发制备还是依赖进口。"

没有滤波器，通讯信息产业就很难运转起来，重要性可见一斑。

"做科研就是要面向国家重大战略需求。"面对国外技术封锁的生存困境，徐

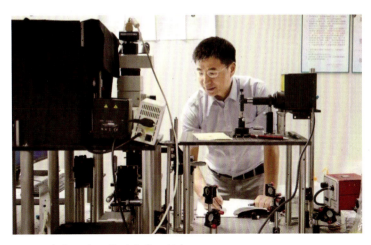

徐红星在实验室工作（代伟　摄）

红星带领团队展开科技攻关，用三年钻研，换来中国滤波器事业的突破。

自此，中国拥有了第一颗国产高端滤波器。从零到一开拓，背后凝结着无数个艰难险阻的日夜。

回忆起刚拿到搭载国产滤波器的芯片时的心情，徐红星说，"那时心情是异常忐忑的，在实验室测量数据结果合格后，悬在心里的石头才落了地。"

加快突破"卡脖子"技术，既要着力解决"燃眉之急"，也要努力消除"心腹之患"。

在他看来，得益于光学技术的广泛应用和技术发展，极大地带动了3D制造、建筑节能、精密加工、环境管理、生物医疗等产业的变革。但是在我国光学技术及器件的产业化道路上，仍存在两大痛点：一个是航空发动机，其中的一些关键部件需要激光加工制造，需要研究光和物质的相互作用、光的精密控制；另一个是芯片领域的光刻机，光刻机的核心是光源。尽管滤波器国产化已实现重大突破，但在高端光刻机等其他关键领域和产业，核心产品和技术依然依赖进口，一旦受到管制断供，就会面临生存困境。

"'燃眉之急'只是加速了我国实现科技自强的脚步，但对于从事科研的我们来说，打通关键领域技术的堵点、断点，努力实现技术体系自主可控，用自身所学服务国家重大战略需求早就是一种本能。"徐红星说，"自从事科研那天开始，'自立'就印在我们的基因里"。

徐红星指导学生做实验（杨振伟　摄）

针对事关国家安全和长远发展的"心腹之患"，徐红星说，"下好'先手棋'是关键，加快部署实施一批前瞻性、战略性重大科技任务，重视前沿基础研究，提高原始创新能力"。

当前，我国航空事业发展也面临国外全方位的技术封锁。基于国家重大战略需求及国外设备和技术封锁的背景，面向航空发动机燃烧室的涡轮叶片、火焰筒气膜孔的高精度、高效率加工的需求，徐红星团队潜心研究，开展技术攻关，最终实现了高精度、高速度、低损伤的微小孔精密加工。

这一研发成果服务了国家重大战略需求，是科技成果转化落地的生动写照。

近几年来，对基础科学的研究，徐红星始终放在心上。无论是在校园课堂中，抑或是行业论坛上，他多次表示，"想让产业走得更远，必须重视光学基础科学研究"。

例如纳米光学腔，它是精密测量技术的基础。徐院士提到，"基础科学研究关乎我国实现自立自强的根基，是推动技术创新和产业发展的根本因素，需要长期不懈地深入开展"。

科技创新既要"顶天"也要"立地"

在近日召开的两院院士大会和中国科学技术协会第十次全国代表大会上，科技工作者聚焦我国科技发展长期存在的难点和需要继续下大气力加以解决的问题，"科技投入产出效益较低"是其中之一。

如何进一步调动各创新要素，激发科技成果转化的积极性？如何提高科技成果转化企业与市场衔接的能力，全面提高转化成效？如何让最前沿的科技成果真正在中国大地"落地生根"？是科技工作者需要回答的时代命题。

在徐红星看来，科技创新既要"顶天"，面向世界科技前沿；又要"立地"，面向经济主战场、面向国家重大需求、面向人民生命健康。科技成果只有同国家需要、人民要求、市场需求相结合，完成从科学研究、试验开发、推广应用的"三级跳"，才能真正实现创新价值、实现创新驱动发展。

就目前而言，大学研究和企业生产需求往往存在"两张皮"的现象，企业研发力量不够，产业升级时短板尽显；高校重视基础科学研究，但不了解企业需求，解决生产问题时难免捉襟见肘。徐红星认为，"这是因为两者思维方式不一样，需要加入一个居于两者中间、能够进行产学研对接、具有极强黏合性的媒介"。为解决这一现实困境，多年来，他奔走于高校、企业和地方政府之间，致力于打通科技成果转移转化"最后一公里"。

多年苦心经营已然收获硕果。今年，武汉大学工业科学研究院孙成亮教授联合14名国际知名业内专家创立的武汉敏声新技术有限公司，其自主研发的核心产品射频滤波器达到国际领先水平，解决了高端滤波器"卡脖子"难题。

小小的滤波器展示着一个国家的科技实力，也凝结着徐红星一辈的不懈追求。对于徐红星来说，让"中国芯片"生长在"中国土壤"中的梦想，已然实现大半。

徐红星兴奋地跟记者讲起他正在进行的技术研究——利用特殊结构的纳米材料制冷实现沙漠治理，"未来这个技术成熟后，可使大片沙漠变成绿洲，那对国家乃至世界的贡献都是不可估量的"。正如徐红星所说，他的愿景不仅仅是解决我国的"卡脖子"难题，他更希望自己的科研成果能为构建人类命运共同体提供中国方案。

（原载人民数字联播网 2021 年 7 月 2 日）

周翔

「我要上好每一节课」

钟焯　赖润泽

周翔（1963—　　）

江西横峰人，2021年11月当选为
中国科学院院士，化学生物学家

"生物化学与化学生物学的区别是什么？"问题抛出后，来自各专业的200多名学生开始各抒己见，气氛顿时热闹起来。

这是武汉大学通识课"魅力化学"的课堂场景，在台上授课的教师正是2021年当选中国科学院院士的化学与分子科学学院教授周翔。自担任武大教授的20年来，周翔没离开过两个地方：一个是实验室，另一个是本科生课堂。

通识教育，让学生看到化学魅力

18：30，周翔走上讲台，从"今日化学何去何从""化学中存在什么二级学科"等问题出发，引入本节课堂主题——核酸化学生物学。核酸化学生物学也是周翔长期致力于研究的领域。近年来，他带领学术团队通过小分子对核酸的识别和功能调控，开发核酸靶向药物分子和重大疾病诊断技术，取得了一系列创新性成果。

如何把晦涩的学科概念讲给不同专业的本科生听，听得懂又爱听，最终建立一定的认知？周翔想出一招儿——故事切入。

从 DNA 双螺旋结构、肌红蛋白三级结构的发现到冷冻电镜的发明，通过一个个生动的故事，他一时间就把学生们吸引到神秘的分子世界，又穿梭在科学历史的长河中。

"生物化学是研究生命体内所具有的化学组成、结构和化学过程的学科，化学生物学则致力于利用外源化学物质、方法或途径在分子层面上对生命体系进行精准修饰、调控和阐释，外延相对更广。""层层剥洋葱"之后，周翔解开了课堂伊始提出的问题，学生们豁然开朗。而后，他又通过"以 mRNA 为基础的新冠疫苗""基于核酸的肿瘤早筛早诊、液体活检技术"等前沿热点，向学生们展现出核酸化学生物学研究的价值意义。

"周老师很喜欢提问，课堂互动很多，我们的参与感很强。"下课后，化学与分子科学学院 2021 级本科生严雨洋说道。整堂课下来，周翔循循善诱，提了不下十个问题，每一个问题好似一个指路牌，让学生驻足思考，并一道"柳暗花明又一村"。

计算机学院 2019 级本科生黎谢之则深深感叹周翔老师的严谨作风。"在讲授一些细节概念的地方一点都不含糊，比如在讲解到细胞内催化反应时，周老师与我们交流，虽然有同学答道'发生了一些反应'，但周老师却积极引导同学讲出'发生了一些化学反应'"，黎谢之觉得，这种一丝不苟的研究态度是各学科都必不可少的。

周翔课上提到，"相比于院士称号，我更加在意老师的称号，我要上好每一节课"，这句话也令学生们印象深刻。他说道，作为老师，有义务和责任把自己所了解的知识传授给新一代，告诉他们什么是真正的化学，了解化学的重要性，以及化学的未来发展，为所有学生提供"接地气的化学知识与思维方式"，这也是他理解的这门通识课的意义所在。

交叉融合，激发学生科研动力

除了讲授通识课，周翔还长期主讲化学与分子科学学院的本科生专业课"化学

周翔在学术论坛上做报告

生物学导论"。这是一门面向大三学生的专业必修课。周翔指出，化学学科经过200多年的发展，正积极地向下游延伸，参与解决更多国计民生问题，逐渐与材料科学和生物医学交叉，形成多种交叉学科，其中化学生物学成为化学人才培养的一个重要方向。

之所以要把课程设置在大三，也与他秉持的"固本强基，厚积薄发"理念息息相关。"我们新生进来，一定要把数学和物理基础打好。学习的内容很多，但对我们化学学习非常有帮助，物理化学、结构化学、无机化学都跟它们密切相关。只有打牢了基础，才能进一步对学科的新知识、新方向做深入探索。"周翔进一步解释，到大三的时候，学生已经把化学的基本内容学习了一遍，了解化学与其他的学科交叉研究的时机已经成熟。

开设"化学生物学导论"，他的初心就是希望带领学生通过化学的手段、化学的方法来研究生物学和医学的基础问题，看到化学在其他领域有其施展拳脚的地方，进而激发学生深入学习化学的驱动力。他常常跟学生们提到，从分子水平上去观察研究生物和医学方面的某些过程、变化，化学学科有自己独特的优势，更能够发现深层次的发病机制，不管是诊断还是治疗，都会有很大的作为。

以核酸表观遗传修饰这一研究方向为例，周翔在2010年时开始投入精力开发化学探针对核酸修饰进行识别和检测。到目前，核酸表观修饰已经成为生物医学的热点领域，国家自然科学基金委也于 2017 年启动重大研究计划开展生物大分子动态修饰的研究，这一领域对重大疾病如肿瘤的早筛早诊和新药发现方面均也有非常好的应用前景。

的确，化学生物学勾起了不少学生的研究兴趣。化学与分子科学学院 2020 级硕士研究生袁可欣，在大三就抱着多了解一些化学生物学专业知识的想法联系了周老师，进入实验室进行业余科研。

她还特别提到，自己在推免研究生面试前非常紧张、自信心不足，甚至一度逃避准备，"在这时候，周老师的一通电话鼓励了我——'基础都很扎实，没有什么可担心的'"。袁可欣随后顺利获得推免资格，如愿以偿地正式加入周老师的团队。

健全人格，培育真正的栋梁之才

"国无德不兴，人无德不立。"不论在课堂上，还是在自己的学术团队中，周翔始终把树立正确的价值观摆在育人的首要位置。他认为，武汉大学作为一所高层次大学，培养出的学生对国家和社会都有重大的影响，甚至是方向性的，引导他们树立正确的世界观、人生观和价值观也是义不容辞的责任，必须要为社会培育真正的栋梁之才。

"所谓栋梁之才，就是要担当很大的责任与义务，为整个社会的发展做贡献。"周翔说道，这个贡献可能并不源自从事了化学研究，毕业后可以有很多选择出路，包括继续研究、前往成果转化的企业、做行政管理等，但在武大学习期间树立起的价值观念、汲取的综合性营养是起到奠基作用的。

"这 20 年来，实验室的研究生们都是高高兴兴地来，依依不舍地离开。"2002年作为一名硕士研究生加入周翔的团队，如今已是团队重要一员的翁小成教授这样形容实验室的气氛。他提到，周翔针对不同性格、背景和能力的学生，有不同的培养方式。无论是从事何种行业的毕业生，谈起读研阶段，印象最深刻的除了老师张弛有度的管理、倍感温暖的鼓励以及语重心长的指导，还包括在团队学习时养成的格局、眼界和团队协作能力。

"我希望通过我，学生不仅仅知道什么是化学，而是进行一个全方位的学习，知道如何去适应这个社会，怎样为社会发展作出自己的贡献，成为一个健全的人。"

周翔这种从科学素养到人格健全的差异化、全方位培养理念贯穿在课堂和研究生培养始终。

在"化学生物学导论"课堂上，每位学生拥有一次做一场10分钟演讲的机会，周翔希望以此培养学生在短时间内把某个研究内容展示出来的能力。"不能就埋头在实验室，还需要传授，还需要输出"，更深层次的原因是，他希望在这一过程中锻炼学生的自信心以及表达技巧，不管是否从事科研，这两个因素的提升会让学生终身受益。

在团队中，他尽可能让每位研究生在承担科研任务的同时担任一项实验室管理任务。2020级硕士研究生薛小宸负责管理Qubit定量仪器。他坦言："实验室工作最重要的就是交流，进行课题需要与老师、师兄师姐交流；管理仪器，需要为新手讲解仪器的原理、使用方式与注意事项，仪器有问题需要及时了解查看，同时有使用不规范的情况需要及时指正，这些无一不涉及说话的艺术。"在管理实验室过程中，他感悟到，管理工作不仅仅从自己的角度考虑问题，还要加强与他人的合作与沟通，在交流中找出求同存异的方案。

周翔的培养理念也深深影响了翁小成。如今，他在指导学生时最重视两点：一是以身作则投入工作，保证学生有合适的选题，并且有及时的指导，"这一点我做得还不够，周老师虽然事务繁多，但是几乎每天对学生的学业都会过问，目前团队

周翔指导研究生做实验（屈波 摄）

一半的研究生是周老师直接指导";二是学会站在学生角度思考问题,"实现和周老师一样张弛有度地管理"。

翁小成认为,学生和老师之间虽然有共同的科学问题要解决,但是由于需求和追求不同,会存在很多不同的想法。因此,老师除了在学业上给予足够的指导之外,还需要了解不同学生的不同情况和需求,调整与他们相处的方式。这也是长期在周翔团队中潜移默化产生的影响,让学生们感受到老师确实是在帮助他并且理解他的一些想法。

20年来,周翔已经培养了70余名博士和20余名硕士研究生,无数学生从他的课堂学到化学知识,悟到人生哲理,走向祖国大地。20年初心不改,周翔将继续行进在教书育人、科研报国的征途上。

(原载《武汉大学报》2022年4月11日,原题《周翔院士与他的三尺讲台》。图片除署名外均由武汉大学化学与分子科学学院提供)

宋保亮

破译胆固醇与脂代谢疾病「密码」

付晓歌　刘宇欣

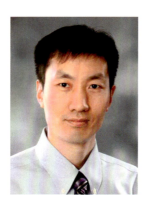

宋保亮（1975—）

河南安阳人，2021年11月当选为中国科学院院士，生物化学与代谢生物学家

　　近年来，心脑血管疾病已经成为人类健康的"头号杀手"，血液中胆固醇浓度过高，尤其是低密度脂蛋白胆固醇水平过高是导致心脑血管疾病的重要风险因素。从生物化学和人类遗传学的角度探究胆固醇代谢机制，开展和人类疾病健康密切相关的研究，这正是生命科学学院宋保亮教授20多年来研究的课题。

　　2021年11月18日，对46岁的宋保亮来说，多了一份沉甸甸的收获。这一天，他成功当选中国科学院院士。荣誉背后，是披荆斩棘的科研攀登、是夙兴夜寐的执著追求、是兢兢业业的育人坚守……

科研"无人区"的探路者

谈及缘何走上研究胆固醇代谢的道路，宋保亮表示，早在研究生毕业前，听取了美国西南医学中心诺贝尔奖得主 Mike Brown 和 Joe Goldstein 的讲座后，就对胆固醇代谢很感兴趣，一颗科研的种子悄悄种下。一次机缘巧合，他看了一部根据真实事件改编的电影《良医妙药》，心系国民健康的宋保亮深受触动，由于胆固醇代谢与很多遗传因素相关的神经退行性疾病、心脑血管疾病有关，他决心在这个研究领域继续走下去。

"胆固醇水平主要受日常饮食生活方式和遗传因素两方面调控，但由于我们每个人的基因组内都有一些微小差异，使得不同个体之间胆固醇代谢与疾病易感性会有不同，甚至有巨大影响。"宋保亮举了个例子：同样是每日食用十几个鸡蛋，有的人多年后心血管功能依旧正常，而有些人仅仅一年后就发展成动脉粥样硬化。解释这两种迥然相异的结局并揭开其背后的科学规律，是胆固醇与脂代谢研究课题组的一个重要探索方向。

但是，解密的过程并不轻松。"对我们课题组来说，由于承担的任务基本都在科研'无人区'，鲜有现成的理论或者工具，这就要求课题组成员要思考别人没解决的问题，要学会'大胆假设，小心求证'。"宋保亮说。开荒之难并没有打倒意志坚定的科研人员，他们誓必到那未开垦的处女地踏下最深的足印，在那空白之处去打造一片胜景。

"大家每时每刻都在付出加倍的努力，都在不断走出自己的舒适区。"宋保亮感慨，多年来，课题组成员始终把"两个执著"牢记于心、内化于行，即无论是实验数据指标，还是课题完成指标，都执著于把数据做得更准确，都执著于把课题挖得更深入。

在研究方向选择上，宋保亮总结自己有两个"刻意追求"——"我们刻意追求解决领域里最基本最关键的科学问题，刻意追求和人类健康与疾病密切相关的科学问题，符合这些研究方向的，我们都会努力做。"

因为"刻意追求"，他们不断走出自己的舒适区，在研究方法和思路上不断创新，充分展现了先锋的力量：如果没有，那么就去创造；如果陈旧，那么就去更新；如果微小，那么就去壮大。

这些年，即使沿路荆棘，但课题组用一项项成果告诉大众，他们"始终在路上"：2018 年在《科学》发表论文，题为《LIMA1 基因变异减少小肠胆固醇吸收并降低血浆低密度脂蛋白胆固醇水平》，他们从新疆低血脂家系中发现了新的胆固醇吸收基因，这项工作被收录入内分泌学经典教材 *Williams Textbook of Endocrinology*。2020 年，在《自然》发表论文，题为《进食通过 mTORC1—USP20—HMGCR 通路诱导胆固醇合成》，进一步揭示了进食碳水化合物诱导胆固醇合成增加的调控机制，为精准控制胆固醇水平奠定了基础。作为胆固醇领域的主要引领者之一，宋保亮受邀为 Nature Reviews Molecular Cell Biology 撰写长文综述，题为《胆固醇代谢平衡的机制与调控》。宋保亮先后获得陈嘉庚青年科学奖、中国青年科技奖、谈家桢生命科学创新奖、科学探索奖、中国细胞生物学学会杰出成就奖，他的成果两度入选"中国生命科学十大进展"，并被评为"国内十大医学研究"及"中国心血管领域十大影响力事件"之一。

谈及 2020 年在《自然》发文，芦小艺副研究员说："2014 年，我考入武汉大学硕博连读，如愿进入宋老师的实验室。几年前，一位师兄在试验中筛出一个基因，可能对脂代谢有作用，但是当时可以查阅的相关研究非常少。"作为课题组的"领头羊"，宋保亮凭借其过硬的专业知识和多年学术经验敏锐地感知到，这或许可以成为课题组研究获得进展的突破口。"我一进入实验室就参与这项研究，大家此前已经在不同的细胞上做了许多试验，却毫无进展。我们陷入了停滞不前的痛苦中。"

宋保亮不断鼓励他们，寻找新的实验方向。2015 年下半年，课题组将研究对象换成肝细胞系之后，终于出现了转机。芦小艺回忆，"当看到细胞被调控的现象出现，我们太激动了，这证明基因对肝细胞调控有效果！"

宋保亮鼓励大家一鼓作气，让实验数据更精准、更完备。接下来的几年，课题组一直利用细胞实验和小鼠实验结合来监测数据，不断进行试错和优化实验条件。"这个过程非常辛苦，宋老师常常鼓励我们，他说做科研就是'技术上的重复，思想上的创新'。老师饱满的精神状态也让大家有了坚持的动力。"芦小艺说。

但是，成功的道路从来不是一帆风顺的，2020 年年初突如其来的疫情让大家措手不及。时间不等人，《自然》的截稿日期越来越近。3 月，在收到允许部分人员提前返校的通知后，宋保亮、芦小艺等即刻申请第一批返校，做好防护工作，早早地回到实验室开展工作。功夫不负有心人，课题组最终完成了实验，研究成果如期发表。

"要成为一名成功的研究者，应当真心热爱所从事的科学研究事业，寻找自己真正感兴趣的问题，建立稳定、高标准的研究体系，积极运用最新的研究手段，不断突破自我。"宋保亮如是说。

学子前行的"领航人"

"任何一个学科方向都很重要，最重要的是要找到自己喜欢的方向。""把兴趣变成工作的时候，就不能只是看着好玩，要能够坚持下去，贵在持之以恒。""作为生科人，应勇于担当、立志高远，珍惜宝贵的学习时光，多做有意义的事情，努力发展自己。"在生命科学学院举办的本科生"学业领航"专业发展规划指导会上，宋保亮的一番话如春风化雨般渗入学生心头。

研究生王金凯还记得，导师宋保亮曾交给他一个新课题：能否找到一个特殊的基因，可以作为治疗心脑血管疾病的新靶点。"我通过多次数据对比，终于发现了一个基因，同宋老师研究分析后，我们一致认为该基因具备降低血脂的潜力，并且参与凝血系统，很可能是一个更好的治疗心血管疾病的靶点。"然而，正准备大展身手的王金凯很快就被现实打败——他对于凝血系统的研究完全是门外汉，对相关的研究方法和动物模型更是没有任何经验。

宋保亮对他说，"我们做研究，应该追求突破，追求完美，年轻的时候努力奋斗，干出一番事业来，老了才不会感叹这一辈子碌碌无为！"王金凯暗下决心，趁着现在年轻，有干劲，不如放手拼搏一把。

他查阅了大量相关文献建立系统理论知识，请教各领域专家以拓宽视野，积极参加各类会议及培训，不断完善实验技巧。在宋保亮的全力支持下，他不断克服困难，与大家团结合作，取得一系列突破，对研究的课题也越来越有信心。"我越发坚定地认为这是一个有前景的预防和治疗心血管疾病的靶点，希望我的研究能够给广大心脑血管疾病患者带来福音。"王金凯如是说。

宋保亮异常勤奋，这是师生们对他的一致评价。只要他在武汉，一定是实验室去得最早和走得最晚的一个。出差期间，他也会每周固定给实验室开视频组会，讨论实验进展。在生命科学学院教授王琰的记忆中，宋保亮是一个专注且精力充沛的人。"他非常忙，却总是合理利用碎片化时间。我们出差时，常常看见他在候机大

宋保亮指导学生做实验

厅抱着笔记本给学生修改论文，或者是与学生通话，指导实验。"

宋保亮始终把育人放在第一位，对学生总是倾囊相授。"宋老师说，他的办公室门一直敞开，任何想要与他进行学术交流的学生都能随时来找他。"博士生谭婧说，"宋老师有时会带着我们做实验，把自己的经验毫无保留地教给我们。记得当年我刚接触 IP 实验时，老师细心提醒我清洗 beads 时要注意液体不能吸取太多，以免损失所需的样品。老师不时的指导真的让我少走很多弯路。"

芦小艺眼中的宋保亮，是一个非常温和的人。"几乎没有看到宋老师发过脾气，个别同学遇到瓶颈，产生倦怠心理时，他会找他们谈谈心，帮助寻找新的实验方向，给他们布置更具体的任务。"实验之余，宋保亮也经常组织冷餐会等团建活动，聊聊生活，畅谈理想。谈笑之间，师生的距离越来越近。

教学管理的"多面手"

宋保亮的身份很多，不仅是三尺讲台上循循善诱的教师，也是生命科学学院的院长，还是中国细胞生物学学会副理事长、国家基金委"糖脂代谢的时空网络调控"重大研究计划专家组组长……这些身份从不同侧面勾勒出宋保亮鲜活的形象。

作为教师，宋保亮非常注重科研反哺教学，每年秋季面向生命科学学院大一新生作"胆固醇代谢研究进展"主题报告，为大二本科生讲解专业核心课程"生物化学"

中的脂代谢内容，介绍相关前沿研究进展。

"比起填充式地输出知识，老师更多的是循循善诱，用深入浅出的方式引导大家。"博士生胡傲回忆，宋保亮会在课堂上谈及一些疾病模型，让学生产生兴趣，在有疑之处起疑，进而引导学生独立思考，并注重将最新的科研进展和研究方法融入课堂。

"我不要求大家写太长的论文，哪怕是画出一个条分缕析的通路图都行。重要的是抓住关键点，变成自己的知识。"这是他在指导学生小班研讨课上给同学们的建议。

自 2016 年以来，作为学院"生命科学与技术进展"课程的核心授课教师，宋保亮参与了该课程的定位、内容设计、专题报告及小班研讨等多个环节。该课程采用集中专题讲授与小班分班讨论形式进行教学，课程内容涉及生命科学与技术各个领域进展，注重反映学科前沿动态，帮助学生较全面了解生命科学与技术有关领域的研究进展与发展动态，拓宽学生的视野，激发学生的科学思维，增强学生专业认知，引导学生形成专业热爱并做好专业规划。

此外，他积极参与推进拔尖学生培养工作，长期担任学院烛光导航师，指导本科生开展科研训练。同时，他还担任 2020 级生物科学"强基计划"班的班级导师，从指导学生学习、科研、思想等多个方面参与指导班级建设。

宋保亮与学生一起开展户外活动

作为生命科学学院院长，2014 年上任以来，宋保亮一方面注重不断引进人才，升级科研硬件条件，另一方面打造规范化评审制度，营造开放、自由、浓厚的学术氛围。宋保亮也十分重视思政工作，牵头成立了生命科学学院课程思政建设领导工作小组，积极推进学院课程思政建设工作。

此外，他还是国家重点研发计划和基金委创新群体的首席科学家、中国细胞生物学学会副理事长、国家基金委"糖脂代谢的时空网络调控"重大研究计划专家组组长。宋保亮始终关注学科发展，乐于合作、重视人才培养，为我国脂代谢研究作出了重要贡献。

这位年轻的新晋院士，从未囿于象牙塔内的自我沉浸。他饱含探索科研"无人区"的勇气，以科研的探索之路为经线，以立德树人的教育事业为纬线，经纬交错、互为契合，继续在人才培养和服务国家人口健康方面贡献"力"与"热"……

（原载《武汉大学报》2022 年 4 月 20 日。图片由武汉大学生命科学学院提供）

刘胜 国内芯片封装技术的引领者

刘胜（1963—　）

湖北黄梅人，2023年11月当选为中国科学院院士。微纳制造领域专家，国内芯片封装技术的引领者

王伶俐　王楠　苏明华

2023年11月，新一轮两院院士增选名单公布。武汉大学动力与机械学院院长、工业科学研究院执行院长、微电子学院副院长刘胜教授成功当选中国科学院技术科学部院士。这不仅是对刘胜几十年如一日潜心科研攻坚的肯定，更标志着我国拥有自主知识产权的芯片封装技术的崛起与兴盛。

芯片关乎国家发展命脉，是国家安全和国家竞争力的重要组成部分，而封装技术则是芯片功能得以实现的保障。20世纪90年代，由于我国电子封装行业起步晚，尚未形成独立的产业，自主知识产权匮乏，先进工艺与装备被发达国家垄断，芯片封装有可能成为我国未来的"卡脖子"难题。为了避免中国在芯片封装、电子制造等领域可能受制于他国，刘胜带领团队长期致力于芯片封装与集成、先进制造和半导体材料的研究，在微纳制造科学与工程技术方面取得系列创新成果，建立微纳制造工艺多场多尺度协同设计理论和技术体系，开发多种芯片封装与集成的制造工艺、装备与产线，实现我国封装技术从跟跑到并跑的跨越。

克难攻坚：多领域取得突破性成果

深耕产学研用融合，实现电子封装领域自主化。刘胜在留美期间开创了电子封装工艺力学方向，与行业顶尖公司紧密合作，科研成果卓著，获白宫总统教授奖等重要奖项。回国后，他一直致力于推动国内芯片封装研究和行业发展。尤其近十几年，他带领项目团队，开展"产学研用"校所企联合攻关，与行业内科研单位、龙头企业组建国家集成电路封测产业链技术创新战略联盟，完成高密度高可靠电子封装从无到有、由传统封装向先进封装的转变，实现高密度高可靠电子封装技术的自主化。项目团队研发的 300 多类产品覆盖通讯、汽车、国防等 12 个行业，成果用于长电科技、日月光、华为、IBM 等海内外企业，具备高度国际竞争力，引领我国电子封装行业和装备实现跨越式发展。该成果 2009 年获 IEEE 封装学会杰出技术成就奖、2020 年获国家科技进步奖一等奖。

创新白光 LED 封装技术，填补绿色光源领域空白。半导体照明作为新一代绿色光源，已在全球范围内推广应用，以缓解日益严重的能源危机，刘胜揭示出光电芯片封装在电—光/色—热/湿—力等多场耦合下缺陷产生机理，提出结构及设计新方法、工艺技术及封装技术，解决制约光电芯片电光效率与散热难题，形成了具有自主知识产权的白光 LED 封装技术，有效支撑了半导体照明产品研发与工程应用。

刘胜指导学生做实验

项目成果支持两家上市公司，取得良好的社会经济效益。该成果 2016 年获国家技术发明二等奖。

构建微传感器封装体系，推动微纳系统领域新发展。刘胜带领团队研究导致微纳系统稳定性下降的内在规律及微纳系统系列封装技术，解决了微纳系统真空封装寿命短难题。构建国内外领先的微传感器封装理论、软件、装备和产品技术体系，显著提升了国内外微传感器封装产业的理论和设计技术水平。目前，该技术已在武汉飞恩微电子、苏州晶方、东风电子等企业批量应用。该成果 2018 年获中国电子学会技术发明一等奖。

精益求精：将科研做到阳春白雪

"我们要把封装科研上的每一个小的细节点从下里巴人做到阳春白雪！"发人深省的话语背后，是刘胜对科研事业的精益求精。

"我自掏腰包用自己的工资，也要让你们把实验做透彻。"当学生做实验需要购买昂贵的器材和材料（例如，具有特殊物理属性的"铼钇合金"材料）时，刘胜从不因为价格而缩减实验开支，即使自己出钱，也要让学生用最精细、最先进的仪器和材料做实验。他表示："贵怕什么，我自掏腰包也要把这个材料的属性摸清楚，不光是摸清材料的物理属性，我们还要应用多场多尺度建模仿真把材料的每一步工艺步骤了解得清清楚楚，我们就是要把下里巴人的事情做到阳春白雪。"

"要么不做，要么做到最好。"刘胜作为项目负责人，承担了武汉大学乃至华中地区高校首个国家重大科研仪器研制项目。任务艰巨，责任重大，使命光荣。刘胜始终战斗在科研一线，实时了解并解决在研究中存在的问题。学生即使凌晨向教授咨询问题，他也会及时回复，条理清晰地解答学生困惑。即使项目进展讨论会在半夜十二点结束，他依然选择在办公室待到深夜，独自思考未解决的难题。

"现在的研究很多涉及交叉学科，一个人的力量是有限的，需要跟不同领域优秀的人一起做事情。"刘胜时常跟学生们提起他对研究的一些看法，他认为重大仪器项目涉及太多领域，例如机械、光学、仪器、材料、凝聚态物理等，遇到专业问题就应找专业的人咨询，虚心求学。他常说："真正的大师永远怀着一颗学徒的心。"通过夜以继日地探索与坚守，该项目最终获得了以蒋庄德院士、张跃院士、俞大鹏院士为核心的验收专家组一致好评，认为其"具有突出的原创性科研成果"，评价结果为 A。

刘胜与学生讨论科研方案

凝心聚力：打造最强研发团队

自 2002 年回国后，刘胜一直致力于学科交叉建设，先后成功发起两个交叉论坛：2012 年发起华中科技大学首届国际青年学者东湖论坛，2014 年发起武汉大学首届国际青年学者交叉论坛。两届论坛的成功举办，吸引了大批国内外优秀青年学子，为华中科技大学和武汉大学引进了大量优秀人才。

"大树底下好乘凉！"这是刘胜对待后辈学子一直秉持的态度和理念。"这里没有老鹰，但有大雁！"他认为一个好的领导应该是带领队伍前行的大雁，而不是性情凶猛的老鹰。他不遗余力地发起青年学者交叉论坛，就是为了聚集海内外不同学术背景的优秀青年科学家开展交流与探讨，增进国际学者之间的友谊和合作，推动世界前沿科技发展，吸引国内外优秀青年学者加盟武汉大学和华中科技大学。对于青年教师，他竭尽所能，将自己毕生所学倾囊相授，诲人不倦，分享申请书和答辩 PPT，利用自己休息时间帮老师们修改专利文章、基金申报书，答疑解惑。

刘胜非常重视科研团队建设，认为团队中每个成员最强整个团队才最强。多年来，他努力打造跨学科研发队伍，在团队中贯彻"TIPHD"五个字母的团队精神，即：Teamwork（团队协作）、Initiative（首创精神）、Persistent（坚持不懈）、Hardworking（努力工作）、Dedication（献身精神）。他特别关心青年学子的成长、关注青年教师队伍建设，经常鼓励年轻人要敢于探索、勇于创新。

春风化雨：做学生的良师益友

虽然平时事务繁忙，但刘胜尽量抽出空暇时间跟学生在一起探讨科研及人生，通过讲述自己的人生境遇来激励学生。

"王侯将相宁有种乎！"刘胜经常鼓励学生，路是自己走出来的，是自己拼出来的。他与学生分享童年的苦与乐，坦言为了减轻家庭负担不得不在课余时间打小工，正是这段艰苦的经历锻炼了他异常能吃苦的性格。他给学生讲述自己在斯坦福求学的经历，自豪地谈到自己师从几位导师做科研，每天只休息三四个小时，其他时间都在实验室，一直是导师的得力干将，最终成功获得美国总统奖。正是这种吃苦耐劳的性格和永不言弃的精神，让他在富有挑战的科研工作中能够坚持不懈，忘我工作，为解决芯片难题不断努力，攻破一道道难关。

"我们的研究要么上书架，要么上货架。"刘胜经常告诫学生，要么创造新知识、著书立说，要么研发新技术、新产品。他强调，作为新时代新工科的接班人，要主动响应我国面临的新一轮科技革命和产业变革；要坚持产学研用结合，用创新占据技术制高点；要坚持工匠精神，把产品和工艺做到极致。

"做人一定要有家国情怀！"每次组会上，刘胜总会教导学生无论以后从事什么岗位，做人都要有家国情怀，而这也是他自己放弃美国终身教授任职，毅然决然回国建设并支撑自己走到今天的原因。他时常说："从1993年发起组织中国第一次封装国际会议到今天，我要让中国的芯片封装行业遍地开花。一个人能走多远，

刘胜与学生探讨科研和人生

刘胜参加学校教职工篮球联赛

主要看支撑他走下去的信仰和情怀。先有国才有家，国家强盛才能小家幸福。"正是怀着对祖国和家乡的热爱，他毅然选择放弃国外优越的条件，婉言拒绝国内多家著名高校的邀请，进入武汉大学任教，大力培养青年学生的科研素养和创新能力，引导他们形成正确的价值观和人生观。

"必须要有一个强健的体魄和一颗健康的心灵。"刘胜对学生的身心健康非常关心，科研之余，他最喜欢的事情便是去操场与学生一起打球，锻炼身体。虽然他年近六旬，却经常带领学生锻炼身体。他在组会间隙与学生进行俯卧撑比赛，每次能做100多个俯卧撑，这样的体力与耐力让学生们佩服。由于刘胜总是保持旺盛的战斗精神，团队里的年轻人丝毫不敢松懈，以免跟不上他的步伐。

繁霜尽是心头血，洒向千峰秋叶丹。回国30余年，刘胜始终怀揣科技强国、民族振兴的伟大梦想，初心不改、矢志不渝的人才品格，严谨求实、克己奉公的良好风范，长期坚守在人才培养与科学研究的第一线，致力于解决我国在芯片制造领域存在的难题，孜孜不倦，永不懈怠，用他的行动诠释了一名科技工作者的初心和坚守。

（原载武汉大学新闻网2023年12月20日。图片由武汉大学动力与机械学院、工业科学研究院提供）

中國工程院
院士

谢鉴衡 敢以雄心治江河

蔡瑞 董云霞

谢鉴衡（1925—2011）

湖北洪湖人，1995年当选为中国工程院院士，国内外著名泥沙专家

深耕黄河泥沙治理，为数十年治黄工作提供重要指导；首创"裁弯取直计算方法"，为下荆江系统裁弯工程规划奠定根基；实现"静水过船，动水冲沙"科学设想，解决葛洲坝工程引航道泥沙问题；领衔研究三峡工程泥沙问题，解决世界性水电工程难题；发展河流模拟新技术，成果在长江、黄河等大江大河治理中广泛应用……谢鉴衡把个人理想融入国家发展伟业，将毕生精力献给我国河流泥沙与江河治理事业，解决了一系列重大水电工程泥沙核心技术"卡脖子"难题。原中国工程院院长徐匡迪院士曾表示，谢鉴衡先生长期从事泥沙运动和河床演变理论及工程泥沙研究，为我国重大水利工程泥沙问题的解决奠定了理论基础并作出突出贡献。

喝洪湖之水长大，千锤百炼始成才

1925 年 1 月，谢鉴衡出生于湖北省洪湖市的一个小渔村。幼时因正逢水灾和兵荒马乱，谢鉴衡随父母先后辗转洪湖三个镇，才算勉强安定下来。

谢鉴衡喜爱读书，刚安顿好，家人便四处为其寻找学堂，苦于寻觅无果，只好将他送到私塾发蒙。在私塾里，他不仅受到了良好的教育，还学会了当时新潮的加减乘除。一上学，谢鉴衡就直接进入小学四年级，学习非但不比别人吃力，反而成为佼佼者。母亲见状，尽管家中情况不容乐观，但还是咬牙撑着，硬是把谢鉴衡送到了汉阳读书，让他有足够的时间学习。

一天夜里，母子俩坐在门前，抬头望着星空，母亲给谢鉴衡讲起了古人苦学成才的故事。谢鉴衡歪着脑袋，听得津津有味，自强苦干、奋斗不息的根苗在心中默默扎根。年仅 13 岁的他，站起身来对母亲说，"古人能做到的，我也能做到"。他抱着"做一个对国家有用的人"的信念，刻苦自学了中学数理化功课。

有志者，事竟成。1946 年，未读过高中的谢鉴衡以优异的成绩被清华大学、武汉大学双双录取。最终，他选择了后者，学习土木工程。值得一提的是，在这里他遇见了我国著名泥沙专家张瑞瑾教授，连接起了他与河流泥沙的不解之缘。

这位长江岸边长大的青年学子，坐在武汉大学教室里，第一次听张瑞瑾教授谈黄河。当他听到一条世界挟带泥沙量最大的河流——黄河，26 次大改道，1500 余次决堤，洪水吞噬了不可计数的生命和良田时，年轻的谢鉴衡便有了治理好母亲河、为人民做点实事的愿望。"大学期间张瑞瑾教授对我影响甚大。"谢鉴衡曾在多个场合表达对张瑞瑾教授的敬意，其在河流治理领域的卓越见解也使谢鉴衡萌发了致力泥沙研究的想法。

1950 年，谢鉴衡从武汉大学毕业，留校做了一年助教。1951 年，受国家派遣，作为第一批赴苏留学生、武汉大学唯一推荐生出国留学，他毅然选择学习治河工程，把河流泥沙作为主攻方向。5 年，他没日没夜地把自己陷入"泥沙"之中，汲取泥沙治理最新的科研成果，了解经典试验案例。其间，尽管谢鉴衡的俄语水平很好，但他仍坚持自学日语德语，以便学习当时科技水平较高的日本和德国的水利文献。他常说，"中国的水利科学还很薄弱，能够为国家治理水患、变水为宝是一件很有价值的事情，这就是报效祖国"。

秉承"学成必归，报效祖国"的思想，1955年11月，他在苏联科学院技术科学部水利研究所获副博士学位后，满腔热血回归母校，正式开始江河治理特别是泥沙治理研究与教学之路。1961年，谢鉴衡受国家派遣，赴越南水利学院、越南水利科学研究院担任专家，在越南"特种战争"等复杂社会背景下，连续3年为越南培养大批水利专业技术人才。

回国后，谢鉴衡不忘治河报国初心，除教学工作外，潜心投入河流泥沙理论研究与应用开发，在河流泥沙运动基本理论、长江黄河治理领域取得突出成就。他连续两届走上河流泥沙国际学术讲坛，多次获奖；1986年赴美国密西西比大学作学术报告。他曾多次受到国家、水电部表彰，1991年获国家科委、水利部、能源部颁发的"七五"攻关三峡工程泥沙研究个人荣誉证书。

攻克核心技术难题，治江河泥沙以报国

作为世界上含沙量最多的河流，黄河真正难治的根本在于治沙。早在20世纪50年代，谢鉴衡就开始研究黄河水流挟沙力、黄河下游河道及河口三角洲演变等问题。

从黄河上游孟津小浪底到河口（入海口），800多公里路途，1956—1965年的10年间，谢鉴衡带领团队5次实地考察，每次长达月余。仅是考察一次河口就要带足7天干粮，180公里宽的河口套着无数小河口，这些小河口最窄的也有10公里，即使有经验的船家也不敢轻易闯入。1965年秋，为了摸清黄河口泥沙运动规律，谢鉴衡逆水闯入河口，没几分钟，河流突然改道流向它处，谢鉴衡在搁浅的船上无路可逃。被困第三天，河流奇迹般地回摆，他才因水得救。

他一次次不顾生命危险为黄河水"号脉"，获得了大量第一手资料，经反复分析、试验研究，发现明朝大工程师潘季驯的"抽水攻沙"并不能从根本上解决黄河泥沙。他不仅总结出泥沙对河口游荡性变化影响，还弄清悬河抬升规律。谢鉴衡通过一步一步地实干，最终得出只有采取综合手段才能治理黄河泥沙的论断，提出控制黄河下游河床抬升的治理思路，指导了我国黄河下游的水害治理，受到国务院及相关部门的度赞扬。

1970年起，为契合国家建设发展大局，谢鉴衡重点研究解决长江泥沙问题。

葛洲坝水利枢纽工程是我国万里长江上建设的第一个大坝，其泥沙淤积问题被称为当时世界性三大难题之一，很多技术问题都是首次碰到，没有任何经验可借鉴。

1971年起，为攻克该难题，谢鉴衡在葛洲坝工地一住就是8年。8年里，无论严寒还是酷暑，谢鉴衡带领同事夙兴夜寐，全身心投入葛洲坝船闸引航道冲沙技术研究和泥沙模型的试验工作。

针对葛洲坝的地形地貌，他确定冲沙闸的最佳方位，制定兴建冲沙闸的最佳方案。经反反复复地研究，谢鉴衡验证了被恩师张瑞瑾教授概括为"静水过船，动水冲沙"的解决方案，确定了最佳冲沙时间和冲沙历时，为葛洲坝工程的整体布置提供了科学依据。同样是在极为复杂恶劣的环境和条件下，谢鉴衡主持葛洲坝坝区泥沙模型的试验研究工作，一点点探索试验、一步步艰难攻关，卓有成效地解决了船闸的回流淤积、异重流淤积和坝区河势规划等重大技术问题。

功夫不负有心人，汗水换来果满枝。1981年秋，葛洲坝三江航道冲沙闸首次启闸冲沙，仅用12个小时便清除了淤积在引航道上的300多万立方米泥沙，"静水过船，动水冲沙"方案获得巨大成功。

长江三峡水利枢纽工程号称"全球一号水电工程"，其建设构想早在1919年就已出现在《建国方略之二》中，如何解决泥沙问题是构想落地的关键所在。1982年，谢鉴衡带着党和人民的重托，组织协调三峡工程泥沙问题的技术攻关。

身为国家科委长江三峡泥沙专家组副组长的谢鉴衡心中十分清楚：三峡泥沙问题比葛洲坝更为复杂重要。的确如此，大库容、高水位、高流速的巨大工程，解决泥沙问题是一个重大技术难题。

面对三峡工程能否长久使用、黄金水道作用能否得到有效发挥、重庆港是否会变为死港等诸多事关泥沙的关键问题，谢鉴衡带领科技人员运用原型观测、数学模

20世纪90年代，谢鉴衡在工作

型计算、实体模型试验、类比分析等综合研究方法，一次次深入细致地调查、试验、分析，经过与国内外众多的著名泥沙同行的多次研讨与审议，形成了一份又一份具有可行性的研究报告，最终得出明确的结论。

谢鉴衡认为：三峡工程建成30年内，不论是坝区或变动回水区，泥沙淤积均不会对航运和发电造成不良影响。水库运行数十年后，累积性的泥沙淤积在特殊干枯的水文年份，当水库降落至最低水位时，可能对变动回水区航道和港口作业造成不良影响，但可以通过优化水库调度、航道整治和港口改造加以解决。坝区泥沙淤积对航道和发电的影响，可通过采用优化建筑物布置和设置防淤、排沙、冲沙等工程措施解决。

1984年11月，谢鉴衡在江轮上向时任国务院副总理李鹏汇报了三峡水库变动回水泥沙冲淤对航道影响及其解决途径；1985年5月，谢鉴衡在国务院三峡工程筹备领导小组扩大会上再次谈及解决三峡水库变动回水泥沙冲淤对航道影响的看法，提出了蓄水位方案的新建议，倍受中央领导重视。1986年7月，谢鉴衡在三峡工程泥沙专家组讨论会上论证了三峡水库泥沙问题是可以解决的观点，获得认可。

不忘传道授业初心，为党育人为国育才

师者，所以传道授业解惑也。与武汉水利水电学院副院长、国家科委与水电部三峡研究及论证泥沙专家组副组长等众多头衔相比，谢鉴衡看重的是教师，他认为这是他的天职之本。

对于如何做好一名教师，为党育人、为国育才，他有自己独特的见解。谢鉴衡认为要有"三心"，即对党要有忠心，忠诚党的教育事业并为之奋斗终身；对学生要有爱心，像爱护子女一样关心学生的生活、学习、成长与成才；对工作要有责任心，唯有兢兢业业、勤勤恳恳、任劳任怨、乐于奉献，才无愧于人民教师的称号。

秉承传道授业解惑的初心和为人师表的"三心"，谢鉴衡长期扎根教学一线，倡导"宽口径、厚基础、高层次、优素质"的人才培养模式，开创河流泥沙及治河工程本科专业，亲手编写多种教材，常年给本科生、研究生授课，亲自批改作业、答疑解惑，还主持多种培训班，为我国治河事业培养了数以千计的专业人才。

1981年，谢鉴衡被国务院遴选为首批博士生导师，培养硕士、博士研究生30余人。他对待学生亲如子女，一位学生曾因家庭经济困难，患病后无钱就医。谢鉴衡得知后，

20世纪90年代，谢鉴衡（前排右）实地考察水利工程

第一时间与夫人带钱送这位学生到医院治疗，还几次专程去医院看望。对于学习缺乏信心的学子，谢鉴衡常常鼓励他们，"力量不是越用越小，而是越用越大；智慧不是越用越浅，而是越用越深"。韦直林教授是谢鉴衡的关门弟子，师徒俩常常倾心长谈。彼时，韦直林一直认为自己不适合学习水利水电，谢鉴衡便讲述自己的故事给他听，慢慢地水利水电研究也成了韦直林热爱且为之奋斗的事业。

很多学生认为谢鉴衡待人宽厚，然而，谢鉴衡却曾表示："我这个人有点古板。"在办公室或者工地上，他总是话不多，但一谈到专业问题，如果身边的人出了什么纰漏，谢鉴衡总是会清楚地指出来。

"老师治学严谨，为治沙防洪工程专业倾注了大量心血。"据武汉大学退休教授段文忠介绍，1975年高校尝试开放式教学，为在黄河下游设立办学点，谢鉴衡带着他跑遍7个县，经过反复比较才挑选设立。

谢鉴衡的弟子、国家"973"项目首席科学家、武汉大学教授李义天从本科到博士，一直跟随谢鉴衡学习。多年前他曾就论文中的一个小问题请教老师，师徒二人前前后后讨论了十多次，有一次两人甚至用了整天的时间来讨论。当时，谢鉴衡还担任着武汉水利电力学院副院长，公事繁忙，虽然只是一个小问题，但谢鉴衡仍不轻易放过。

据其子女回忆，"父亲写起书稿来可以三个月不出家门"。他主编的相关治河教材，广泛运用于教学、研究领域。其中《河流泥沙工程学》是我国最早的一套系统完整的河流泥沙工程学教材，获国家优秀教材奖、全国高校优秀教材一等奖。著名泥沙专家夏震寰教授曾高度评价："这样的大学教材，国际上尚无先例。"为将治河的经验介绍给世界同行，谢鉴衡先生与恩师张瑞瑾用8年时间写就了英文版《中

2005年，谢鉴衡与老伴

国泥沙研究》，该专著在大多数出现过江河问题的国家都有广泛影响。

在夫人眼里，谢鉴衡总是天天坐在书桌旁，闷着头干。当他工作的时候，吃饭睡觉都成了负担，夫人着急他的身体，经常送饭到书桌前，饭后问他好不好吃，他竟然不知道自己吃了什么。有时候夫人拉他到饭桌前吃饭，他的思维仍然沉浸在科研里，永远只吃摆在面前的那碗菜。不幸的是，晚年的谢鉴衡患上了帕金森综合征，工作开始力不从心。刚开始时，他还坚持为学生把关论文。"后来他不能工作了，仍每天让我的母亲为他读报，了解国家水利事业发展"，"父亲非常爱国，希望通过自己的努力报效国家"，谢鉴衡的子女回忆说，即便后期生活已不能自理，他仍心系祖国水利，每天询问了解三峡大坝进展情况。每当弟子和同事来看望他的时候，他都要与他们交流探讨。"宜昌以下就是一条新的长江"，谢葆玲教授曾回忆道，当她向老师汇报自己的研究成果时，老师虽已口齿不清，仍断断续续地说出了这一句饱含哲理和学理的话，叮嘱她注意宜昌下游河段的复杂性。

拳拳赤子心，悠悠报国情。谢鉴衡一生致力于江河治理，在长达半个多世纪的研究生涯中，他带着学生研究江河之水流、水流之泥沙，心系黄河，关注长江，为我国河流泥沙治理、相关工程学科的创立与发展奠定了坚实基础。先生虽逝，但其精神永存，正引领无数水利科技工作者和教育者赓续传承。为了弘扬谢鉴衡教书育人的崇高品德和严谨认真治学的精神，他的学生捐资设立"谢鉴衡河流工程教育基金"，帮助一批又一批品学兼优且有志于河流工程专业学习的大学生完成学业，持续推动江河理论专门人才的培养。

（原载武汉大学新闻网 2023 年 7 月 11 日。图片由武汉大学水利水电学院提供）

张蔚榛 把心献给大地

石廷修 陈丽霞

张蔚榛（1923—2012）

河北丰润人，1997年当选为中国工程院院士，水利学家

　　校园中一处不起眼的宿舍楼里，住着我们这次探访的对象——张蔚榛院士。尽管身体不太好，但老先生仍坚持当面接受采访。先生还是老习惯，衣着虽不是那么光鲜，但只要是出门或会见客人，他都会穿上皮鞋，打上领带，目光炯炯有神，透露着睿智。

　　已近90高龄的张老，刚刚经历了一场与胃癌病魔的生死较量，有着浅浅皱纹的脸颊上虽然缺少了往日的红润，却写满胜利的喜悦和自信。这位当年雄心勃勃的北大学子，沐浴了近一个世纪的风风雨雨。岁月不断改变着他的样貌和肌体，然而改变不了的，是他对大地永存的热情与坦荡的情怀。

一生追求卓越

张蔚榛说，他这一生总在不停地给自己加压，追赶别人。上"教会"学校时是这样，进北大后也是这样，中华人民共和国成立后受国家派遣去苏联"科学院水利研究部"深造时更是这样。

在苏联，一切都要重新开始，重新学俄文和农田水利。有幸的是，张蔚榛遇到了一位可敬的师长——被誉为"水利土壤改良之父"的考斯加可夫教授。在教授的指导下，张蔚榛的副博士论文《灌溉对地下水动态的影响》得到了相当高的评价，被收进苏联科学院 1959 年出版的论文集。权威人士认为，这篇论文对灌区地下水的计算作出了重要贡献。20 世纪 70 年代，著名数学渗流力学家、苏联科学院院士柯钦娜，在她总结的关于苏联数学渗流理论进展的著作中，还专门介绍了张蔚榛留苏期间推导的有关计算公式。

从开始研究农田水利那天起，张蔚榛走遍了长城内外、大江南北。中国农村的广阔大地，哪里经常发生旱灾涝灾，哪里的土壤盐碱化了，哪里的地下水资源缺乏，他就把探究的目光投向哪里，把跋涉的足迹留在哪里。

1972—1973 年，天津及河北地区出现了严重的干旱。为缓解旱情，当地农民大量开发深层地下水，造成地下水大幅度下降。水利部组织调查组前往了解地下水的开发利用和存在的问题。张蔚榛随调查组到天津做了初步调查，回校后随即组织了一个地下水科研小组，深入河北冀县、衡水等地，进行调查研究和论证。在取得大量的第一手资料后，他得出的结论在一次学术会议上发布，其观点引起了与会学者的关注："深层承压水的补给很少，大量开采深层水，将主要运用含水层中储存的水量，而这部分水量和矿产资源一样，并不是取之不尽、用之不竭的。我国北方平原地区应把重点放在开采深浅层的地下水资源上。"

当时，国家的政策是资助地方打深井。为此，张蔚榛找到了当地水利厅的一位副厅长，详细介绍了地下水的机理，并直截了当地阐述了自己的观点。"张教授，您早说啊，我要知道是这样，早同意您的观点了。"副厅长倒也很坦率。

多年后，张蔚榛和他的同行提出的在北方平原应以开发浅层水为主的理论，被实践得到了证实。1978 年，"华北平原地区地下水资源评价及开发利用"荣获全国科学大会奖。

张蔚榛投入很大精力的又一项重要工作，是黄淮海平原的盐碱地改良。他多次去山东、河南、河北等地，了解黄淮海平原重点试验区水盐动态的试验情况，进行试验点的抽水试验。当地一位村民动情地说："他可是第一位到我们这儿来的大学教授，这位老专家简直是在拼命啊。"如今，盐碱地的治理已见成效，就连盐碱化最严重、寸草难长的地区也早已稻粱丰收。

1976年，张蔚榛带学生去河北衡水进行科学试验时，正遇上唐山大地震，他老家就在唐山，那里有许多亲人。但为了研究工作，他始终坚守在现场，指导抽水试验。试验获得圆满成功，受到生产单位的好评。试验结束他去探亲时，才知道哥哥遇难，已离开了人间。

当几十年的奋斗终于得到了众口一词的赞誉时，张蔚榛并没有满足，他又将目光转移到了节水研究上。78岁时，他又几次飞抵内蒙古，进行河套地区节水的研究。

让学生走在前头

1955年，张蔚榛从苏联回国后，担任农水教研室主任。从此，他除了搞好日常的科研工作外，还竭力为我国农田水利专业培养人才。在他的指导下，我国第一个农田水利实验室建立起来。1956年，我国开始招收研究生，张蔚榛成了首批指导农田水利研究生的导师。到了20世纪80年代，他又成为我国最先招收农田水利专业博士生的导师。

"在新的领域里，六七十岁的人很难再有大的创新，所以，我们要想方设法让年轻人冲上来。"张蔚榛常说，"要让学生走在我的前头，为他们成长提供条件"。对于学生，张蔚榛宽厚而严厉，这一点，使他的学生对他又敬又怕。

一位考生报考张蔚榛的研究生，尽管考试成绩很不错，却未被录取。考生写信询问原因，张蔚榛不客气地告诉他，在面试时，你答不上来就答不上来，何必要东拉西扯，搞科学要的就是实事求是的态度。考生委屈地说，我以为多说一点，总是有说对的地方。张老师，我明年还考您的研究生。第二年，他果然又以优异的成绩通过了考试，张蔚榛欣然接受了他。

认识张蔚榛的人都这样评价："他是位学识渊博、治学严谨、很有名望的学者，也是位品德高尚、可亲可敬的长者和良师。"在培养人才中，张蔚榛总是不遗余力，为青年人早日成才创造条件。在研究过程中，他与大家一起讨论，平等相待。大家

2003年，张蔚榛与他的博士生们

也都乐于向他请教。

如今，张蔚榛除了培养大批本科生外，还重点培养出了20余名硕士、14名博士，他的不少学生活跃在国内外学术界，有些还成为学科带头人，取得了国内外颇具影响力的科研成果。

张蔚榛十分喜欢和年轻学子交流。他时常利用各种机会，勉励学子们要"学会创新，为国贡献"。他常说，"学生首先要知道学习是为了什么，不光是为了生存，还要为学校、为社会做点事。学习不光是学习科学知识和历史文化知识，还要懂得创新和超越自我。不论将来做什么，只要能为国家作出贡献，你就已经成功了"。

站在荣誉背后

通过长期的野外实地调查和室内试验研究，张蔚榛在许多方面都有独特建树——

建立了正确的地下水资源概念，在地下水非稳定流计算方面，提出了新的计算公式和研究方法，特别是对给水度的研究，提出了全新概念。

在我国首先应用势能理论研究饱和—非饱和与土壤水运动及溶质运移问题，并取得了开拓性成果。他还是我国应用动力学观点研究溶质运移问题的倡导者之一。

张蔚榛和他的科研组先后完成了国家重大攻关项目和国家自然科学基金项目等20余个，不少研究成果达到国际先进水平。他主编专著3部，参编教材多种，其中

《农田水利学》获全国优秀教材特等奖，发表重要学术论文 50 余篇。

张蔚榛在国际学术界也享有较高的威望。他主编的专著《地下水潮稳定流计算及地下水资源评价》参加了国际出版博览会。除曾担任国际灌排委员会委员外，还是第 12 届和第 15 届国际灌排会议专题专家组成员、第 42 届执行理事会学术专题报告人。作为世界银行的咨询专家，他参加了多项世界银行对我国贷款项目的咨询工作，并提出咨询意见，为我国获得世界银行贷款作出了积极贡献。

20 世纪 50 年代，张蔚榛加入中国共产党。谈到一生的荣誉和成就，他几次纠正记者："谈不上成功，只是有了一点成绩。"他总说，自己只是做了一些修修补补的具体工作，而那些长期在野外搞实践的中青年学者，他们付出得更多，更应该得到奖励。

由于年事已高，张蔚榛已不能像年轻时那样跑生产第一线参加调研，但仍十分关心水利科学技术的动态和生产事业的发展。

2003 年，水利部制定了一个"地下水超采区划分准则"的行业标准。看了初稿后，张蔚榛觉得有点问题。于是，他在家花了 10 多天的时间，以他 30 多年的学术积累，写出 10 多页修改意见。水利部编写组后来接受了他的意见，对这一关乎我国水资源持续发展和利用的标准进行了修改。

1982年，张蔚榛（右二）在英国做访问学者期间留影

　　"南水北调"工程被誉为我国华北地区用水的"救星"，但它主要是解决城市工业和生活用水问题。这一地区农业生产用水怎么解决，一直成为张蔚榛高度关注和担心的问题。张蔚榛在很多场合不断呼吁，如不及时采取相应措施，华北地区地下水超采的后果将不堪设想。

　　这位豁达、心胸宽广的老人，在生活中的其他方面也一样丰富多彩。"年轻时我喜欢踢足球，而且踢得不错，中学和大学时代都是校足球队队员。另外我对各种文艺活动都感兴趣。"张蔚榛说，如今他对仍京剧情有独钟，有时还能字正腔圆地哼两句《空城计》。

　　对于一生打交道的土地，张蔚榛更是有一种特殊的情感，他不知疲倦地在这块挚爱着的土地上耕耘着。宽厚的土地也给了他回报，由于他在农田水利和地下水资源方面的杰出贡献，74 岁那年，张蔚榛当选为中国工程院院士。

　　"如果再让我重新选择，我还会走这条路。"是的，生命因执著而雕刻出了成功，盛装着历史、现实与未来的大地能作证。

　　（原载《武汉大学报》2012 年 6 月 1 日。图片由武汉大学水利水电学院提供）

宁津生

高山仰止 景行行止

李建成

宁津生（1932—2020）

安徽桐城人，1995年当选为中国工程院院士，大地测量学家

1990年至今，我师从宁津生老师已有30年了，这是我的幸运。宁老师言传身教，爱生如子，在我的学习和成长过程中倾注了大量的心血。他高尚的品德，渊博的学识和儒雅的风范，始终引领和激励着我。

爱生如子的老师

硕士毕业后，我报考了宁老师的博士。那时候，我只知道宁老师是我国地球重力场领域的知名专家，曾听过他的一些讲座和报告，但没有听过他的课。开学报到那天，宁老师约我在办公室见面。当时，宁老师在我眼中是可望而不可即的专家，因此见面前我的内心稍有忐忑。一进门，宁老师就微笑着招呼我坐下，亲切的语气立即抚平了我紧张的情绪。随后，他给我介绍了研究领域的重点、难点和前沿动态，勉励我潜心研究，力争有所建树。这次见面，奠定了我奋斗一生的研究方向。

读博期间，宁老师还委托王昆杰教授和晁定波老师共同指导我，优质的导师资源为我的学习和成长提供了巨大的帮助。同时，宁老师带我参与国家"八五"攻关项目，这是我第一次参与大型科研项目，对我后来的成长起到了至关重要的作用。在宁老师的指导下，我还参与了"攀登计划"等国家项目。尽管我在研究工作中常常遇到困难，但是他总是耐心地给予指导，并在关键时刻提出令我醍醐灌顶的想法。他时常教导学生们只要持之以恒，就会取得最后的成功。宁老师当时担任国际大地测量协会学术杂志《大地测量手稿》和《大地测量公报》编委，他总是第一时间将这两本杂志给我阅读，让我及时了解学术前沿。1993 年，在我博士论文答辩前夕，宁老师正在加拿大访问。他为了参加我的答辩，费尽周折调整行程，在百忙之中专程赶回，这令我万分感动。

宁老师一生崇尚学术，极为重视学生研究能力的培养。1994 年夏天，我被选派到美国得克萨斯大学空间研究中心做学术访问。在访学期间，他经常打电话给我，了解我在国外的研究进展和生活情况，强调一定要把本专业领域最先进的理论和技术学回来。他还要求我们潜心学术，心无旁骛，不提倡我们过早地承担行政工作。2011 年，我当选中国工程院院士，宁老师非常高兴，见到我的第一句话就是："要继续出成果！"他叮嘱我要一如既往地站在教学科研一线和学术前沿。2014 年年底，我担任武汉大学副校长，宁老师每次碰到我，就特别嘱咐："建成，学术不能丢啊，要见缝插针搞科研！"宁老师要求我不仅坚持在科研第一线，同时也要深入教学第一线。在他的教导和期望下，我一直坚持为本科生授课。

"大学的产品就是学生，老师应该把教学放在第一位"。宁老师从 1956 年大学毕业开始便从事教学工作，不管有多忙，给学生上课这件事，他从来没有丝毫放松和怠慢过。即使是很熟悉的讲稿，他在每次上课前也要重写，及时更新内容。学生们都喜欢听他的课，称他是"课讲得好，人长得帅"的好老师。

正是宁老师这种做事认真、治学严谨、要求严格、仁爱无私的态度深深地感动并默默地影响着我们，让我们终生难忘。可以说，能成为宁老师的学生，是人生的幸运。自从成为他的学生以后，我一路追随，从未离开。30 年来，宁老师和我在学

术上薪火相传，师生情谊深厚，在测绘界和教育界被传为佳话。

儒雅豁达的学者

宁老师是一位平易近人、心胸宽广的学者，人们称他是一位好先生。他作为校长和下属平等相处，与同事真诚相待，对学生和蔼可亲。宁老师那博学儒雅、宽厚豁达、严谨谦逊的风范潜移默化地影响着他的学生和周围的人，这也为他赢得了师生、校友以及业界的尊敬和爱戴。

宁老师从不和那些批评他甚至让他下不了台的老师计较。我了解到，1980 年奥地利学者 Moritz 来学校讲学时，宁老师做翻译，李庆海先生现场就指出他翻译得不准确，非常不给面子，让他下不了台。宁老师丝毫没有把这件事放在心上，反而认为李庆海先生治学严谨，这也体现了宁老师对长者的尊重和宽广的胸襟。2010 年，我在测绘学院倡议成立李庆海先生奖学金，宁老师特别支持我的建议。

宁老师平易近人，温文尔雅，充满爱心，从不居高临下直接批评人，总是耐心地与学生讨论。在出差的火车上，宁老师也和我们一起聊天，非常随和。无论走到哪里，他都会乐呵呵地与人打招呼。他身边总会围着很多人，不管是学生、同事或是业界同仁，都享受与他一起聊天、探讨和交流的快乐。"这是当老师的最大快乐！哪里都有学生，而且学生都跟你很亲近。"宁老师也特别享受这样的时刻和氛围。

他对每个学生都一视同仁，而且严格要求，不搞特殊化。他当校长期间，也不让自己指导的学生享受特殊照顾。1994 年 8 月，学校派我去美国做半年的研究工作，离开前他对我说："目前学校出国留学人员绝大多数没有学成归国，出现了人才断档，你完成研究后一定要按时回国为学校的发展做贡献。"按照他的要求，我如期回国，他特别高兴。20 世纪 80—90 年代初，中国掀起了一波出国潮、下海潮，学校的教师队伍建设面临很大挑战。我在 1995 年申报了教授岗位，得到了他和时任院长刘经南教授的鼎力支持，他们力排众议将我从讲师破格晋升为教授。

宁老师总是不遗余力地关爱学生，帮助别人，但同时，他又对学生严格要求，从不袒护，要求我们做人要诚实诚恳，做学问严肃严谨，这让我们受益终生。

成果丰硕的"大地之星"

宁老师是我国著名的大地测量学家，毕生从事地球重力场的理论与方法研究，是我国这一领域研究和教育的主要开拓者和奠基人。在布设天文重力水准网、推求大地水准面形状、研究卫星重力学和固体潮、建立地球重力场模型等方面均颇有建树。自1956年大学毕业到学校工作，他的一生就与大地测量结下了不解之缘，学生们亲切地称他为"大地之星"。

20世纪50—70年代，宁老师和同事们对推求我国高精度天文大地网的整体平差所需要的高程异常、垂线偏差等地球重力场参数所采用的理论、方法和精度等进行了研究，完善了苏联专家布洛瓦尔为我国设计的天文重力水准布设方案。所提出的意见成为我国实际作业的标准。研究成果也为60年代我国大地测量专业开展大地重力学的教学工作提供了新的内容。宁老师与他人合著的《大地重力学》比较深入地研究了重力学的理论、方法及其在天文大地测量中的应用，直到70年代一直是这一领域教学、科研和生产的重要教材和参考书。

70年代，国家决定建立自己独立的大地坐标系统，其中就有一个确定"大地原点"的重要问题。1975年，国家成立了专门的班子，开始探索中国大地原点的设置，宁老师被学校安排参加此项工作，那一年，他43岁。面对没有退路的任务，他带领一帮科技人员，搜集分析了大量资料，并到郑州、西安、兰州等地，对各地的地形、地质、大地构造、天文、重力和大地测量等因素进行实地考察和综合分析。在研究过程中，他在国内率先开展了"利用最小二乘配置确定建立原点所需要的相对大地水准面的理论和方法"研究，其成果为确定我国大地的地心坐标及椭球定位提供了科学依据。

改革开放初期，宁津生为国际著名大地测量专家莫里茨做翻译

20世纪70年代后期，在中国测绘学领域的泰斗和先驱夏坚白院士的主持下，宁老师合作翻译了《卫星大地测量学原理》《卫星大地测量概论》两部外国文献，较早地涉足了卫星大地测量学研究，同时他意识到，中国测绘科学与教育已大大落后于发达国家。此后，他时刻关注国际大地测量学科发展动态，及时将"利用最小二乘配置确定相对大地水准面的理论和方法"的研究成果引进测绘学科专业教学。先后出版多部专著，翻译出版多部外文文献，不仅为我国多项测量工程的实施提供了有力的技术保障，也缩小了物理大地测量领域我国与国际先进水平的差距。

20世纪80年代中期，国际上开始利用卫星和地面重力资料联合建立高阶次高精度地球重力场模型且发展迅速，为了改变中国在这一领域较为落后的局面，宁老师将研究重点转向地球重力场逼近理论，致力于建立适合我国具体情况的地球重力场模型和区域大地水准面，90年代先后建立了中国最早的180完全阶次的地球重力场模型WDM89和适合我国局部重力场情况的360阶地球重力场模型WDM94，两个模型都是当时我国阶次最高、精度最好的地球重力场模型，并达到了国际先进水平，广泛应用于我国地学、空间技术、海洋、地球物理、地震、地质等多个领域的科学研究和生产实践，成果分别获得1991年度国家测绘科技进步二等奖和1997年度国家测绘科技进步一等奖。

20世纪90年代初期，他带领晁定波等专家在我国率先开展了整体大地测量学、大地测量学科发展战略等多项前沿研究。研究成果获得1993年度国家测绘科技进步二等奖，对我国推动大地测量学学科的发展发挥了重要作用。

宁津生和孙女

宁老师是一位永远进取、不知疲倦的实干家。进入 21 世纪后，年逾古稀的他仍没有停止探索地球重力场的步伐。在"九五"期间，他又参与主持国家测绘科技重点项目"全国及省市地区高精度高分辨率似大地水准面的技术研究及实施应用工程"，完成了新一代中国似大地水准面 CQG2000，获得 2004 年度国家科技进步二等奖。

宁老师还是我国较早从事卫星重力学研究的学者之一，早在 20 世纪 70 年代末，他就开始接触并探索卫星重力学问题。21 世纪初，国际上新一代卫星重力计划的相继实施使得卫星重力学成为现代大地测量最活跃的分支。在他的带领下，我们研究团队对卫星测高、卫星重力梯度以及卫星跟踪卫星等卫星重力学的理论、技术方法和应用进行全面研究，获得许多有价值的成果。

"我国在测绘基础理论、技术方法和应用软件等方面已和世界测绘发达国家具有同等水平，虽然现阶段还存在些许缺陷，但正在逐步完善，相信有一天我们中国定能成为测绘强国。"他对中国测绘行业的发展充满信心。

名副其实的教育家

宁老师长期担任教育部测绘学科教育指导委员会主任委员和测绘学会教育工作委员会主任委员，为推动我国测绘高等教育改革发展作出了重要贡献。他身体力行，永不停歇，凭着对我国测绘事业执着的热爱和无私奉献的人格魅力把大家团结在一起，把"两委会"打造成一个和谐、进取的大家庭，为校际学生之间、教师之间以及校企之间的交流与合作提供了广阔的平台。在大家心目中，他是永不退休的"两委主任"。

在原武汉测绘科技大学十多年的校长岗位上，宁老师鞠躬尽瘁，殚精竭虑，他在任期间学校的办学方向清晰明确，教学质量快速提升，办学实力和整体水平大幅提高，为我国测绘科技和教育事业发展作出了重要贡献。近年来，他依然坚持在讲台上，为"00 后"新生讲授测绘课程，激励同学们立志为祖国测绘事业发展而刻苦学习。

宁静致远，津津乐道，生生不息，宁老师人如其名，他对我国测绘科技和教育事业的贡献有口皆碑，他是我们睿智儒雅的老师，更是一座巍峨的高山。

（原载武汉大学新闻网 2020 年 3 月 17 日，有删节。图片由武汉大学测绘学院提供）

刘经南

有人文情怀的科学家

刘经南（1943—　　）

湖南长沙人，1999年当选为中国工程院院士，大地测量学与测量工程专家

杨欣欣　肖珊

中国提出分布式广域差分技术第一人，中国第一个GPS商品化软件研制者，三获国家科技进步奖，在我国GPS技术领域创下了数个第一。

中国北斗卫星导航系统的幕后功臣、国际著名杂志 *GPS Solutions* 编委、有人文情怀的科学家、受师生喜爱的老校长。

在珞珈山，提到"刘经南"这个名字，师生记忆里会自动涌现出诸多轶事。他是功成名就的院士，也是见识卓然的教育家。关于他的故事，只拣重要部分勾勒，就能剪辑成一部剧情生动的故事片。最近，他又以崭新身份"出镜"——出任武汉大学与杜克大学合作筹建的昆山杜克大学校长。

动荡岁月，大器晚成

熟知刘经南的人都说他是"大器晚成"，因为在他所从事的科学研究领域——卫星大地测量与 GPS（全球卫星定位系统）技术及其应用领域，刘经南真正起步开始科研工作是在 1986 年，那时他已经 43 岁。

刘经南是湖南长沙人，1943 年 7 月生于重庆。早在就读于武汉测绘学院天文大地测量专业时，他就勤学苦读，立志将来报效祖国，报答党和人民对自己的培养。

1967 年，刘经南大学毕业，他带着深厚的理论基础和娴熟的专业技能回到故乡，在湖南煤田物探队干起了测绘外业。他和队友们一起，背着笨重的仪器，走过了湖南的青山秀水，也走过了人生的坑坑洼洼。艰苦的环境磨砺着他，三湘的灵秀也滋润着他。年轻的刘经南不时地幻想，或许有一天，测绘工作也能变得轻松、简便起来。但是在那个动荡的年代，这样的幻想只可能是留存于心中的一个梦。

即使在远离理想的山中岁月，他也说自己非常幸运，因为在求知欲最旺盛的年代，完备的学校教育帮他构筑了一个合理的知识结构，帮他度过了人生最困难的 11 年。1979 年，36 岁的刘经南通过研究生入学考试，考回了阔别已久的母校，终于走在了"当科学家"的理想大道上。

怀着对流逝岁月的无限追悔和对理想的执著追求，刘经南如饥似渴地钻研专业知识，拓展自己的视野。1000 多个日日夜夜就在紧张与忙碌中悄然度过，1982 年，他以优异的成绩获得硕士学位，被分配到湘潭矿业学院，在三尺讲台上挥洒满腹才情。此时的刘经南已届不惑之年，人生的路似乎早已注定。

然而，4 年后，他的命运却发生了大的转折；他终于有机会实现自己的梦想了。1986 年，经过多方努力，刘经南被调回母校。熟悉的工作环境、良好的研究条件，加上对专业的挚爱，终于催发了他心中的慧根。从此，他驰骋于卫星大地测量与 GPS 技术及其应用领域，开启了测绘科学通向现代高新技术的大门。

从前的理想一步一步地变为现实，他用自己的双手，将梦想绘成了一幅又一幅蓝图。刘经南以一系列开创性的研究成果，迅速成长为我国卫星大地测量与数据处理方面的技术权威。1999 年，他当选为中国工程院院士。

痴迷科学，情系北斗

刘经南的学术生涯，是从挑战国际性学术难题开始的。

20世纪80年代初，卫星测量基准的地心坐标系与地面大地坐标系的转换关系成为国际大地测量界的前沿研究方向。当时，国际上有关两大坐标系转换的模型有三个，但究竟谁优谁劣，争论了十几年也未见分晓。刘经南将自己的学术起点定在了这里。他通过深入研究，在国际上第一次从理论和实践上证明了三个坐标转换模型的等价性，为这场历时十几年的争论画了一个圆满的句号。

随后，他又和导师一起提出了一种联合平差误差影响率理论，分析了高程误差的影响和削弱方法，导出了新的"武测模型"，使大地测量坐标系理论研究领域的一系列难题迎刃而解。

1988年，刘经南在匈牙利国际整体大地测量学术会上发表了他的研究成果，引起了国际测量学术界的极大反响，与会者纷纷向他索要文稿。"武测模型和影响率理论是一个新思想。"这是大会主席德国HEIN教授的评价。

20世纪80年代中期，刘经南将他的理论成果推向应用，研制出卫星网与地面网的联合平差软件，并用它承担西北三大含油盆地卫星定位网的数据处理工程。这一成果不仅解了石油勘探部门的燃眉之急，而且创造了年节约5000万元的巨大效益，先后获得石油部科技进步一等奖、国家测绘局科技进步二等奖、国家科技进步三等奖和国家教委推广类成果的最高奖。

20世纪90年代，GPS技术成为国际上一门迅速兴起、影响广泛的高新技术。GPS，即全球卫星定位系统，是世界上第一种覆盖全球范围的卫星导航定位系统，由美国国防部运作。长期以来，美国对其他用户提供的都是随时可能加上干扰的低精度信号。因此，中国必须有自主的卫星导航系统。

刘经南就站在了这门蓬勃兴起的高新技术面前，开始谱写他人生中的一篇篇华彩乐章。他结合中国实际，率先提出建立广域差分GPS系统以对抗美国政府技术限制的思想，并制订出建设中国广域差分GPS系统的初步方案。他还研制出我国第一个GPS数据处理商品化软件，一度占领了国内80%以上的市场，并作为专有技术出口日本。

"拥有自主知识产权的全球卫星导航系统后，我国就能不受制于人了。"刘经

2005年武汉大学校长刘经南为博士生
颁发学位证书

南说。

这仅仅是一个开端！就在同一时期，刘经南响应国家重大战略需求，将GPS技术与北斗导航卫星系统紧密结合起来，开辟了更加广阔的天地。

2007年4月14日，第一颗不再以"试验"冠名的北斗导航卫星"北斗M1"顺利升空，标志着我国拥有自主知识产权的全球卫星导航系统——北斗卫星导航系统正式开始组建。刘经南作为专家组成员，参与了该系统的立项论证、方案论证，并亲自承担了一些科研项目。

随着时间推移，刘经南的"北斗梦"也在推进。2012年3月，我国第11颗北斗导航卫星成功进入太空预定转移轨道，服务区域扩大至新疆和西藏西部，以及西部一些邻国，我国绝大部分地区都能达到十余米定位精度。

"我国北斗系统后发优势明显，将给老百姓生活带来巨大改变。"幕后功臣刘经南说，"我们北斗有跟用户通信的功能，GPS没有。"在他看来，美国GPS卫星定位系统虽然在十多年前已经占据市场，但是我国自主研发的北斗卫星导航系统却有GPS所不具备的后发优势。

正是有了这些后发优势，北斗卫星导航系统的推广应用，会给人们日常吃穿住行都带来新的变化。他以交通出行为例，进行了浅显易懂地介绍："将来我们的手机上都会有芯片，你到了哪里它都知道。车上都用了北斗定位系统的话，我们准确地掌握哪些路段堵车、哪些路段比较宽松，就可以自动引导客户走比较宽松的道路。"

在不久的将来，我们的衣食住都将进入导航时代。而刘经南正描画着这幅蓝图。

科研之路是一条清寂的路，无数学者一生孜孜以求，渴望为社会发展和祖国繁荣开疆辟土。刘经南亦如是。在这条路上，他以对科学的痴迷为点，以科技报国的理想为墨，画出了优美的弧线。

赤子胸襟，激情满怀

早在 20 多年前，刘经南在国际学术界就已具备了较大影响。

20 世纪 80 年代中后期，刘经南在世界上第一次证明国际已有三个坐标转换模型的等价性，并圆满解决了一系列难题。从那时起，他开始在专业领域声名鹊起。然而，他对此很少甚至根本不予提及，所以，离开专业圈子，知道他的人依然不多。

直到 2003 年，他担任武汉大学校长。当时，刘经南是少有的院士校长之一。在学生眼里，他是著名学者，也是慈祥长者，没有半点架子。

"刘院士喜欢跟学生谈人生规划。"刘经南的这一喜好为人所熟知。学生报读他的研究生，他不会立马帮忙划定研究方向，而是先观察半年到一年，在不断互动中，和学生探讨其优势和兴趣，结合他自己的眼光和国际前沿研究趋势，鼓励学生制订最合适的学术和人生规划。

"学生刚刚跟我见面，我就给他论文选题，这样不负责任。"刘经南说。学生跟他相处，最大的感受是：自在、自我、自如，无压迫感。这与刘经南爱读中国传统文化书籍有关。在"有所为"方面，他受儒家的影响较大；在"怎么为"方面，他受老子"无为而治"的影响多一点。他从不刻意强调什么，而是顺其自然。

无为不是无所作为，而是无我，是遵循大学自身的发展规律，按客观规律办事。他上任武大校长的第一件事，就是在 40℃高温来临之际，给武大学生自习的图书馆、教室和宿舍安装空调，"以人为本，以学生为本，这是最基本的人文关怀！"考虑到武大人文社会科学在全国的优势地位，他把在人文社科的投入"翻两番还转了一个弯"。一些本来对他持观望态度的武大老教授，此时也消除了疑惑：看来，这个工科背景的校长，不只是会"拧螺丝"……

同时，这种顺乎学生天性发展的"无为而治"里，包含着更高的情感期许。在一次博士论文答辩现场，刘经南弟子周辉的论文，被评委一致评定为优秀。但是，刘经南对周辉的表现仍有些不满意。私下里，他跟周辉说，"你讲述的过程缺乏激情，语音比较平淡，没有传达出对自己专业的喜欢和骄傲"。

"刘老师很有激情，他讲话时，能让人感受到那激情奔放的状态。"导师在谈及工作时，从心底生发的那份激情，令周辉十分叹服。

在担任校长的几年里，虽然公务繁忙，刘经南始终保持着一个习惯，只要不出差，每天都会去实验室，或跟学生交流，或埋首科研项目，有时甚至忙到凌晨。他一直未曾离开自己钟爱的科学事业。

"一接触到专业，接触到科学，就感到浑身血管里的血液都充实起来，好像沸腾了一般，涌出一种冲动和激情。"在接受中央电视台记者采访时，刘经南坦言，直到现在，自己仍非常喜欢站在第一线，和学生一起讨论科学问题，探索科学的奥妙。

而激情的内核，是一种责任心，一种使命感。"幼年接受的中国历史文化教育，就像浸入骨髓一样，一直影响着我。"他很自然地将个人发展与国家进步联系在一起。"我国的科学技术水平，相对国外来说还是比较落后，中国古代文明那么灿烂，我们为什么不能恢复这种灿烂？"这是他从小就有的一个想法。

作为一名工科学者，刘经南十分重视学习人文社会科学。他曾开玩笑地说，自

刘经南和夫人、孙女

已把《红楼梦》看了 N 遍，能准确指出书中部分诗文的用典和出处。他希望武大学生能真正把科学精神和人文精神统一起来，"一个大学没有人文精神，就等于失去了灵魂"。

对于名利，刘经南一向淡然处之。一次，他参加一个专业座谈会，当与会者对有关技术问题一筹莫展时，他将自己长期研究的结果——解决这一技术难题的基本思路、具体方法和关键点全盘托出。事后，有与会者将他的方案付诸实施，其成果不仅得到推广，而且获了大奖，但在大张旗鼓的宣传中，却从未提及刘经南的名字。

一些知情者对此愤愤不平，可刘经南只是淡淡一笑，"方案虽然是我提出来的，但毕竟是他们做出来的，只要对国家有利，提不提我的名字，又有什么关系？"

作为北斗系统的专家组成员之一，刘经南经历了北斗一代、二代从论证到实施的全过程，他透露，当初北斗二代采用何种方案，还是有一定争论的。一种观点是"一步到位"，起步就建立全球卫星导航系统；一种观点是"分两步走"，先建立区域卫星导航系统，再逐步构建全球卫星导航系统。

"一争论，时间就过去了，我主张先做起来，这更符合中国国情。"事实上，北斗二代系统的发展，采用了"两步走"的战略。

这就是刘经南，他谦虚谨慎，勤勉务实，不喜空谈，习惯于用"做起来"的事实说话。

刘经南曾把自己的人生信念概括成三句话：言力所能及之言，做力所难及之事，思力所不及之思。用坚韧不拔的毅力去迎接困难挑战，用实实在在的贡献去报效祖国，是刘经南 69 年人生的最大体会。

（原载《武汉大学报》2013 年 4 月 19 日。图片由高柯夫提供）

张祖勋 皓首丹心育英才

杨欣欣

张祖勋（1937— ）

江苏无锡人，2003年当选为中国工程院院士，摄影测量与遥感学家

6月3日，一场大雨让燠热的江城顿觉凉爽，刚刚在北京参加完两院院士大会返汉的张祖勋院士冒雨来到办公室，为下学期的"测绘学概论"课准备新课件。今年是他讲授这门由六位院士联手、面向大一新生的"最奢侈基础课"的第25个年头。而再过两天，就是他84岁的生日。

他是一位院士，以一流的数字摄影测量研究成果填补国家科技领域空白，享有很高的国际声誉；他更是一名教师，61年坚守教学一线，无论是当副校长期间还是当选院士后，都从未间断亲自上讲台授课，并凝聚起强大的团队，培养了一批栋梁之才。

珞珈大先生
——武汉大学的院士与资深教授

课堂育人：引领学子走进科学的殿堂

2020级本科生丁怡彤对张祖勋的"测绘学概论"课堂记忆犹新：开始上课时，他给大家看了两张照片：一张是他带着学生做实验，他的导师、我国摄影测量与遥感学科奠基人王之卓院士在一旁问："好玩吧？"另一张是著名数学家陈省身正在写"数学好玩"四个字。听到这节课"好玩"，同学们都提起了精神……

六院士同上"测绘学概论"，是武汉大学一门影响深远的课程，张祖勋是这门课的核心成员之一，从课程伊始至今从未落下一堂。虽然授课内容早已熟悉，他仍会留出时间专门备课，每年更新讲课内容，精心修改课件，增补最新资讯。他特别擅长用生动的例子将抽象转为具象，让学生在理解晦涩概念的同时逐渐窥知学科全貌。他认为："好老师能用简单的方法让学生理解学科本质，而不是把复杂的公式推导满满一黑板。"

六院士的课堂是课堂育人的典型代表，成为武汉大学乃至全国本科教育课堂的一道亮丽风景。"国家的兴旺在人，学术的希望也在人，大学最主要的任务就是培养人才。"张祖勋认为，作为大学教师，即使已经成为顶尖科学家，首要任务还是教书育人。

在打造世界一流摄影测量软件的历程中，他始终不忘师者的传道使命。一次次理论的革新、一项项原创算法、一个个反复试错后的优化方案，都聚沙成塔，凝结在《数字摄影测量》教材里。这本里程碑式的教材惠及数十万学生和技术人员，对培养专业人才、推动产业升级产生了难以估量的作用。

如何培养出好学生？他认为传授知识是一个方面，更重要的是培养情怀担当、创新能力和科学思维。

多年前，我国野外测绘作业人员工作异常艰辛，并存在很大的安全风险。张祖勋认为，我们推动技术进步，培养高质量专业人才，就是要改善这种状况，他笃信，"发达国家能做的卫星摄影测量，我们可以做得更好"。他把这样的理念传递给学生，他的课堂始终浸润着家国情怀，一批批学子满怀责任感和使命感从这里走向生产一线，成长为国之栋梁。

今年3月12日在教育部举办的"读懂中国"活动中与张祖勋的交流，给2019级本科生张茂林、施昀留下了深刻印象。"我们感受到师者对学生的关怀与期盼，

160

感受到一名科学家对学科的热爱与坚持，更感受到一名老共产党员对党的初心与赤诚，进一步激发了我们科技报国的理想信念，担当民族复兴大任的信念与决心。"

"要创新，首先必须提出问题。"张祖勋认准"好学生"的标准是思想活跃，善于提问，与老师讨论甚至辩论。"认为老师和书本都没有问题，那就是最大的问题。"

他回忆，自己最初发表的 3 篇论文，都是王之卓教授鼓励他把对书本的质疑整理成文，推荐发表的。这对他触动很大，从那时开始，他总是有意识地引导学生发现问题、提出问题。

他以卓越教育家的眼光看待测绘遥感专业人才培养，注重大学生科学素质教育。他强调："专业知识是基础，科学思维是大学的灵魂，直接影响着国家未来科技创新能力的提升。"在专业教学改革中，对大类培养和通识教学，他不但进行顶层指导，还在课堂一线躬行实践，将数字摄影测量等领域前沿科研成果和科研故事引进课堂，极大地拓展了学生的科学思维。

"通过讲解大数据云控摄影测量等鲜活的实际应用，张老师激发起了我们对专业的学习兴趣，引领我们走进摄影测量学科的大门，在我们这些大一学子的心中播撒下学术探索的种子。"2020 级本科生王华毅听了张祖勋的课后这样感慨。

科研育人：锻造国际一流的遥感菁英

年轻人是创新的主力军，张祖勋十分重视提拔、重用年轻人，在科研实践中培养新人。他不遗余力提携后学，不拘一格使用人才。他说："每个人的能力不可能画等号，要善于发现年轻人的才能，创造平台让他们施展特长。作为教师，理应担起这个责任。"

遥感信息工程学院院长张永军博士毕业时，正值团队缺人，张祖勋非常希望他留下来，但当了解到他想出国深造后，便爽快地为他写了推荐信。

现任武大科学技术发展研究院院长的柯涛，博士期间就显示出很强的组织协调能力，毕业两年，还是讲师，张祖勋便让他负责一个国防型号项目，他在项目实施过程中很快成长起来。

2010 年，张祖勋想把段延松从适普公司调回武大，由于没有工程师职称，调动难度很大，有人劝他算了。他说，人才难得，一定要试一试。段延松终于调回团队，

成为得力干将，取得了不少开创性成果。

高级工程师徐轩总也忘不了 30 多年前的一次经历。那时他是一名年轻的技术人员，被大家称为"千手观音"，引进的国外先进设备一出毛病，大家都傻眼时，他准能修好。当学校选派各系的系主任赴欧洲考察学习时，张祖勋毫不犹豫把机会给了并不是系主任的徐轩。他说，工科领域不仅要有好的教授，也要有优秀的技术人员。

指导科研，张祖勋喜欢说三句话："科研是好玩的事"；"不怕慢，就怕站，更怕忘"；"你做的东西能用吗？"这三句话包含着他的实践育人理念：

——激发兴趣。只有快乐地学习和研究，才能把专业学好，把科研做好。"摄影加上测量多好玩啊，把照片处理成三维图像，就像艺术品一样。"经他这样一指点，学生兴趣大增。

他还经常和高考"被选择"的学生交流：不要对专业失望，兴趣都是可以培养的。有感于现在年轻人对网络游戏的兴趣，以及成年人对麻将和扑克的兴趣，他说：如果能够把他们的兴趣导引到对人类有利、对社会有益的事业上来，那该多好啊。

——坚持不懈。看准了的事就要坚持，不达目的誓不罢休。1978 年，当王之卓提出全数字化摄影测量的观点时，国内外测绘界都认为是天方夜谭，不可能实现。作为王之卓的得力助手，张祖勋从零开始，带领团队历经 14 年艰辛探索，推出了中国首个全数字化自动测图设备，1993 年获国家自然科学二等奖。他没有就此止步，几十年来，张祖勋带领团队在航空航天影像自动化处理方面取得了系列国际一流的成果，数字摄影测量工作站 VirtuoZo 使我国跻身国际三强，新一代航空航天遥感影像数字摄影测量网格处理系统 DPGrid，又一次实现我国的摄影测量生产跨越式发展，并授权美国 ESRI 公司全球推广，是我国测绘遥感领域唯一实现核心技术出口的研发成果。

他常回忆起导师王之卓对自己唯一的一次批评："人不怕慢，就怕站。坚持很重要，认准一个目标就要坚持下来。"老师这些话至今犹在耳旁，他也总是鼓励自己的学生，遇到难题不要轻言放弃，不要忘了初心，许多事情只有坚持了才会看到希望。"你要走，哪怕走弯路也不要紧，但你不能站着不动，你得不停往前走，执著地去追求。"

——立足实际。必须做有用的研究，为国家和社会服务。"一个科学家最大的幸福是出成果，而且成果被社会承认，转化为生产力，为社会发展作贡献！"这就是张祖勋的幸福观。

胡翔云喜欢鼓捣小程序，做出来后得意地拿去给导师看。张祖勋首先肯定他有创意，接着便问："你这个有用吗？"胡翔云顿觉醍醐灌顶：是啊，这纯粹是自娱自乐，有什么用呢？他从此换了思路，立志用所学解决真正需要解决的问题。

2008年，汶川地震。5月18日凌晨1：00，张祖勋团队连续工作24小时后，利用他们的最新技术成果DPGrid，将完全非常规的航摄影像制做出震区首个数字地面模型与正射影像图，直观地显示灾害现场，对抗震救灾、生命救护的部署起到了至关重要的作用。

"要把论文写在祖国的大地上。"张祖勋教育学生做"有用"的科研，全数字化自动测图系统正是从理论到实践的典范，它广泛应用于国土资源、公路铁路等基础设施建设，三峡等重大工程以及文物三维重建与修护等领域，产生经济效益逾亿元；用于无人机测绘更是创利20多亿元。学生们也在研究、实践、再研究、再实践的过程中学到了真本领。

师道传承：赓续学科发展的精神力量

1976年，张祖勋被派往瑞士最先进的航测仪器厂学习。他至今记得瑞士技术人员对他说："你们中国人连我们仪器上的一颗螺丝钉也造不出！"张祖勋下定决心，要让中国的测绘遥感技术在国际上有一席之地，这也成为他毕生的事业。凭着这股"不服输"的劲儿，他带领团队取得了世界瞩目的成就，令国际同行刮目相看。

1989年，张祖勋（右）和导师王之卓院士（左）在德国

这种精神深深感染和鼓舞了一批批学生，凝聚了一个强大的团队。2010年，胡翔云从美国 ERDAS 公司辞职回国，加入张祖勋团队。他说，"我是在老师的感召下回国的，要以老师为榜样，扎扎实实为国家做一些有用的工作。"

这是一种师承，这种师承从老师的老师开始，一直延续。张祖勋早年求学时，学校荟萃了全国测绘界的精英，大师的言传身教让许多学生深深爱上了测绘专业。前辈的指导和鼓励成为他一生进取的动力源泉，并决心把这种精神传承下去。

师生们至今难忘这温馨的一幕：2007年6月，恰逢张祖勋院士70岁生日，当来宾和师生向他祝寿时，他首先向自己的导师王之卓院士铜像敬献花篮，表达对恩师的崇敬和怀念之情；而他的学生、年过花甲的张剑清教授仿佛又回到了学生时代，恭敬地站在院士身边；在随后的学术报告会上，一双双年轻的眼睛求知若渴，学子们被院士题为《数字摄影测量30年》的报告深深吸引。

这一幕情景，生动地表达了学术的一脉相承和精神的代代相传。

武汉大学摄影测量与遥感学科如今已稳居世界第一。张祖勋认为，学科发展最重要的在于人才的接力、精神的传承。他说，"王之卓先生是当代中国测绘教育的先驱，为测绘事业培养了一大批栋梁之才，其中包括5位院士。这比他自己的学术成果更有价值"。

张祖勋拿过接力棒，传承好师风，坚守三尺讲台，潜心培育新人。61年从教生涯，他培养了一批批优秀人才，他们中有杰出的学者，如澳大利亚联邦科学与工业研究组织最高科学奖获得者吴晓良教授、中国青年科技奖获得者张力研究员等；有

1994年，张祖勋（左二）在澳大利亚黄金海岸签订VirtuoZo
海外推广合同

业界知名的企业家，如四维图新公司创始人孙玉国等；还有不少人走上了领导岗位。他的身边，从年逾古稀的张剑清教授，到他担任指导老师的不满 20 岁的本科生，少长咸集，人才济济。

如今，他把手中的接力棒传给年轻教师，扶上马，送一程。

"荧荧红烛，巍巍师魂，身立杏坛，首修人品……"在遥感信息工程学院"教书育人奖"颁奖典礼上，教师齐诵《师德铭》，场面十分动人。

2017 年，张祖勋向学院捐赠 100 万元，倡议设立"教书育人奖"，鼓励教师热爱教学、钻研教学，奖励深受学生爱戴，在教书育人、教学改革与建设等方面表现突出的优秀教师，将"让最好的教师培养学生"的风气传下去，将严谨科学、实事求是的态度，踏实肯干、追求真知的作风传下去。

获奖的桂志鹏副教授感言，设立该奖激励了我们对教书育人初心的回归。"我时时感受到老一辈学者大家渊博的知识、严谨求实的治学精神、谦逊和蔼的处世态度，还有对后辈对学生满满的体恤和真挚的关爱。很希望自己有朝一日也可以像张院士一样得到师生们发自内心的敬意，这是一名教师回味人生时最值得自豪的。"

为了"教书育人奖"的可持续性，张祖勋还发挥社会影响力，找企业和校友赞助，直到他的学生、知名企业家孙玉国主动请缨："以后我把这个奖包下来！"他才放心。

每次交特殊党费，他都最积极，汶川地震 1 万元、抗击新冠肺炎疫情 1 万元……他对贫困生更是关爱有加，多次向四维图新、东方道迩等校友企业募捐，分别设立了 50 万元、100 万元的奖助学金；团队用先进的数字摄影测量技术为中航四维公司解决了技术难题，他也将企业所付酬金全部用于设立奖助学金。

在他心中，学生永远是最重要的。报奖他从不排第一，发文章从不挂他名，学生参加国际会议费用不管多高他都爽快答应……

得天下英才而教育之，不亦乐乎！培养人才是使事业后继有人的永恒课题。一代代学生跟随老师走上测绘遥感事业发展之路，谱写了师道传承的动人篇章，也是张祖勋毕生最大的幸福。

（原载武汉大学新闻网 2021 年 6 月 21 日，略有删节。图片由武汉大学遥感信息工程学院提供）

茆智 把论文写在祖国大地上

蔡瑞　董云霞

茆智（1932—2023）

江苏南京人，2003年当选为中国工程院院士，农田水利学专家

60 余年岁月，茆智默默扎根节水灌溉理论研究与技术开发，研究成果覆盖水稻水分生产函数及稻田非充分灌溉原理、水稻节水灌溉与水肥综合调控、农业节水减排理论、农田面源污染治理和高效削减技术等方面，1992—2001 年，其成果便已在河北、湖北、广西、宁夏等地 160 多万公顷农田推广应用，增产粮食 27.4 万吨，节水 13 亿立方米，创造 4 亿多元经济效益，截至目前，其成果仍持续惠及我国水稻灌区，其节水技术的大面积推广应用和显著经济社会效益在全国乃至全球产生了深远影响。2000 年，作为全球唯一获奖人荣获国际灌排委员会授予的"国际农业节水技术突出贡献奖"；

2019 年，获全国农业节水领域的最高奖项——"中国农业节水科技奖—杰出成就奖"；还曾获国家科技进步一等奖、二等奖等众多奖项。武汉大学在讣告中评价：茆智院士严谨治学、淡泊名利、潜心科研、厚积薄发，把一生奉献给了祖国的科研和教育事业，为我国乃至世界水利工程特别是节水灌溉领域的研究和发展作出了突出贡献。

厚积薄发：与水利"结缘"，立志做"大事"

1932 年 9 月，茆智出生于江苏省江浦县的一个知识分子家庭。江浦东南倚长江，西北枕滁河，曾有"京都拱卫""京师屏藩"之称，自古墨香浓郁。

茆智的祖父创办了全县唯一的一所新式教育学堂，父亲终身在中学、大学任教。父亲时常邀请学生来家中夜谈，鼓励他们："一定要为了国家学习、为人民学习。"昏黄夜灯下，父亲的谆谆话语成为茆智儿时最生动的课堂。

抗日战争期间，5 岁的茆智随家人离开南京，一路流亡，辗转湖北、湖南、贵州等多省，至抗战胜利才重返家乡。背井离乡的八年中，他多次遇到山洪暴发、江水泛滥，目睹洪水淹地毁屋、灾民四处流离……这一切在少年茆智的心中留下了深深烙印，治水安民的"种子"也开始悄然发芽。他下定决心要为"中华之崛起而读书"，练就治水防灾、强盛国家的本领。

国家危难之际，救亡图存的志气弥漫在每一个角落。高中毕业时，茆智毫不犹豫地在自己的第一志愿里填上"水利"，决心治水防灾造福人民。1950 年，茆智考取南京大学水利系。大学期间，他勤奋努力，积累了大量的专业基础知识，为日后从事节水灌溉理论及实践研究奠定了坚实基础。

"孙中山'要立志做大事'这句话对我的影响太深。"茆智曾笑着说。1953 年 7 月，正值我国第一个五年计划正式开始实施，国家急需大量支援社会主义建设的科技人才，茆智积极响应国家号召，提前一年大学毕业，立志以自己的实际行动报效祖国。

"在填写毕业分配志愿表时，我只写了六个字：华北、东北、西北。"茆智曾表示，"当时号召要往艰苦的地方去，所以我就想去北方响应号召；另外，那时想去一线的人比较多，做教师的人少，学校号召大家去当老师，我也算是响应号召，就去了河北农学院水利系"。

1955 年，茆智被调入武汉水利学院农田水利系任教，开始数十载的农田水利教学、研究与实践工作。"节水灌溉就是要采取最有效的技术措施，使有限的灌溉水量创造最佳的生产效益和经济效益。"20 世纪 80 年代，茆智就曾表示，"水资源短缺已严重制约着我国农村经济的发展，成为制约农业可持续发展的'瓶颈'。大力发展节水灌溉，是我国缓解水资源供需矛盾的必然选择"。为此，他也愈发坚定地锚定农业节水领域，特别是在农田灌溉基本理论及应用研究上深耕细作。

他在日复一日的潜心科研和教学中取得了出色成就，多项成果处于国际领先水平，如"水稻水分生产函数及稻田非充分灌溉原理研究"等成果，填补了国内外空白。他曾被美国传记研究院评选为"近 25 年全球 500 名突出成就学术带头人"。学术研究与授业解惑，就如同两条互相交织彼此相长的经纬线，一直是茆智人生中孜孜不倦的追求。

潜心科研：敢为人先创新，上下求索前行

回顾 60 余年的科研生涯，茆智紧跟国家战略需求，积极致力于农田水利基础理论和应用的创新突破，不仅把研究成果写在论文中，更落实到了具体实践中，开发出易于接受和掌握、适宜推广的低成本节水灌溉技术。他把所做的节水研究总结为四句话：高效省水，持续高产，有利生态环境，与其他农业技术最合理配合。为了这四句话，他敢为人先、深入探索、勇于创新。

20 世纪 50 年代，借助苏联专家来华指导契机，茆智跟随水利专家学习农田水利技术。20 岁出头的年纪，他就曾对国际上普遍采用的作物需水量计算公式的应用合理性产生过疑问。于是开始大胆探索，连续 3 年做田间试验，认为"应根据需水量的成因，用影响需水量的直接因素分阶段计算需水量"，率先提出了以水汽扩散原理为基础，以日照、气温、风速与栽培水平为指标的分阶段计算水稻需水量的方法，成为我国最早的按成因理论计算需水量的经验方法之一，被中国南方一些灌区采用，也被国外水利刊物推广介绍。"这样的怀疑与质疑恰恰就是创新的思维点。"

同样是在缺乏相关国际研究和试验先例的情况下，茆智主持橡胶灌溉研究。橡胶作为当时国家重要的战略储备物资，其重要意义不言而喻。为发展我国橡胶产业，20 世纪 60 年代，他率 20 余名师生进驻彼时还是一片蛮荒之地的海南，一干就是 3 年，后又到雷州半岛做橡胶灌溉试验。"发现橡胶产量有一个很有趣的规律，每逢下雨，第二天的橡胶产量就会升高。我于是有了一个大胆的推测，如果给橡胶灌溉，会不会促进橡胶的产量呢？基于这一想法，我就开始行动了，期待通过科学的实验与数

据，给予这一推测以实际的证明。"茆智曾回忆道。为此，近 4 年的时间里，茆智带领课题组开展田间试验，不间断观测、记录数据，他更是直接入住田边的茅草棚。白蚁啃噬床柱导致床板坍塌，耕田时竹叶青爬到手上……这些都没有让他退缩。在他看来，"用实践数据证明自己的理论设想，是最快乐的事情"。

功夫不负有心人，长年的野外调查、实地测试，让他得到了一组组扎扎实实的数据，成为深入探讨橡胶灌溉效应及其原理、胶园灌溉系统规划设计等基础，组织撰写的《橡胶灌溉》一书，是世界上在该领域的唯一专著；许多成果成为开发海南灌区的重要依据，填补了多项国内外研究空白，还为他后续创造性提出利用作物受旱后再灌溉生长发育的"反弹效应"提供了创新思路。

20 世纪 80 年代以来，茆智主持 10 多项国家及国际节水灌溉重大科研项目，提出作物需水量与灌溉实时预报方法、水稻水分生产函数和非充分灌溉、水稻节水高产降污的灌排与水肥综合调控模式等系统成果，引领国内外相关研究。灌溉实时预报方法经过在河北、湖北、广西等地的试验和应用，促进农作物的节水高产，受到国际组织的高度评价，认为"提出了一整套创新的方法，较联合国粮农组织推荐的方法更先进实用"，"理论上更完备，计算精度更高"，成果被鉴定为国际先进水平。水稻水分生产函数及稻田非充分灌溉原理研究，荣获 1996 年国家科技进步二等奖。

茆智认为，科学研究要学会抓住过程中偶然迸发的灵感，并与专业知识结合考虑。在一次偶然经历中，茆智得知西瓜地里掺杂的几株水稻长势良好，激发了对水稻可以无水层生长的灵感。他一头扎进研究室，潜心钻研"水稻无水层灌溉"的原理，一点点地减少水量、每一次都比上一次实验更节水，最终提出水稻高效节水、持续高产、符合农业可持续发展要求的灌溉新技术，打破了国际上对"节水灌溉技术会对产量产生不良影响"的普遍认识。

于是，20 世纪 90 年代末期，国际农业研究中心（澳大利亚）、国际水稻研究所、国际水管理研究院等多家国际科研机构与茆智的课题组在湖北漳河灌区联合开展试验，后又在中国南北方分别开展试验。"试验结果更使国外研究者坚信中国水稻节水灌溉不仅节水而且增产"，茆智曾说道。由于在国际上的影响力，茆智被欧洲共同体选定为在华研究节水项目的负责人之一，也被多家国际研究中心选定为在华合作水稻灌溉研究项目的中方负责人。他还先后赴 18 个国家讲学，推动我国水利领域国际学术声誉的提高。

21 世纪初期，在面源污染逐渐成为全球水环境的主要污染源的情况下，茆智又开始着手研究占据主导地位的"农田面源污染"这一亟待解决的问题。茆智认为："农业面源污染最终对我们的饮用水、百姓餐桌食品都会造成污染。需要从源头防控，合理施肥、科学施肥、降低施肥量。"对此，茆智构建具有两套措施、四道防线的塘堰湿地—生态沟综合系统，提出解决农田面源污染的"四道防线"理念及相应模式与技术等。这些理论与技术经推广引起国内外广泛关注，试验研究表明，"四道防线"可削减农田面源污染物 80% 以上，效果显著。

犯其至难而图其至远。茆智坚持"大局观"，不断丰富农田灌溉理论发展研究内涵、拓展研究外延。从单纯的节水灌溉研究，到水肥资源高效利用，再到后期的农田面源污染防治，一步步实现了节水研究的范式升级，有效契合国家大力节水、水资源高效利用、水环境改善等不同时期的发展需求。

严谨治学："科研是太阳，教学是月亮"

水利是农业的命脉所在，农田水利专业设置的必要性不言而喻。对于科研与教育的关系，茆智认为"科研是太阳，教学是月亮"，教育作为学校发展的基石，有着不可忽略的作用，但同时，教材要融合科研成果与时俱进，科研的进步能够促进教学的突破。

秉持这个理念，他在教学一线耕耘数十载，最繁忙的时候负责近千名学生的课业，一周上课时间多达 32 个学时。耄耋之年的茆智，仍在指导博士生，为人才培养不遗余力。

在教导学生时，他常强调，"搞科研最忌浮躁，一定要耐住寂寞，要胆大心细、实事求是、勇于创新"。在培养学生的过程中，他要求每个学生最起码要经历作物从播种到收割的完整周期，也会临时抽查自己的学生，要求在不翻阅资料的情况下，对试验田地的基本数据熟稔于心。

"讲课理论结合实际，生动有趣，被同事们称为'好好先生'。茆老师对年轻人的指导毫不保留，能给年轻人充分的自主研发权。同时注重国际合作，引领学生参与，培养学生的国际视野"，现课题组成员董斌教授回忆道。

"茆老师对学术问题非常严谨，搞科研脚踏实地，多次带我们去试验站参与试验，很多试验站都留下了他的身影。"博士生潘乐说。2010 年，在广西桂林灌溉试

茆智考察水利工程

茆智实地考察农田水利

验站，为了找到一个适合做试验的生态沟和两处塘堰湿地，茆智带学生在野外勘测，细小的稻田田埂在雨后泥烂、路滑难走，学生劝他不要去，但他为了切实了解实况，坚持前往。一个月内，近80岁高龄的茆智两次摔倒在稻田中，他却笑着说，"没关系，稻田泥软，不会骨折"。茆智就这样言传身教，以实际行动引领学生。

"茆院士经常教导我们，研究出来的理论不一定是完美的，一定要通过实践来检验"，要始终坚持实事求是探索的科研态度，形成"理论指导实践——实践反过来验证丰富完善理论"的循环创新探索过程，董斌表示。

武汉大学水利水电学院教授崔远来1991年毕业留校后，开始跟随茆智做科研，近30年深得熏陶，"茆院士是一个热爱祖国、学术严谨、充满真情的人。跟着茆院士做科研，潜移默化受到影响，不知不觉就培养了较好的学术习惯和生活态度"。

茆智曾多次借用钱学森的话告诫学生："年轻人要敢想敢创新，敢向老师挑战，敢跟老师讨论。"他把做学问比作蔚然壮观的瀑布，由山泉、荒溪一点点汇集而成，经无数沟溪、狭窄河谷、陡峻崖坎等层层关卡，方能爆发出惊人的能量。在他看来，年少时发散的思维、"杠"过的问题，恰是学术生涯中的涓涓溪流。虽忙碌，但茆智十分关心大学生成长成才，欣然与他们探讨交流，分享科研经验和心得体会，强调创新的重要性和突破点。

这种交流也逐渐变为一种"日常"，近90岁高龄的他还时常到实验室与青年教师见面交流。如今，在茆智的影响下，校友康绍忠教授成长为中国工程院院士，武汉大学水利水电学院崔远来、王修贵、董斌、罗玉峰等均成为所在领域学术骨干。

与对科研教学的严谨执着形成鲜明反差的是，茆智在生活中极其随性自然、朴

茆智在美国考察

实无华。"茆院士平时穿着很朴素，他曾说要跟爱因斯坦学习，做一个生活中不拘小节的人。"其秘书刘萍表示，为节省时间，茆智一日三餐基本都在学校食堂解决，一份饭，一份菜，再加一份汤，基本上是标配。"我曾多次劝他：您年龄大了，可以让找您的人到家里去。他却说：'年轻人都很忙，我不能让人家等我'，宁愿麻烦自己，也不能麻烦别人，他一直是这么做的。"

斯人已逝，精神永存。茆智胸怀"国之大者"，矢志报国、敢为人先、无私奉献的精神，感动一座座城、润泽一方方人，值得后辈缅怀和学习，在水资源领域树起了科学精神丰碑。

（原载武汉大学新闻网 2023 年 5 月 25 日。图片由武汉大学水利水电学院提供）

朱英国 「水稻候鸟」与「东方魔稻」

汪晓清　王怀民　夏斐

朱英国（1939—2017）

湖北罗田人，2005年当选为中国工程院院士，植物遗
传育种专家

稻谷播种的时节，是朱英国满怀期待的时刻。

因为在杂交稻研究和推广领域作出了卓越贡献，中国工
程院院士、武汉大学生命科学学院教授朱英国获得了2007年
度湖北科技最高奖——科学技术突出贡献奖。

人们尊敬他。尊敬，不仅仅是因为他被誉为杂交水稻研
究领域中可以和袁隆平比肩的人物，也不仅仅是因为他的团
队选育的杂交水稻品种成为全国杂交水稻的亮丽新星；尊敬，
是因为一个科学家拥有土地般博大深沉的襟怀，对田野怀抱
着绚丽的梦想，对梦想进行着虔敬的追逐。

乡亲们对土地的虔诚，让他选择了水稻

1939 年，朱英国生于大别山区罗田县。在贫困中长大的他，目睹了太多关于土地和粮食的悲喜剧。民以食为天，乡亲们对土地和粮食的虔诚，让他铭记了这一真理。

1959 年，朱英国考上了武汉大学。进入大学不久，就遭遇了席卷全国的惨烈饥馑。这场饥馑在他心中留下了长久的悲悯，也更坚定了他少年时的梦想：让世界远离饥馑。于是，选择专业时，朱英国毫不犹豫地在志愿栏里一股脑儿填上了"生物系"，选择了植物遗传。毕业留校后，他更专注于水稻科研工作，一干就是 40 年。

这是基于朴素的选择，充满智性和诗意；这也是必然的选择，因为在他心中，早已形成了水稻情结。

"水稻候鸟"，把动人的辩证法书写在大地上

认识朱英国院士，始于 20 世纪 80 年代中期，那时记者刚上武汉大学。当时，在这所大学紧邻东湖的一片小山谷里，一个身影总在田间紧张忙碌。他就是朱英国。

他的研究在周围人眼里多少有些另类。朱英国的老师杨弘远院士说："在一所综合性大学，在一个看似不适宜农业研究的地方，朱英国的可贵在于怀抱一个梦想，甘之如饴。"

1972 年，朱英国开始进行水稻雄性不育和杂种优势利用研究。两年之后，湖北省成立了水稻三系协作组，朱英国被任命为组长。

这一年大年初一清晨，35 岁的朱英国疾行在一条偏僻小路上。他要以最快速度赶到海南岛繁育水稻——这里现在被誉为中国种业的"硅谷"。

为何如此步履匆匆？春天寸光寸金，不能不拼命追逐。在武汉经历了烧锅炉提高育种温度失败的窘境之后，朱英国想到了温暖的海南岛。南繁育种，每年可以比湖北多种一季水稻，大大加快水稻育种科研速度。

于是，春夏之际，朱英国和他的队伍留在湖北沔阳协作攻关，秋风一起，他们就奔赴广西南宁。寒冬来临，又转战海南岛。直到次年 4 月，才揣着希望的种子返回湖北。就这样，从 1972 年起，朱英国开始了他的"水稻候鸟"生涯，追逐田野的春天。

"候鸟"之旅，是艰辛之旅。顺利的话，路上也要花一个星期。稻种、棉被、蚊帐、

肩挑手提，每人要带 100 斤甚至 150 斤，一路站着也是常有的事。

身体所受的苦其次，最苦的是对种子的担心。

1975 年 4 月中旬，海南岛气候反常，稻子晚熟。为赶上湖北的育种期，朱英国他们收下稻种，来不及晒干，就匆忙启程。但是，仓促间忘了带《病虫害检疫证》，湛江站禁止他们通行。

稻种已经发热！如果再耽搁半天，几年的心血就将付之东流！由于又累又饿又急又气，他竟昏倒过去。此情此景，令车站负责人大为感动，破例放行。

在海南的日子，也依旧充满艰辛。

当时，朱英国住在海南陵水桃万八队，自己种菜，自己砍柴。6 点起床下田，早晨一身露水，中午一身汗水，晚上一身盐水。

海南 3 月，火辣辣的阳光透过草帽直往皮肤里钻，他们全然不顾。小心翼翼地剪去谷子头，用细镊子取去 6 个花药，套袋，抖入另一品种的花粉，然后封住袋口。整个程序精细得不亚于绣花，一个组合要这样做 10 多个穗。数千个套袋和杂交组合，都得抢时间做完。为了保护正在灌浆的禾苗，朱英国和同事干脆把床搬到田边，夜不成眠，手持长竿，和田鼠激战。

实验室依旧是艰辛的。在实验室做分子标记等工作，繁琐而枯燥。日复一日，年复一年，他就这样坚忍不拔，耕耘不辍。

朱英国团队做实验

让"东方魔稻"春色满园

红莲,一个美丽的名字。它是朱英国等培育的杂交稻系列之一。

在杂交稻领域,袁隆平的野败型与武汉大学的红莲型、日本的包台型,被国际公认为三大细胞质雄性不育类型。而且只有"野败型"和"红莲型"在生产中大面积推广种植,被冠以"东方魔稻"的美称。

红莲的问世,要追溯到 20 世纪 70 年代。这项成果获得 1978 年全国科学大会奖。

在此基础上,朱英国等培育出多个优质高产的红莲型杂交水稻品种,产量比其他品种增加 6% 左右。

马协,是他培育的另一颗明珠。

20 世纪 80 年代,朱英国提出从农家品种中发现新的不育种质资源的设想。1984 年 3 月,经过大海捞针,农家品种马尾粘中一棵不育株被他和助手发现。经过3 年繁复的杂交试验,马尾粘细胞质雄性不育系终于成功培育出来了,它就是"马协 A"。"马协 A"的问世,拓宽了当时杂交育种的理论视野,2002 年获国家技术发明奖二等奖。1987 年以来,以朱英国为首的研究组先后培育出马协型不育系 3 个。

朱英国还是最早从事光敏核不育水稻研究者之一。他利用 1103S 配组的籼型两系杂交稻两优 1193,于 2003 年通过湖北省品种审定,目前正在推广应用。

对于"鄂版袁隆平"的称号,朱英国并不认同。他说:袁先生是杂交稻的先驱,是我的良师益友,是中国的骄傲,我对他非常尊敬。我与袁隆平没有可比性,我们科研的重点、所处的外部环境都有很大不同。我只是努力追赶,并尽力做出特色。

从 1972 年,朱英国就认识袁隆平,多年来,他和袁隆平结下了深厚的友谊。今年 9 月,袁隆平在芜湖开推广会,朱英国马不停蹄,如约赴会表示支持,然后星夜赶回。

朱英国常常说:袁隆平的创新思路给了他很多启发。

有这样精诚合作、携手同行的双子,于杂交水稻,于我们古老的土地,乃至于整个世界,何尝不是幸事?

用现代科技追踪水稻"兵种"

朱英国特别注重基础研究。他常常告诫团队成员:"有了基础研究,在宏观上我们就能站稳脚跟,就不会迷失方向,就能尽快找到事半功倍的策略。"

在雄性不育和杂种优势的基础研究中，朱英国将遗传学、细胞生物学和分子生物学相结合，利用分子标记、差异显示、图位克隆等技术研究水稻细胞质雄性不育的分子机理，揭示了红莲型雄性不育由两对独立的恢复基因所控制，其中之一已经被图位克隆，另一个也已被精密定位。此外，他在水稻细胞质雄性不育的遗传多样性、水稻雄性不育与育性恢复基因分类与进化、恢复基因地理分布等方面也取得了成果。

在光敏核不育水稻的研究中，他揭示了农垦 58S 光敏核不育性的遗传规律、光敏核不育水稻育性转换的光周期诱导规律、光敏核不育水稻的细胞学基础和发育生物学等特性。

通过这些研究，朱英国对于品系众多、数量庞大的水稻"兵种"，用现代科学技术一一追踪，并分门别类打上特殊的标记，使之一目了然。

他的研究，无不强调创新——思路创新，源头创新，方法创新，技术创新。由于不断创新，"863"计划、"973"计划、国家自然科学基金、国家科技攻关、攀登计划等，无不给了他源源不断的支撑。

最早列入"863"计划的情景，仍然让朱英国记忆犹新。

那是 1986 年盛夏，朱英国正在武汉市农科所他的 30 亩两系杂交稻田里忙碌。稻谷长势喜人，丰收在望。国家发改委、国家科委组织的调查专家看到这些，喜出望外，说：朱英国的两系研究走在全国前列，很有发展前景。他们马上把袁隆平从湖南请来切磋，并当即确定了把朱英国的研究项目列入"863"计划的意向。

几十年来，朱英国硕果累累，先后获得全国科学大会和湖北省科学大会奖、湖北省科技进步特等奖、教育部科技进步二等奖、国家自然科学三等奖、中国高校科学技术一等奖等等，审定水稻品种 8 个，审（鉴）定不育系 8 个。

"三个基地"与"三个产业"

若要评选武汉大学最显眼的人物，其中定有朱英国。因为在这所最美丽的大学里，他居然拥有土地，最多的时候竟有几十亩。他因此被戏称为"珞珈山的地主"。现在，校内大部分育种基地已迁往花山镇，但他的事业却越来越大，三个基地鼎足而立——陵水县南繁研究基地、武汉市花山镇水稻育种基地、武汉大学校内基础研究基地。

除此之外，种子产业、稻米产业和分子医药农业产业等三个产业互为依托。

2007 年，朱英国以技术参股的方式加盟的武汉国英种业公司在湖北黄陂、黄湖，四川等地建立了生产基地，制种面积达 6000 亩，产种 250 多万斤。他说："未来的规划是在湖北黄陂建设 5 万亩的杂交稻制种基地。仅此一项，可为当地农民增加收入 4000 万元。"

自 2000 年以来，朱英国等选育的品种累计推广 4000 多万亩，在湖北省每年推广面积达 10%。迄今，朱英国先后育成的 8 个杂交水稻品种不仅在全国 20 多个省市开花结实，而且香飘海外，在东南亚、拉丁美洲落户安家。

据悉，每年全国杂交水稻推广面积为 2.3 亿~2.4 亿亩。朱英国描绘着他心中的蓝图："这几年来我最大的梦想是：在 3~5 年内，我们的种子能在 1/3 的湖北中稻田里扬花抽穗，在全国 1/10 的杂交稻田里生根发芽。"

朱英国的团队正在利用基因工程手段，把稻谷作为生物反应器，将医药产品相关基因如人血清白蛋白、拟胰岛素基因和小分子多肽转到水稻米粒中表达，生产医用产品，让杂交稻绽放奇葩。

朱英国的蓝图引起了湖北省委、省政府及有关人士的高度重视。院士的努力与省政府及有关人士的行动正形成美妙的"合奏"。

2006 年 6 月，湖北省成立红莲型杂交稻产业化发展领导小组，吹响了"打造杂交水稻重镇"的号角。

因为单纯，所以执著

朱英国和他的团队是一群单纯的人。因为单纯，对科学也就格外执著。

20 世纪 70 年代，在海南育种必须要从湖北调拨相应的粮食指标。有一次，他和助手到有关单位去办理调拨手续时，办手续的人员从镜片后抬起眼睛，颇为吃惊又有些不屑地说："好好的武汉大学，放着书不教，跑到海南种田干什么？"在这样的质疑声中，他们无怨无悔。

朱英国既鼓励手下以田地为课本，在田地里历练；更鼓励他们以课本为田地，在攻读中成才，不断充实、完善、超越自我。杨代常就是朱英国在田间发现的。在朱英国的鼓励下，1985 年他考上了武汉大学的插班生，然后又读了朱英国的硕士、博士，之后去菲律宾国际水稻研究所及新加坡工作，再在美国学习工作 7 年，此后，他又回到朱英国身边。

为了解决团队成员的后顾之忧，朱英国想方设法帮他们把家安在武汉。杨代常

2013年5月，朱英国（左一）与袁隆平院士（左二）、谢华安院士（左三）等在海南考察红莲型水稻新品种珞优8号等产品（图片来自《武汉大学报》2013年5月10日，黄文超 摄）

至今还清楚地记得：1987年，朱老师为了早日拿到杨代常爱人的调令，在省人事厅苦苦等待了3个小时。而朱老师自己的爱人，一直没有安排正式工作。

李绍清感受最深的是朱英国的严谨细致和以身作则。2002年冬天，大雪覆盖了校园，他在枫园赶印一份科研申报材料。晚上8点多的时候，朱老师忽然骑着自行车从珞珈山的另一边赶来。天寒地冻，道路湿滑，坡度又陡，李绍清不禁为他担心起来。朱英国却爽朗一笑："没事。你还没有吃饭，我心里不安。更主要的是，有你我两双眼睛，错误就无处藏身。"

当然，朱英国也会发脾气，而且脾气很大。那是1991年，有位年轻老师把刚插下的秧排错了序号，朱英国发现后，火冒三丈，当场要他把秧拔起来重插，因为这会影响实验结果的准确性。那架势，至今许多人仍历历在目。

朱英国对土地一往情深。这一往情深，既有陶渊明"有风自南，翼彼新苗"的欣喜，更有神农氏烛照洪荒、造福苍生的奉献。

收获的季节刚刚过去，更大的收获在无声地孕育。

（原载《光明日报》2009年4月17日，《武汉大学报》2009年5月22日转载。图片除署名外均由武汉大学生命科学学院提供）

李晓红　穿透最坚硬的岩石

杨欣欣　付晓歌

李晓红（1959—　　）

重庆合川人，2011年当选为中国工程院院士，矿山安全技术专家

　　"天下莫柔弱于水，而攻坚强者莫之能胜，以其无以易之。"水是最柔弱的，然而若论攻坚克强，却没有任何东西可以胜过它。"弱之胜强，柔之胜刚"，这样的道理，"天下莫不知，莫能行"。

　　而李晓红做到了。这位新当选的中国工程院院士，所研究的"高压水射流破碎岩石技术"，正是以最柔弱的水穿透最坚硬的岩石——传统智慧与现代科技完美结合，产生巨大威力，为人类带来福祉。

攻坚克难　开拓创新

　　高度聚能，充分加速，形成一束能产生脉冲应力波和声震波的气、固、液多相振荡射流，用于切割和破碎坚硬的物料，李晓红要研究的，是如何更好地达到以柔克刚的效果。

而在科技创新的征途中，同样要积聚起强大的能量，去破解一个个难题，攻克一座座堡垒。这种能量，来自当代中国知识分子高度的历史责任和时代追求。

20世纪80年代末，李晓红跨越重洋，赴美国加州大学伯克利分校学习。在美丽的伯克利，他和一名德国青年同时去一个偏远的矿山做现场测试工作，那里挂着美国国旗和德国国旗。作为唯一的中国人，他到大使馆带回一面五星红旗，亲手挂上。凝视着五星红旗迎风展开，和朝阳融为一片，他的眼睛湿润了。"一种自豪感，还有更多的责任感和使命感，油然而生。"学习期满，尽管导师再三挽留，但他坚定地回国了，他要回来干一番属于"中国人"的事业。

作为我国矿业工程领域学科带头人之一，他致力于水射流技术及其在煤矿安全工程中的应用研究已近30年，针对我国复杂煤矿瓦斯灾害严重这一重大安全问题，提出了超前防治灾害与煤层气开采利用一体化的学术思想，发明了一种能产生脉冲应力波和声震波的气、固、液多相振荡射流，创新性地研发出多相振荡射流在煤层中网格化造缝增强透气性和强化瓦斯解吸技术，自主开发出超前治理煤矿瓦斯灾害成套装备，为我国煤矿安全生产作出了重要贡献。

在完成"杰青"项目时，如何将看不见的自激振荡过程可视化，困扰了李晓红很久。在北京，他和众多业内专家探讨后，认为可以用有机玻璃制作部件。回重庆后，

2014年，李晓红与鹿特丹伊拉斯谟大学校长鲍琳·范德梅尔莫（张然 摄）

2015年，李晓红与武大学生蒋一智在中英高级别人文交流机制第三次会议间隙（罗安娜 摄）

他兴奋得连家都没回，一头扎进实验室。

想法很美妙，加工振荡腔却碰到了难题。一日深夜，他灵感突现，立即兴奋地打电话给零件加工负责人，第二天又跑到现场指导加工。振荡腔终于"新鲜出炉"，水流在有机玻璃部件中的涡旋大小、形态、速度等一目了然。

为了更好地了解更多学术领域的发展前沿，他无论是担任重庆大学资环学院院长、煤矿灾害动力学与控制国家重点实验室主任时，还是走上校长岗位后事务繁忙时，都不忘经常邀请不同领域的知名专家为本学科出谋划策，整合资源，集思广益，打破学科界限，产出交叉成果。

经世济用 造福于民

科学，就是要改造世界，造福人类。就像那蕴藏无穷能量的水，"善利万物而不争"。李晓红就是这样一位具有普世情怀的学者，国家有需要，百姓有需求，便将全部精力投入其中。

20世纪90年代矿难频发，约80%由瓦斯爆炸引起。煤矿安全的根本出路在于科技进步，它被列入国家"十一五"科技发展规划中的重大研究领域。李晓红和其所在的国家自然科学基金委创新研究群体，于是将研究方向确定为超前防治复杂煤矿瓦斯灾害与煤层气开采利用一体化。

煤矿中的瓦斯达到一定浓度会开始燃烧，引发爆炸，所以开采前要抽取瓦斯。传统的钻孔方法抽取速度慢，效果不理想。李晓红他们通过改进钻杆和喷嘴，形成脉动压力，发射一股一股的水射流，在煤层中切割一个直径4米多的圆槽，加快抽取速度。"多相振荡射流及其在低透气性煤层中抽采瓦斯的关键技术研究与应用"获得国家科技进步二等奖，这是李晓红第二次获得这一奖项。

"逢春煤矿原来需要6个月至2年才能使瓦斯浓度达标，用该技术后，22天就达标了。"远在嘉陵江畔的重庆大学高压水射流研究所所长卢义玉教授告诉记者。

业内专家评价，这是目前针对复杂煤矿瓦斯抽取的唯一有效技术。他们自主开发出的超前治理煤矿瓦斯灾害成套装备，2010年成为国家财政部重大科技成果转化项目，获得500多万元拨款，用于技术设备合作推广，在全国起到了引领和示范作用。

"成本低，收益大，普及起来更快了。"武汉大学动力与机械学院康勇副教授说。据他们所知，该技术已在全国近50座煤矿推广应用，均连续5年未因瓦斯抽取不充分发生过安全问题。

到武大后，李晓红提出，立足于服务湖北社会经济发展，转移研究方向。动力与机械学院龙新平教授介绍，学院在水射流方面的研究学科应用范围较分散。李晓红来校后，成立了水射流理论与新技术湖北省重点实验室，并担任学术委员会主任，整合学科，形成拳头，准备开发新装置，在水利电力、航空航天、环保等行业广泛应用。

桃李不言　师者风范

上中学时，周末，李晓红和伙伴们总是翻山走小路回家，一走就是一整夜。那"蜀道难，难于上青天"的乡间小道，已成为他生命中不可磨灭的轨迹。"我潜意识中的求知之梦始终在向我召唤，就像那一条漫长的山路，总是延伸到远方，没有尽头。"他说，他一生坚韧的品格，大抵得益于少年长途夜路的磨砺。

这位重庆大学的第一个"杰青"，是出了名的"拼命三郎"。为考研，担任学生干部的他曾把自己锁在分团委办公室，吃饭时就请同学从窗口递个馒头，伏案而坐甚至起了疮。当校长后，他立下死规矩，一周至少去实验室三次，每周给实验室开一次大会。

学生眼中的李老师，解决起专业问题来，"有点神"。一次康勇等人研究了一两个月都无法顺利抽取瓦斯，李晓红闻讯，下井了解情况，将相关参数重新配合，

2014年，李晓红与阿扎伦卡打网球（张然　摄）

问题迎刃而解。

在平顶山和淮南的煤井中，身为校长的他不顾学生劝阻，实地下井查看。桃李不言，当学生们看着满脸沾满煤灰的老师，便自然有了身教重于言教的效果。

对学生，他关爱有加。他常邀大家到家里吃饭，有时还会系上围裙，烧一道拿手的重庆水煮鱼。一次，他和许多师生一起去煤矿做实验。矿上的人检查设备后，说可以下去了。李晓红说，这里有很多学生，安全重于一切，我必须再检查一遍。他仔细检查，发现管子上的安全销未插。"如果未插安全销就启动设备，高压水射流喷出，后果不堪设想。"博士后杨晓峰说。

他来武大后招了3名博士生，晚上或周末常与学生讨论问题，直至深夜。

"专业级"歌手、网球"发烧友"、吹着口哨走进会场的"亲民校长"、高兴时来个"熊抱"的朋友……学者的严谨与务实、诗人的豪放与浪漫，在他身上和谐统一。

这就是院士李晓红，从蜀道上那山间小径一路走来，走进大学校园，走上三尺讲台，走过异国求学之路，走在永无止境的科学探索之途……

李建成 26年潜心「勾勒」精准地球

刘志伟

李建成（1964—　）

内蒙古乌兰察布人，2011年当选为中国工程院院士，大地测量学与测量工程专家

　　如果静止的地球是"圆"的，那么自转的地球因受地球离心力的影响，就会变成"扁"的。何时"圆"，何时"扁"呢？这事让李建成琢磨了26年。

　　在现代大地测量学领域，这位武汉大学副校长、中国工程院院士决心要"勾勒"出一个精准的地球。手捧2016年度的何梁何利"科学与技术进步奖"证书的李建成，向这一科研梦想又近了一步。

建立国家现代高程基准

　　为改变传统做法、减少误差，李建成团队创新性地提出用大地水准面数值模型取代传统水准标石……

　　一般把平静的海平面定义为高程起算面，世界上没有一把"尺子"可以直接测量崇山峻岭相对平均海水面的高度。传统高程测量依靠人工外业逐点传递，埋设地面标石，来获得高程信息，这常常需要国家测绘、水利等多部门通力合作，花费10年的时间，才能建立国家高程控制网。

然而，这种依靠人工标石的定位模式，由于地面沉降、地震灾害等原因，标石容易遭破坏。此外，传统水准测量效率低，同时还具有山区难作业、不能跨海传递等局限性。

为改革传统做法、减少误差，建立准确的地球表面空间三维数字化模型，李建成及其团队创新性地提出用大地水准面数值模型取代传统水准标石，建立并维持国家现代高程基准。

这一模型替代了覆盖全国的水准标石点，从传统升级到现代，实现了我国高程基准建立与维持模式一次变革性转变。

转变只是第一步，下一个目标，李建成瞄向了世纪性难题——"确定1厘米级精度大地水准面"。这道难题一解就是26年。

为什么要追求更高的精度？李建成说，跟老百姓盖房子是一样的。盖房子前，首先要确定方位；建的时候，还要放线，以确保房子不偏不斜。我们的技术是为了定位大山、大河等大地上的物体、空间的位置。比如城市开建的地铁隧道，一般都是从两个方向同时开建，如果精度不高，两边合龙时，隧道口就无法对上。

1990年起，李建成用26年完成了精度"三级跳"——他将我国大地水准面精度提高到小于1分米，将省级大地水准面的精度提高到3~5厘米，城市大地水准面精度提高到1厘米。这一成果已经规模化推广应用到我国200多个省市区域的大地水准面精化工程，产生了巨大的社会和经济效益。

"李建成是我国大地水准面工程化应用研究的主要开拓者，解决了精密区域大地水准面确定的多项理论和技术难题，完成了从米级到分米级、到厘米级、再到亚厘米级三次精度跨越。"在对他研究成果的评定中，业界专家给予了充分肯定和赞扬。

从"无人问津"到实际应用

26年前，"大地水准面"还只是一个比较偏门的专业名词，鲜有问津。但李建成却一头扎进去、乐在其中……

李建成说："兴趣是动力之源，研究兴趣一旦建立起来，就可以由被动研究转

2003年2月，李建成（中）和宁津生院士、茆智院士等访问台湾大学

为主动研究。"26年前，当他选择"大地水准面"时，它还只是一个比较偏门的专业名词，鲜有问津。但李建成却一头扎进去，乐在其中。

2008年汶川地震使该地区大地基准遭到破坏，李建成团队采用大地水准面精化技术，仅用半个月就快速建立起灾区高程基准，为震后重建争取了宝贵时间。

在玉树地震、舟曲泥石流等重大自然灾害中，大地水准面精化技术再次施展威力，极大地提升了灾区应急的测绘效率。

李建成是个执著的人。"我们要有工匠精神，盯着一件事情，就一定要把这件事情做透。"自从选择做大地测量研究的那天起，李建成就向世纪难题发起挑战，力求建立一个统一精确的"全国大地水准面"。李建成的同事、武汉大学测绘学院副院长闫利教授回忆，从读书时起，不论是炎炎夏日还是湿冷冬天，总会看到李建成在电脑前忙碌的身影。

"八五"期间，当时武汉测绘科技大学承担了多项有关中国重力场逼近的重点研究课题，但此时，这一研究领域的博士和研究骨干相继离校出国，李建成独自承担起几乎全部有关课题的理论研究和实际计算工作。

在导师宁津生院士等的指导下，他几乎放弃了所有休假，一头扎进实验室，最终顺利结项。这一成果让他荣获1996年国家测绘局跨世纪学术带头人，并获得了国家杰出青年科学基金的资助，使他在这一领域具备了深入研究的基础。

2014年，李建成向来校调研的国土资源部副部
长、国家测绘地理信息局局长库热西汇报武大
测绘学科发展情况（张然　摄）

2014年，李建成指导学生

把科研成果融入教学

多年来，李建成始终在教学一线，即使当了院士，也仍然坚持给学生上课……

作为大地测量学与测量工程领域的一名科研工作者，李建成取得了一系列具有国际影响的创新成果；作为一名教师，李建成曾担任了15年的武汉大学测绘学院院长，他为学生的培养、学院的发展倾注了大量的心血。

在李建成的积极推动下，武汉大学测绘学院设立了被誉为"中国测绘学界诺贝尔奖"的夏坚白测绘创业与科技创新奖，以及陈永龄优秀学生创新奖、李庆海测绘优秀学子奖等一系列奖学金。多年来，李建成始终坚守教学一线，多次获得各类教学成果奖、优秀教材奖。即使当了院士，依旧坚持给学生上课。李建成为本科生、研究生讲授"物理大地测量学""高等卫星大地测量学"等课程，并指导青年教师讲授"物理海洋学"。

虽然已是武汉大学的副校长，行政事务繁忙，但他仍然执著于研究和教学。为了保证教学秩序和教学质量，李建成宁可推掉一些会议也要给学生授课。他将科研成果融入课程教学，随时更新教学内容，不断优化课程设置。同一门课，他每年的课件都不同，总是添些新知识。

"文艺复兴时期是一个科学时代，大量人做了很多基础性科研工作，铺垫了现代科学的基础。我们当前所处的时代是一个技术时代，技术超前于科学，基础研究在弱化。"李建成说。

（原载《创新时代》2017年第4期。图片除署名外均由武汉大学测绘学院提供）

武汉大学

人文社会科学
资深教授

韩德培

国际法学宗师风范

程盼盼

韩德培（1911—2009）

江苏如皋人，武汉大学第一届（2004）人文社会科学资深教授，中国国际法学一代宗师，中国环境法学开拓者和奠基人

"飞龙在天，九五至尊。"一代法学宗师韩德培，宛如珞珈山的"镇山之宝"。

翻开 1984 年出版的《中国大百科全书·法学卷》，在为数不多的"当代中国的法学人物"专栏中，很容易发现一个听来熟悉的名字——韩德培。作为学术界公认的"常青树"，他的名字被载入《中国大百科全书》是当之无愧的。他长期研究国际私法，学术造诣深厚，被公认为新中国国际私法的一代宗师。

在武汉大学长达 60 多年教书育人治校的人生历程中，他为中国的法学教育事业作出了巨大贡献。他以无私的奉献精神、忘我的工作态度、高度的责任意识，铸就了一个中国知识分子的完美人格和一代法学宗师的学术典范。

执著追求　心向光明

在中央大学读书时，韩德培就开始接触进步思想。在南京国民党政权的眼皮底下，他看了包括《共产党宣言》在内的一批进步书刊。这些进步书刊使年轻的韩德培眼界大开，不仅极大地激发了他的爱国热情，而且进一步加深了他对共产党的了解。

1945 年，董必武同志到美国参加联合国筹备会议。出于对共产党的热爱和对董老的敬仰，韩德培给董老写了一封信，请教如何进行法学研究才能最有利于未来的中国。令他意想不到的是，作为中共重要领导人之一的董老毫无架子，很快亲笔回信给他，谈了他对这些问题的看法，并指出进行法学研究一定要联系实际，尤其是中国的实际。此时的韩德培不得不为中共领导人的风范和气度深深折服。从那以后，他与董老结下了忘年之交。

1942 年，韩德培从多伦多大学毕业，获法学硕士学位，旋即转往美国哈佛大学继续从事法学研究。"二战"炮火的阻隔，使韩德培在美滞留数年。1945 年年底战争刚一结束，韩德培早已归心似箭。应著名国际法学家、武汉大学校长周鲠生教授之邀，他毅然回国任教。当时远东航线尚未复航，韩德培搭乘一艘美军开往远东的运输舰，一边清扫鱼雷一边前行。因为担心国内法学资料匮乏，他自费购置了大量法学图书，带着这几大箱"宝贝"，日夜兼程，向着他朝思暮想的祖国进发，投身

年轻时的韩德培与家人

他毕生挚爱的法学教育事业。从此，无论荣辱，以身相许。

1956 年，韩德培向党组织递交了入党申请书。后来，虽经历一些坎坷，但他始终坚持共产主义信仰，以党员的标准严格要求自己。

当有人跟韩德培提起那段蒙冤岁月时，他总是那么豁达和乐观："我对党和社会主义的信念从没有动摇过！当年有位朋友说，你韩德培没有希望了。我说，中国共产党集中了中华民族最优秀的人，是非曲直，一定会有个公正的说法。果然，十一届三中全会以后，冤假错案得到了平反，我们党又走上了光明大道！"

1984 年 5 月，韩德培光荣地加入了中国共产党，实现了多年的夙愿。"虽云桑榆晚，犹存赤子心。"如今，他虽年事已高，但却以"老牛明知夕阳短，不用扬鞭自奋蹄"来鞭策自己，决心为党和人民的事业贡献自己的全部力量。

穷究学理　视野广阔

20 世纪 50 年代，韩德培被错划成"右派"。可是，在繁重的体力劳动之余，他还坚持在沙洋培训中学任教，翻译联合国文件等。83 元的资料员工资，他一拿就是 20 年，全家仅靠它过着拮据的生活。即便如此，他仍精心组织英语专业本科"听说领先"的教改实验。

"文革"过后，韩德培重新回到法律界。此时的他迎来了法学学术生涯的巅峰期，创造了自己个人学术生涯甚至是中国法律界的一个奇迹：以他为代表，创立了具有中国特色的国际私法理论和规范体系；20 世纪 80 年代，他又以前瞻的眼光、非凡的魄力，年过七旬再闯新学科，成为我国环境法学科的开拓者和奠基人；在他的积极倡导和主持下，武汉大学于 1980 年和 1981 年分别成立了全国综合性大学的第一个国际法研究所和全国唯一的环境法研究所。这两个研究所先后被教育部评为全国的人文社科重点研究基地……

在国际私法领域，他提出了广为人知的"一机两翼"理论，突破了传统的国际私法研究只注重冲突规范的局限，建立了我国国际私法理论研究的新思路，也为我国高等法学教育中的国际私法教学奠定了基本框架。他主编的《国际私法》，是新中国第一部法律高等院校统编教材，1983 年初版，其后一版再版。可以说新时期中国法学教育恢复后，几代法学学子都是读着这本书长大的，也是这本书把他们领进了国际私法的大门。

已在国际私法领域驾轻就熟的韩德培，在 70 高龄时进入环境法这个全新领域，为环境法研究和发展进入中国这块土壤不遗余力地鼓与呼。

改革开放之初，韩德培出国交流，国外发达国家依法保护环境的举措，国际对"可持续发展"理念的重视，都给韩德培留下了深刻印象。而那时国内还是只讲以经济建设为中心的年代，韩德培以其远见卓识，踏上了为中国的环境法研究开拓、奠基之征程。

20 世纪 80 年代初，没有多少人知道"环境法"，而实际上"环境法"本身也不是一个独立的学科，这就为培养环境法人才带来了极大的不利。韩德培当时是国务院学位委员会的评议组成员，他奔走呐喊，终于得到当时高教部的批准，从此环境法在我国的法学教育体制中才成为一个独立的学科。

为国争光　饮誉海外

1981 年，我国国民经济计划进行较大幅度的调整，需要终止"文革"后期签订的几个重大工程项目的涉外合同。合同的另一方——日本、联邦德国等公司提出，终止合同可以，但要赔偿 100% 的经济损失，还要加上因与中国签订合同而未接受第三国订货的间接损失。账算下来，多达好几亿美元。

有关部门想到了韩德培。韩德培和助手到北京后，和另一位研究国际公法的法学家周子亚先生一道，仔细研究了合同书和国际上有关法律条文，写出了一份报告。报告引用《联合国国际货物销售合同公约》和日德两国民法典，充分说明了中国公司不是根本违反合同，不应当承担 100% 的赔偿责任。报告还指出，对方也具有采取合理措施帮助减轻损失的责任。中方只能"适当补偿"，而非对方提出的"充分、有效、即时的赔偿损失"。这份报告有理有据，经过谈判，将损失减少了四分之三。

1988 年，我国某海运局的船舶因为与外轮碰撞发生纠纷，正在我国法院审理，而外方当事人申请在意大利扣押我国另一船舶。这就是轰动一时的"金鹰一号"案。韩德培对此案进行了多层次、多侧面的分析，为我国法院处理此类案件提供了重要的参考与依据。

韩德培热心社会事业，积极利用出国参加会议和访问的机会，宣传中国的社会主义法制建设，考察国外法学教育和法制建设的成功经验。

韩德培（中）与黄进（右）及台湾国际私法学会会长
马汉宝（左）

1980 年，他率领我国法学家代表团，第一次参加在荷兰召开的国际法律科学大会第二届会议，作了《中国正在加强社会主义法制》的学术报告。针对台湾代表有关"两个中国"的问题的发言，他当即以流利的英语作了严正声明："中华人民共和国是全世界公认的中国唯一的合法政府，台湾是中国不可分割的一部分。"博得了许多国家代表的热烈支持，并受到我国外交部和高教部的赞扬。

提携后进　守志善道

潜心治学，教书育人，正是韩德培大师风范的诠释。在武汉大学法学院任教期间，他一直担任行政职务，但从未离开过心爱的教学一线。对于双肩挑的干部，学校出于关心和减负，在有关规章中明确规定课时量可以酌情减少，可这对于韩德培似乎并不起什么作用，他在担任繁重的行政工作的同时，仍然继续授课。

"大学首先是一个教书育人的地方。这方面的工作能否做得好，关键在教师。教师为人师表，必须严格要求自己，不管在品格方面，还是在学识方面，教师都应是一种典范、一种楷模。教师以身作则，才能引导学生一道前进，起到不但教书而且育人的作用。"韩德培是这样说的，也是这样做的。

如今，95 岁高龄的韩老可谓是"桃李满天下"。他教过的学生大多已成为学界精英、社会栋梁，受到社会的普遍赞誉。多年前毕业的学生来汉时，都一定要来武大看望韩老；当学生在工作中遇到疑难法律问题，也第一个想到找韩老请教。在对他的学生的采访中，不少人将韩德培列为对自己人生影响最大的教师之一。点滴之间，足见韩老在学生中的威望之重，口碑之高。

对于新任的没有教学经验的教师，他要求先进行试讲，能够胜任的才能安排教学任务，否则，就必须进行一定的培训才能上讲台。他还主张开展"传帮带"，帮助新教师尽快进入角色。

生活上，他也给教师以细致的关怀。他经常深入教师中，倾听他们的呼声，听取他们对学校和法律系工作的意见和建议。对其中建设性的、可行的积极采纳，并帮助他们解决实际困难。

大半个世纪以来，先生立身处世，一直光明磊落，不为任何权势所动摇。中华人民共和国成立前，曾有人因欣赏他的才华，邀他为国民党做事，面对高官厚禄，他婉辞拒绝了。因为在他的心中有一个信念：作为一个中国人，要为国家的解放出力，为新中国的法制建设添砖加瓦，为全民族素质的提高和新中国的繁荣富强贡献力量。

（原载《武汉大学报》2006 年 3 月 10 日，原题《一代宗师风范》。图片由武汉大学法学院提供）

谭崇台 躬耕七十载　毕生珞珈情

成蹊

谭崇台（1920—2017）

四川成都人，武汉大学第一届（2004）人文社会科学资深教授，经济学家，中国发展经济学第一人

2017 年 12 月 9 日，躬耕珞珈山近七十载的发展经济学大师、武汉大学人文社科资深教授谭崇台先生，永远地离开了我们。

自 1948 年从哈佛大学学成归国后到武汉大学任教的他，一生扎根珞珈山，为国家培养无数青年才俊；致力于发展经济学的引进、教学和研究，成为系统地将西方发展经济学引入中国的"第一人"；2009 年入选"影响新中国经济建设的 100 位经济学家"，2010 年被评为首批"荆楚社科名家"……

尽管被无数"光环"环绕，当人们尊称谭崇台为"泰斗"时，他总是谦逊地说："我不接受'泰斗'这个称号。我不

是什么大师，只是一名老师。"

"我的事业在中国"

1939 年，谭崇台考取国立武汉大学经济系。时值抗日战争正酣，武大被搬到四川乐山。在那里，谭崇台总听到高年级的同学回忆武大校园的美景，美丽的珞珈山、俊秀的东湖。当时的他对珞珈山始终有一种向往之情，曾在诗中写道："东湖碧波梦，珞珈翠微心。国破山河在，何年到汉荆。"当时，谭崇台的国文老师叶圣陶在诗后批了这样一句话："爱国爱校之心深也。"

刚进武大时，谭崇台只觉这所学校"土气"。西南联大的同学都穿制服，而武大最常见的是蓝布大褂；西南联大受西学影响较早，课程设置和英语教学很现代化，而武大的书籍都是从珞珈山运去的，颇有年代感。

但等真正融入武大之后，谭崇台才体会到这里的内敛朴实。这种风气，被他誉为"武大精神"。他曾这样回忆："不工于外在雕琢的，一定有足够丰富的内涵，武大就属于这一类。学校迁至乐山时，图书馆也费尽周折西迁四川，书籍实验设备一路用船运输。在当时艰苦简陋的学习环境里，我第一次见到浩瀚的图书馆，那种物质虽贫瘠、精神却丰腴的兴奋感，至今记忆犹新。在我的理解中，大学之'大'也体现于此：学校大、专业广、名家多。"

1944 年年底，谭崇台踏上了赴哈佛大学求学的旅程。1947 年年初，受国际著名经济学家熊彼特、列昂惕夫、汉森的指导和教诲，在哈佛大学经济系正处于鼎盛时期完成学业并取得硕士学位的谭崇台，到华盛顿远东委员会任专门助理，做战后日本经济和赔偿问题的研究工作。在这里，他得心应手，先后撰写了《论日本赔偿问题》《凯恩斯在经济理论上的贡献》等论文，待遇也很优厚。

然而，谭崇台深切地感受到，"江山信美非吾土"。他坦言，自己 1948 年回国自然而然，在思想上没有什么太大的阻力。正像中小学生放学必须回家一样，作为异域求知的学子回到祖国的怀抱，天经地义。

为此，年仅 27 岁的谭崇台谢绝了众多师友的挽留，回到了风雨飘摇的祖国，后受时任武汉大学校长周鲠生之邀，回到"从未谋面"的地处珞珈山的母校武汉大学执教。"我清楚地记得是在 1948 年 3 月 1 日回到母校，之后就担任起副教授的职务。"

让谭崇台高兴的是："当时的武汉大学是非常辉煌的，师资队伍异常壮大，有

1949年，谭崇台夫妇与刚刚1岁的儿子谭力文

货币银行学专家杨端六、财政学专家刘炳麟、会计学专家戴铭巽等，周鲠生校长又招纳了一大批著名学者，如张培刚、韩德培、吴于廑、吴纪先等学术界精英。在这一批人的带领之下，学校的学术氛围和学习风气特别浓厚。"从此，他扎根珞珈山。

1980年，谭崇台再度赴美访问，一家电台记者采访时向他发问："我了解你在中国革命胜利前夕离美返国，当时你下这一决心时感到困难吗？几十年后的今天你有何想法？"谭崇台回答说："我对美国人民怀有美好的情感。但是，我是中国人，我的事业在中国，应该回去给中国做点事情。当年我就是这样下了决心的，现在我也毫不感到遗憾。"

引领中国发展经济学

谭崇台归国时正值20多岁，看起来与一般大学生无异。他于1952年兼任校务委员会副主任委员和副秘书长。1953年李达出任武汉大学校长，他即任校长办公室主任，成为李达助手。但他一直未脱离经济系三尺讲坛。

1957年反右始，至"文革"止，谭崇台被调离经济系长达20年。他后来惋惜地回忆："我痛心的是经济学的停滞和倒退。"难能可贵的是，他20多年不忘自身专长，心系教学与研究，写作依旧不停，尽管不能发表，不少文稿在"文革"中散失，留下无法弥补的学术空档，但绝非空白。

1978年十一届三中全会后，谭崇台重回经济系，年近花甲的他迎来了学术春天，他如饥似渴地工作，把失去的时间抢回来。

20世纪80年代，谭崇台致力于发展经济学的引进、教学、研究，并应用于国家经济建设。谈起钟情一生的经济学专业，他曾说："发展经济学这一门新兴的学科所研究论证的问题，是一切发展中国家谋求经济发展所必须通盘考虑的问题，也是中国长期以来在经济建设中作出很大努力去解决而尚未得到妥善解决的问题。"

在专业研究中，谭崇台敢为人先，深入进行发展经济学理论研究，紧密结合国家经济建设与发展实际，随时以新的研究发现充实教学内容，精心撰写一批高质量创新性论文。1981年，"实践是检验真理的唯一标准"讨论结束不久，谭崇台发表了被称为"新中国第一篇发展经济学论文"的文章，在国内经济学界和思想界引起了巨大反响。从此，他接过了"发展经济学创始人"张培刚的接力棒，成为新中国发展经济学的领跑者。

1985年，谭崇台撰写了我国第一部发展经济学专著《发展经济学》，由人民出版社出版，成为国内率先评述西方经济发展理论的专著，发行量创同类书籍之最。这本小册子在当时经济学专业人手一本，多年来影响了不止一代经济学人。

1989年，谭崇台又主编出版了被列为国家教委"七五"规划高校重点教材的《发展经济学》（上海人民出版社版），这是一部在原作基础上进行充实修订的精品巨献，受到国内经济学界高度评价，多次重印，发行数十万册。

美国著名发展经济学家、哈佛大学国际发展研究所所长帕金斯针对此书热忱而诚挚地给予崇高评价："此书的广度和深度给我以深刻的印象，我相信它将成为中国使用的一本标准教科书。"该书1991年被湖北省授予优秀成果一等奖，1992年被国家教委授予国家级优秀教材奖一等奖。

1993年，谭崇台主编《西方经济发展思想史》（武汉大学出版社版），出版后立即引起学界广泛关注和热评，并被称誉为"国内外第一部以经济发展思想为脉络的西方经济学说史"，1995年获国家教委首届优秀科研成果一等奖，1997年获第三届国家图书奖。2000年《发展经济学》由教育部遴选为研究生通用教材。

2008年，60万字的《发达国家发展初期与当今发展中国家经济发展比较研究》一书在谭崇台和几位弟子共同努力下出版，当年他已近九旬，该书后被评为教育部第六届高等学校科学研究优秀成果（人文社会科学）一等奖。

称职的"教书匠"

"我就是个教书匠。我要继续带学生，直到不能带为止。"2013年11月，在一次与众弟子的座谈会上，面对大家的溢美之词，谭崇台如是说。

"谭老确确实实做到了终身带学生，他执教近 70 年；1978 年至今，他带了七八十个博士生，今年还带着两个。"经济与管理学院教授郭熙保本科、硕士、博士均在谭崇台指导下完成学业。他回忆，2010 年，老先生已经 90 高龄，还曾坐在三尺讲台一口气为学生讲座 3 个小时，他那年带着四五名博士，学生答辩他都到现场参加。"他很关心学生。前两年，他还在家给学生们讲课，指导学生们写论文。"

谭崇台招收的博士和硕士研究生都必须经过严格的考试，这样做并非有意为难，只是希望学生通过考试磨炼一下自己的意志。而他自己也身体力行，以身作则：多年来，无论刮风下雨，每次上课他都会提前五分钟到教室；每次上课前，都会认认真真地撰写讲义，并经过仔细推敲，一直修改到满意为止。

江西财经大学张进铭教授回忆了一件令他终生难忘的事情。一次谭崇台给他们上课时，突然一改平日温和、平缓的语调，用有点急促、气愤的声音对学生们说："今天早上 7 点多钟，有个学生打电话给我请假，说他现在外地不能来，这是请假吗？这分明就是不想来上课。"稍顿，先生用缓和一点的语气对学生们说："我可以告诉你们一件事：我执教 50 年，从未迟到过 1 分钟！"当时，教室里鸦雀无声。

或许青年求学时遇到的诸多大师的严肃认真在他心里产生了难以磨灭的印象，以至于多年来，谭崇台也一直以这样的严谨自律修身教学。在他看来，知识总是在不断地更新，如果还是沿袭老一套的思想和观点去随便应付教学，不仅是对学生不负责任，更于心有愧。

1995 年，75 岁的谭崇台为他的博士生宋德勇一个人开了"西方经济学名著选读"课，每周三次课，每次三小时，整整一年。其实他本可以让宋德勇跟着下一级学生一起上这门课，但为了不打乱教学计划，谭崇台仍坚持给他一个人开课。

多年以后谈到这件事，宋德勇仍感念不已："师从谭先生的三年，真正是我人生收获最大的三年！"正是这种近乎"执拗"的敬业精神，以及学贯中西的渊博学识，谭崇台折服了所有上过他课的学生。

"我讲课讲得不错，很受欢迎。"有记者采访时，谈起讲课效果，谭崇台曾一改平日的谦逊口气，得意与满足之情溢于言表。

对于谭崇台的辞世，不少经济学人表达沉痛哀悼。著名经济学家巴曙松在微博上发文悼念。一位网友留言："谭老在整个人生阶段都以让人敬佩的勤奋付出，传

2006年，谭崇台夫妇在儿子谭力文陪同下在校园里赏樱

承了文明，激励了后辈。"

经济与管理学院的师生们感慨，谭崇台先生深入时代背景下中国经济发展的现实，努力探索中国经济从传统到现代、从贫穷到富强的发展路径，不断反思、建构和创新发展经济学理论，在发展经济学的新发展中注入了中国的经验和理论元素。他学贯中西的学识、经世济民的情怀、淡泊名利的情操、奖掖后学的风范，必将激励和影响一代又一代中国经济学人。（综合《中华儿女》《湖北日报》《楚天都市报》等媒体报道）

（原载武汉大学新闻网 2017 年 12 月 15 日。图片由武汉大学经济与管理学院提供）

马克昌 献身法治终不悔

莫洪宪

马克昌（1926—2011）

河南西华人，武汉大学第一届（2004）人文社会科学
资深教授，法学家

　　刚刚尝试接近刑事法治事业，激情满怀的他却换来了21年的守候。步入暮年时，他终于等到了刑事法治建设的回音。于是，他毅然将暮年作青春，书写了一位法学家非同寻常的学术人生。他，就是我国著名的刑事法学家马克昌先生。

　　每当想起恩师马先生对刑事法治事业的感情，我都不禁深深为之动容。很多时候，我们折服于他博大的胸襟、非凡的才情、饱满的精力、高度的热情、浩瀚的著述、高尚的人格，但这所有的一切，都只能算作他对刑事法治事业的一片深情的脚注。

艰难岁月　执著坚守

1946 年，马克昌先生来到武汉大学学习法律。毕业后，他留校任教，随后被保送至中国人民大学法律系研究生班学习。作为新中国的第一届研究生，他师从苏联刑法学家贝斯特洛娃，系统地学习和研究了苏联的刑法学理论，成了新中国最早的几位法律人才之一。当时，新中国的法制还是一片空白。毕业后不久，他就投入中国刑事法治的建设中。1956 年冬，马先生应邀参加我国刑法的起草工作。当时，新中国成立已有 7 年多，而刑事审判仍无法可依，审判人员判案随意性较大。因而马先生迫切地希望刑法典能尽早颁布，以让人民的权利有法的保障。

20 世纪 70 年代，他先被分配到湖北省蕲春县八里湖农场接受劳动改造，后来被调入武汉大学图书馆任图书管理员。白天，他在图书馆工作；晚上，他经常读书至深夜。他蛰伏着，遍读了当时能够找到的文史哲著作。凭他的文化与睿智，完全可以找到虽不一定轰轰烈烈但也足够使人慰藉的替代者——他曾写过一篇有关图书分类的文章，在图书管理领域引起不小的反响。但他矢志不渝地守望着法治的春天。在此期间，他有关刑事法治的千言万语难以见诸文字，而他也几度遭遇暴风骤雨式的摧残。但这都不足以让他放弃刑事法治回归的信念。

学术青春　暮年勃发

1979 年，53 岁的马克昌先生终于可以重归自己心爱的法治建设事业。

刑事法治回赠给他的第一个机会就是引起国内外高度关注、具有里程碑意义的大事件——审判"林彪、江青反革命集团案"。1980 年 10 月，他受全国人大常委会法制委员会的邀请，参加有关起诉书的讨论；随后，他受司法部的委派，担任该案被告人吴法宪的辩护人。有人问他为什么要为"反革命集团"做辩护律师，马先生说："我不是代表我自己，而是维护法律的尊严，任何时候都要以事实为依据，以法律为准绳，法律面前人人平等。"他没有将视线放在有关"文革"的私人恩怨之上，而是选择了符合国家法治方向的道路。他和其他法律人一起，把外界预测的"走过场"，浇筑成了中国法治建设史上的里程碑。

回归法学教育与研究战线以后，马先生几十年深厚的积累，终于得到了勃发的机会。他潜心研究，笔耕不辍，发表了一系列有重要影响的著作和论文，对新时期中国刑法学体系和基本理论的创建作出了突出贡献。

1982年，他与刑法学家高铭暄先生共同主编的高等学校法学试用教材《刑法学》，初步建立了比较完善的刑法学体系，是我国恢复法学教育后第一部权威的刑法学教科书。1991年，他主编的《犯罪通论》出版，该书提出了富有创见的"犯罪论叙说—犯罪构成—犯罪形态—排除犯罪性行为"的犯罪论体系，得到了学术界的广泛赞同，高铭暄先生撰文评价说，这种从犯罪的基本形态到犯罪的特殊形态再到非罪的排列，使章与章之间具有严密的逻辑联系，克服了通行犯罪论体系的不足，增强了犯罪论体系的科学性。1995年他主编的《刑罚通论》出版，建立了"刑罚论叙说——刑罚种类——刑罚裁量——刑罚执行——刑罚消灭——非刑措施"的刑罚学体系。《犯罪通论》与《刑罚通论》分别获普通高等学校人文社会科学研究成果奖一等奖和二等奖，并被国内众多大学法学院列为研究生必读书目，已成为我国刑法学研究的典范之作，是刑法学者案前必备之书。1996年他主编的《经济犯罪新论》出版，该书堪称我国经济犯罪与经济刑法研究领域的杰作，并获得了中国图书奖。1998年他主编的《近代西方刑法学说史略》出版，成为我国第一部系统研究西方刑法学说的刑法论著。2003年，78岁的他耗时4年完成了80万字的专著《比较刑法原理——外国刑法学总论》，对外国刑法理论进行了全面的比较研究，获得了第六届国家图书奖。

马先生精力充沛，创作热情非常高。他去世前一年，在病重住院期间还拟定了与《犯罪通论》《刑罚通论》相配套的《百罪通论》的编写计划，并撰写了5万余字的书稿。直至逝世前，他还时刻惦记着尚未完成的著作《宽严相济刑事政策研究》，并不时感慨已经没有精力去撰写构思已久的《刑法总论》。

1980年，马克昌在审判林彪江青反革命集团案辩护席上

殚精竭虑　桃李满园

马克昌先生是杰出的法学教育家。1983 年 9 月，他被评为教授，并开始受命担任武汉大学法律系主任。3 年后，武汉大学法学院成立，由他出任第一任院长。在法学家韩德培先生与他为首的一代法学家的带领之下，武汉大学法学院迅速成为全国一流的法学院，成了法律人才培养的重镇。

马先生担任武汉大学法律系主任和法学院院长达 12 年，以他为学术带头人的武汉大学刑法学科，1986 年就被批准为刑法学博士学位授予点；1990 年又取得首批刑法学博士后流动站资格。他从教 61 年，为我国培养了大量高级法律专业人才，桃李满天下。他这些手把手培养出来的后备军实力强大，被国外学者尊称为法学界的"马家军"。

在法学教育和研究中，马先生视野开阔，重视学科建设与国际接轨，重视与国际进行学术交流。他曾多次赴美国、日本、韩国、德国等国讲学和参加国际会议，凭借在国际上的学术威望和影响力，积极推动中美、中日、中韩、中欧之间的法学交流。在他的指导和协助下，武汉大学法学院以及武汉大学刑事法研究中心与世界上多所一流大学及研究机构建立了深度的合作交流关系，选拔和推荐了不少青年学子出国留学，如今，武汉大学乃至中国法学界许多知名的中青年法学家都曾受惠于这些交流计划。

躬身践行　法治至上

马先生对刑事法治的挚爱，不仅体现在理论研究上，亦体现于他对法治实践的重视。他参与了 1980 年以来的历次刑法修改活动，提出过许多刑法及其关系法的修订意见。他所提倡的理念，如"慎用死刑""国家刑法向市民刑法的转向"等，影响着我国刑事法治的走向。此外，或凭最高人民法院特邀咨询员的身份，或借给公检法系统讲课的机会，马先生总希望自己的理念和行动，能够有益于刑事法治建设。他力争用每一次可能的机会，推动刑事法治的前行。马先生曾担任武汉市人大常委会委员，在这个岗位上，他恪尽职责，提出了武汉市人大常委会第一个"质询案"。在处理现实问题时，他心中只有刑事法治本身。为了这一终极目的，他敢于直面权力、人情乃至公众舆论的挑战。晚年，为了最密切地接触实践，他更多地将自己的作品

2004年5月，马克昌在日本京都召开的第九次中日
刑事法研讨会上

2005年春天，马克昌在夫人80岁生日宴上

发表在《检察日报》《法律适用》等直接接触刑事司法的刊物上。

为了促进学术思想的传承、推动法治事业的发展，2007年马克昌先生出资、募资筹建了"马克昌法学基金会"，这是全国高校法学界首个以个人命名且正式注册的基金会。马先生生活简朴，曾多次将稿费等收入捐给基金会。这一基金会和马先生在学术上的精神，必将惠及一代又一代的法学学子。

（原载《中国社会科学报》2014年7月4日，原题《献身法治终不悔　且将暮年作青春》。图片由武汉大学法学院提供）

彭斐章

学德相辉

陈传夫

彭斐章（1930— ）

湖南汨罗人，武汉大学第一届
（2004）人文社会科学资深教
授，图书馆学家

　　我校人文社会科学资深教授彭斐章教授在我院执教已逾
56 载。在彭先生 80 华诞之际，我们怀着愉快的心情喜迎这
一日子。

　　彭先生斐章，字庆成，1930 年 9 月 30 日出生于湖南省
汨罗市（原湘阴县）弼时镇一书香之家。上小学时开始接受
新式教育。1951 年通过高考，被录取到武昌文华图书馆学专
科学校。1953 年 8 月毕业留校任助教。1953 年 9 月，武昌文
华图专随全国院系调整并入武汉大学，重组为武汉大学图书
馆学专修科（1956 年改为武汉大学图书馆学系），先生任科
助教兼秘书。1956 年，彭先生被选派到前苏联国立莫斯科图
书馆学院（今国立莫斯科文化艺术大学）研究生部攻读目录
学。1961 年 3 月毕业回国，继续在武汉大学图书馆学系任教。

1956年，彭斐章与莫斯科图书馆学院党政工会领导合影

由于先生对武汉大学人文社会科学研究的杰出贡献，2004 年 9 月他被学校遴选为人文社会科学资深教授。除了武汉大学的繁重工作，先生多年来积极服务社会，促进图书馆与情报事业发展。

躬耕图苑　成就斐然

先生长期致力于目录学、图书馆学教学、科研与教育管理工作，在目录学、图书馆学等多个领域取得突出成就，形成了以目录学理论为中心、中外结合、融会贯通的学术风格。先生提出目录学的研究对象是文献的大量增长与人们对文献特定需求之间的矛盾，并从这一观点出发，建立目录学的理论体系。他的这一观点被称为"矛盾说"，一直是我国目录学界具有重要影响的学术流派。先生以此为核心，躬耕不辍，取得了一系列重要成果。

1982 年，先生与谢灼华、朱天俊、孟昭晋等教授合编的《目录学概论》由中华书局出版。这部著作是新中国图书馆学专业第一部正式的目录学教科书。被认为有"不可磨灭的贡献""书海奇葩，学海津梁"（乔好勤教授评语）。该书先后七次印刷发行达十万余册，于 1988 年获国家教委高等学校优秀教材一等奖。

1986 年先生在《目录学》中把目录学深化为"研究书目工作运动规律的科学"。学术界认为"作为适应信息化社会的现代目录学，应该说这部著作是一个肇端，它吸取了近年来目录学研究的成果，发展了这门科学……把目录学的研究提到了一个新的层次，使得目录学与信息化社会紧密相连，不再是游离在外（鲁海研究员评语）。"1990 年该书获中国图书馆学会庆祝中华人民共和国成立 40 周年优秀著作奖。

彭先生完成的《书目情报需求与服务研究》（武汉大学出版社 1990 年版）一书在业界也评价甚高。我国台湾学者顾力仁博士认为这部著作"调查既深入且缜密，结合理论与实务，可谓近年来重要的图书情报论著"。该书于 1995 年 12 月获国家教委全国高等学校人文社会科学研究优秀成果二等奖。

2000 年先生主编的《书目情报需求与服务组织》于 2002 年 10 月获教育部全国普通高等学校优秀教材一等奖。他的成果《科学研究与开发中的信息保障》于 1998 年由武汉大学出版社出版。中国信息研究所梁战平研究员、南京大学倪波教授、中国科学院文献情报中心孟广均研究员、北京大学资深教授吴慰慈先生等知名学者都给予了高度评价。吴慰慈教授认为"本书内容丰富，观点明确，阐述精当，结构严密，资料准确，引证规范，既借鉴了国内外现有的研究成果，又充分表达了自己的看法和见解，是一部具有极高理论水平和应用价值的优秀著作"。

先生和谢灼华教授等合编的《目录学资料汇辑》初始于 1980 年，历时 7 年编就。为推动我国目录学教学和科研起到了资料保障作用。2004 年先生又主编《目录学教程》，由高等教育出版社出版。该著作被南开大学、中山大学、南京大学、西南师范大学等多所院校广为采纳。

2005 年武汉大学出版社编辑出版《彭斐章文集》。出版社认为本书既回顾了目录学的辉煌历史，又展示了目录学的丰硕成果，并展望了目录学的美好未来。网上图谋博客说：读《彭斐章文集》，就是读图书馆学史。单单是《彭斐章文集》中涉及的人物，以此为索引，可谓图林万派同源。我对目录学知之甚少，但不妨爱不释手，因为彭老"学以载德，桃林芬芳"，彭老为人为学为师，都是令人敬服的。彭老是图林的骄傲！

先生笔耕于目录学园地数十载，十分强调图书馆学、目录学研究中应坚持辩证唯物主义和历史唯物主义的指导，紧扣时代脉搏，正确地把握中国图书馆学与目录学的发展方向。20 世纪 70 年代末，目录学研究百废待兴，一些带方向性的问题摆在目录学工作者面前。1980 年，他与谢灼华先生发表《关于我国目录学研究的几个问题》（《武汉大学学报》1980 年第 1 期）。该文指出要纠正极左思想对目录学的影响。主张在目录学史研究方面，要进一步拓宽研究领域，研究的重点应由古代转向近代。在方法上，要注意从深度、广度上揭示文献，同时注意新课题，如书目控制论、计量目录学、比较目录学的研究和专科目录学的建设。先生的这些论述对于确立我国新时期目录学的研究方向起到了向导作用，绝大多数设想均为目录学界同仁的实践所证实。20 世纪 80 年代中期，他和谢灼华先生合作的《对当前目录学研究的思考》（载《武汉大学学报》1984 年第 6 期）一文切中时弊，为推动目录学迎接信息时代的挑战，深化目录学层次起到了导向推动的作用。先生的研究具有古今结合、中外结合、理论与实际结合的风格。先生以目录学为中心，以图书馆学和社科情报学为旁支，形成了以书目情报运动规律的探索为基点的学术流派。先生在图书馆学方面发表了诸多成果，也利用这些学科的成果来丰富目录学的内容。先生先后在国内外期刊上公开发表的百余篇论文涉及目录学、图书馆学的各个方面。

学科建设　高屋建瓴

彭先生是一位图书馆学、目录学教育家，也是我国图书馆、情报与档案管理学科的推动者。先生长期坚持在教学第一线，教书育人。主讲"目录学""书目情报需求与服务""目录学文献选读""图书馆学研究方法"等课程。他讲授的"目录学"为武汉大学主干课，并荣获国家精品课称号。1978 年先生率先在图书馆学界招收了目录学方向的研究生，1986 年又开始招收社会科学情报理论与方法方向的硕士研究生。先生为在中国设立图书馆学、情报学博士学位呼吁奔走，利用自己的影响力感染同行专家。终于，1990 年秋，国务院学位委员会正式批准设立中国图书馆学、情报学博士学位授权点。他也于 1990 年 11 月被国务院学位委员会第 4 批遴选为博士生导师。并于 1991 年招收了我国首届目录学方向的博士研究生。先生精心指导，严格要求，提携后学。

先生不断探索我国图书馆学教育的模式与方向。先生认为应建立有中国特色的专科、本科、研究生教育相结合，全日制教育与业余教育（电大、函授、岗位培训）相结合，专业教育与双学位教育相结合的教育模式。应在适当扩大办学规模和发展速度的前提下，以提高教学质量与人才培养质量为核心。自 1984 年以来，先生担任武大图书情报学院院长。他同其他院系领导一起，坚持社会主义办学方向，努力改善办学条件，拓展办学层次，深化教学改革，提高教学质量。先生主持完成的"图书馆学、情报学教学体系的深刻变革"项目荣获国家教委颁发的国家级优秀教学成果奖。武汉大学图书情报学院是我国第一所学院级的图书馆学情报学教育机构，在中国图书馆学情报学教育体系中发挥着重要作用。

　　先生认为学位授权点的建立与学科建设是衡量该学科水平的重要标志。某一学科在争取博士、硕士学位授予权过程，实质上是推动该学科点建设的过程。学科建设的成效主要体现在科学研究的成果和高层次人才的培养上。先生认为，面对 21 世纪，面对新形势的发展，图书馆学情报学研究生教育在研究生培养上，要改变传统的以重传授知识轻创造力培养、强调专业对口忽视人文综合素质的培养、追求外延和规模的扩大忽视质量和效益的倾向。研究生教育制度创新的重点是按一级学科宽口径地培养创新型的复合型高级人才。为推动海峡两岸图书资讯界的相互了解和学术交流，促进祖国统一，先生积极倡导和参与交流活动，是两岸图书馆学情报学教育与学术交流的推动者。1990 年他成功接待了我国台湾图书资讯界首次赴大陆参观访问团一行 14 人。1993 年应台湾大学邀请，作为大陆图书馆学界首批访问学者赴台湾参观访问，并作了"中国目录学的今天与明天"的学术报告。随后参加了在上海、北京、武汉、广州、成都召开的海峡两岸图书资讯学术交流会。

　　先生积极参加社会工作，繁荣学术，培育新人。他积极参与建设中国图书馆学会的工作，并多次主持召开全国性的专业学术讨论会。1980 年先生参加由教育部组织的中国大学图书馆代表团并任团长，赴西德访问考察。1987 年 4 月参加文化部组织的中国图书馆代表团赴苏联、保加利亚等国访问。1988 年 1 月应美国西蒙斯大学

1988年1月，彭斐章访美期间应邀做客美国著名图书馆学家卡兰斯特家

212

图书馆学研究生院之邀赴美国波士顿、伊利诺伊等地访问讲学。先生的学术成就得到国内外同行的赞誉。

以德为先 学德相辉

先生严以律己，宽以待人，淡泊名利，学德相辉。先生热爱教育事业，他认为作为人类灵魂工程师的教师是一项崇高的职业，平凡而伟大。他认为，教书育人的活动，往往影响学生的一生。他以"立下园丁志，甘为后人梯"作为座右铭，五十六年的教学与研究就是按照这一精神去实践的。不论对本科生还是研究生都是高标准、严要求，要求学生做到的，他首先自己做到。他告诫学生，学术上的成就不能靠侥幸，来不得半点虚假，只有靠勤奋和顽强拼搏。他鼓励学生特别是研究生要入深水，擒蛟龙，顽强拼搏，坚持严字当头，质量第一。彭先生躬耕图苑，甘做人梯，垂教学子，为祖国的图书情报事业培养了大量的优秀人才，桃李满天下。他爱护学生，关心学生的成长成才，不以导师自居，不强加于人。他循循善诱，引导研究生树立正确的人生观和道德观，要求他们做一个道德高尚的人，引导他们树立远大理想，一步一个脚印去勇攀科学高峰。

先生德高望重，蜚声海内外，但对学院、学校的各项工作，他总是支持，也不要求特殊。对培养人的工作，他总是毫无怨言地听从组织安排。对中青年教师，他总是尽力指导、提携、鼓励、帮助。2007 年 8 月 28 日，先生为全院教职工传统教育会做题为"文华精神"的报告。先生旁征博引，以生动的史实，结合自己的亲身经历，讲述了从文华图专到现在的风雨历程，文华精神。2009 年 4 月，他又为学生举办文华传统讲座，并捐献稿酬等所得，充实学院文华奖助学金，资助学生完成学业，成长成才。先生的高尚人格赢得了社会的广泛尊敬。

（原载《武汉大学报》2009 年 10 月 16 日，原题《岁月如歌 学德相辉》，有删节）

石泉 清泉石上流

刘聪

石泉（1918—2005）

安徽贵池人，武汉大学第一届
（2004）人文社会科学资深教
授，历史地理学家

"竭毕生心血研治荆楚史地，硕果累累传后代；施浑身
长技培养后学弟子，人才济济续新篇。"作为荆楚历史地理
研究大家，石泉将大半人生献给了荆楚大地。他严谨治学，
开创了荆楚历史地理的新体系。他竭忠尽智于国家、社会，
并以其高尚无私的人格魅力影响着代代后学。亦如他的名
字——石泉，他既有石头般的刚毅与坚韧，又如泉水般奔涌
向前，清澈无瑕，浸润万物。

坚韧的"学术卫士"

1938 年秋，石泉进入被称为抗战时期"自由孤岛"的燕
京大学学习历史。1941 年 12 月，太平洋战争爆发，燕京大
学被迫关闭。1942 年秋，石泉从江西兴国的中学岗位上回到

刚复校于成都的燕京大学继续学习，在此他有幸受教于先后来校任课的古文字学家徐中舒和国学大师陈寅恪两位名教授。1944年春，石泉在徐中舒的指导下，完成本科毕业论文《春秋吴师入郢地名新释》，成为他后来全面开辟荆楚历史地理研究新途径的起点。1944年秋，他成为陈寅恪指导的硕士研究生，其硕士论文《中日甲午战争前后之中国政局》全程由陈寅恪指导完成。陈寅恪治学不尚空谈，要求言必有据、立论务必实事求是，他经常对石泉提出的分析性见解从反面进行质疑，必至无懈可击，始予首肯。陈寅恪严格的学术训练和熏陶，培养了石泉日后严谨的治学态度与方法。

石泉于1961年调整科研方向，开启了他长达40多年的荆楚历史地理研究。在长期的研究过程中，石泉形成了自己的研究特色。他对于史料十分熟悉，善于从原始材料中发现与分析问题，在修改学生论文时，总能一针见血地指出问题所在，并提醒学生没有关注到的史料。他注重对史料进行鉴别，对于任何文献必须弄清其渊源来历并认真加以鉴别、核实，才引以为据。此外，他也非常重视多学科研究方法、成果的结合与互补，对地理学、考古学等领域的方法与成果十分重视，一方面是为了补充文献记载的不足，另一方面是求得多方材料、结论的互证，检验自己研究成果的可靠性，尽可能避免不必要的主观失误。因此只要身体允许，他总是带着有关问题开展相应的田野调查，不辞劳苦地走村访户，考察地貌环境的变化，了解古文化遗迹遗物，以与自己的文献分析相佐证。

先秦至齐梁时期的荆楚历史地理，是石泉学术生涯中用力最勤、成果最多、历时最长、牵连最广、最有重要突破，同时也是最引起争论的研究领域，其成果主要集中体现在《古代荆楚地理新探》《古代荆楚地理新探·续编》和《古云梦泽研究》（与蔡述明合著）等著作及一系列论文之中。他的研究突破了千年来逐步形成的传统解说，否定久已被公认的流行说法的观点和体系，提出了一系列富有新意的见解。但改变甚至否定千年的传统认识并非易事，由于攻关难度巨大，石泉的论文经常多至七稿、八稿，特别是《楚郢都、秦汉至齐梁江陵城故址新探》《从春秋吴师入郢之役看古代荆楚地理》等论文，经过几十年的修改、打磨后才予以发表。

在长期一段时期内，学界对于石泉关于荆楚历史地理的新解不予认可。由于石泉的论证结果从根本上改变了原定的并为绝大多数人所接受的地名体系，所以旁人无法在两者间调和或兼顾，只能作非此即彼的选择。有朋友曾善意地提示石泉知难而退，也有个别同行对其学术成果不以为然。但石泉依然迎难而上，从不轻言放弃或半途而废，他强调做学问就要敢于立新说，如果人云亦云，翻来覆去地"炒现饭"，那不是学问。为此，他反复呼吁学界就其学术新解从三个层次进行严格审查，即：所依据的关键性材料是否存在不可信靠的？如果所引据的材料可靠，对材料的理解是否有误？如果对材料的理解无误，是否在运用方面有片面性，或者移花接木现象？并强调"在这三个层次中，无论哪一方面是我错了，都应认真改正。但是，如果尚不能证其必误，那就要坚持下去，决不半途而废"。当年，石泉的硕士研究生侯甬坚曾小心翼翼地向他询问："如果最后的事实不能说明先生的研究结论是对的，那该怎么办？"石泉听了，像一位为科学英勇献身的斗士一样坚定地回答道："如果真是那样，也就给后人说明了这一条路不可行。"

石泉曾多次对他的学生说过，我过去是"孤立派"，现在是"少数派"，希望今后能成为"多数派"。近年来，随着长江中游地区的诸多考古发现越来越能证明石泉一系列学说的科学性和合理性，如今在荆楚古史学界，石泉的许多观点已经逐渐由"少数派"演变为"多数派"了。

忧时济世的"传奇学者"

早在燕京大学读书时，石泉就积极参加各种民主运动，他于 1944 年在成都复学期间参与筹建了"创社"，这是当时燕大民主学运的核心团体之一。由于参加地下党领导的民主运动，石泉于 1948 年夏被国民党当局列入搜捕名单。当时燕大校园中共有 8 位被通缉的学生，其他人在师友的帮助下逃出并辗转进入华北解放区。但不凑巧的是，由于石泉当时正患肺病，不能长途跋涉，只能暂时留了下来。在时任校长夏仁德教授的安排下，石泉带着一些食物和生活用品躲在学校一处人迹罕至的荒草地里，一藏就是 3 天。只有在深夜时，他才可以到附近的侯仁之（后成为著名的历史地理学家）家，与自己的妻子会面，作些休整，并打听消息。8 月 24 日一早，由于驻校军警离开，石泉便在同仁的帮助下，穿着一身白色西装，骑着自行车，和一位美国青年教师一同离开北平。两人骑至北平德胜门时，见有军警设立哨卡、盘查证件，石泉与美国青年教师以眼色会意，并排骑行，不下车、不理睬，故意用英语谈笑风生。军警未敢阻拦这位身着白西装、满口流利英语，又有美国人陪伴的神采洋溢的中国青年。石泉顺利闯出北平城，后与稍晚出城的妻子李涵成功相聚，

几经辗转，最终到达解放区。进入解放区后，为不给他人带来麻烦，夫妻两人便改了姓名，"刘适"改为"石泉"，"缪希相"改为"李涵"。

石泉早年有感于国患日亟、时事日非，选择以甲午战争前后的晚清政局为研究对象，探讨中国洋务运动、甲午战争失败的根源，以及甲午战争对于此后中华民族更为动荡历史的影响。该研究后来形成石泉迄今所见唯一的一部中国近代史研究著作——《甲午战争前后之晚清政局》。在这部著作中，石泉将民族命运、学术工作与个人人格心志三者合而为一，集"沉静学者"与"热血志士"于一身，既上承中国古代士人"疾世著述"的优良传统，又下得陈寅恪的言传身教，其年轻时的识见、功力、才学以及热切探求救国救民之路的赤子之情得以彰显。

在1958年"拔白旗"运动中，石泉若干近代史观点受到严厉批评，因他不愿作违心之论，便不再讲授近代史，转而投身到与政治相对较远且自己也饶有兴趣的历史地理研究之中。石泉之所以选择历史地理，一方面是受到侯仁之的影响，另一方面也是家国情怀使然。历史地理是最具有现实关怀的人文学科之一。石泉对古云梦泽富有成果的研究，几乎成为湖北省水利工程研究、规划与设计部门专家们所熟知的科学技术史常识。湖北江汉平原以及湖南洞庭湖平原的防洪排渍与抗旱工程，都离不开石泉在研究中所"恢复"的古水系历史痕迹。石泉当年探索汉江改道的目的，本是论证有关先秦楚国都城郢与鄂的地理位置的研究，但他在探索过程中，注意到了汉江上游修筑大坝对于汉江环境影响的问题（即自丹江口大坝建成以后，丹江口以下的汉江逐渐演变成不能长年通航的"沼泽河"，沿江自然生态环境受到极大破坏），使得其历史地理研究直接与当今人们特别关心的自然生态及环境研究挂上钩。

石泉曾这样自述："一个学者惟有胸怀天下，抱济世之志，在力所能及的范围内为社会作出自己的贡献，才不愧'知识分子'的称号。"作为湖北省民主促进会创始人之一，他积极参政议政，为国家发展建言献策。如在国家决定修建京九铁路后，有关单位对文物保护并不重视，在修筑的线路上有几处文物已被毁，如不抢救，仅鄂东段就有几十处文物将被全部毁坏。石泉与湖北省政协几位老同志共同提出了《京九铁路鄂东段56处古文物急需拨款抢救》的提案，被列为省政协重点提案之一，引起了湖北省领导和国家领导人的高度重视，最后这些文物得到了抢救和保护。

谦逊仁爱的"吾长吾师"

在石泉的房间里一直挂着一副对联:"岂能尽如人意,但求无愧我心"。其中的"我心"不仅有对学术执著追求、坚持自我之心,也有谦逊仁爱、淡泊名利之心。

1954年石泉由教育部高教司调到武大,按照当时的规定,有研究生学历就可以被聘为副教授,石泉却谦虚地说,"就当讲师吧",他的讲师一当就是24年。

石泉长期担任民进湖北省负责人和湖北省政协副主席,完全可以享受副省级待遇。但他无论是参加社会活动还是学术活动,都表现出谦逊和简朴。有一次,石泉去参加省里的会议,没有找学校安排车辆,穿着一身便装骑车前往,以至于被门卫拦住进行查问。还有一次,石泉需要到湖北省文化厅面商宜城发掘事宜,便和学生骑自行车前往,回校时天色已晚,文化厅厅长坚持派车送石泉回家,并另安排一位工作人员将石泉的自行车骑回去。石泉对此深表抱歉,他的学生笑言道,"先生本是怕给学校添麻烦,结果给文化厅添了更多麻烦"。

石泉参加学术活动时,从不接受高于其他教授的照顾,也不愿在主席台就座,对前辈十分尊重,遇到同辈人也总是谦让有礼。1993年夏,在长沙举行的一次全国历史地理学术研讨会上,石泉作大会学术报告,当主持人提示报告时间已到时,石泉没有提出延长时间的请求,而是立刻拿起讲稿,向主持人与台下听众鞠躬后,迅

1998年,电视纪录片《清泉石上流》摄制间隙石泉与车英合影留念(车英 供图)

速离开了讲台。

　　石泉爱生如子，对学生总是给予无微不至的关怀。他喜欢在自家的书房里给学生上课，课间休息时，常让妻子送些水果、茶水、点心之类的"犒劳"；如果下课晚了，他担心学生回到食堂没饭吃，就留下学生一起吃饭。学生生病或有关学习方面的花销，石泉也都会力所能及地进行帮助。有一次，他的一位学生进行硕士论文答辩，因经费不足，石泉便自己拿钱增补进去答谢了几位校外老师，而且还不让他的学生知晓。

　　20世纪80年代起，石泉担任了湖北省政协副主席等社会职务，平日十分繁忙。但他对学生的培养没有丝毫懈怠，规定学生每周（后来改为半个月）汇报一次学习心得，形式不拘，对于学生们提出的问题总是有问必答、循循善诱。对学生期末写的读书札记，石泉也必认真批改，对于其中的不当乃至错误之处，总是细心地用铅笔勾出，再写上自己的看法。对学生写的学位论文，从参考文献的核对到文字和标点符号的推敲，以及材料的运用和文章的组织，石泉都亲力亲为，指导学生仔细修改。

　　石泉在近半个世纪的教学中，培养了大量的硕士、博士研究生（他们都已成长为所在单位的学术带头人与骨干，取得一批在海内外学术界较有影响的研究成果），并使武汉大学成为继北京大学、复旦大学、陕西师范大学之后的第四个具有历史地理专业博士学位授权点的高校。

　　（原载"武大社科动态"微信公众号2019年5月8日。图片除署名外均由武汉大学历史学院提供）

陶德麟　笔有雷鸣道不孤

王斯敏

陶德麟（1931—2020）

湖北武汉人，武汉大学第一届（2004）人文社会科学
资深教授，马克思主义哲学家

　　陶德麟的哲学人生，每个节点都充溢着胆识与锐气——

　　24岁，初涉哲学便锋芒崭露，撰文批评苏联哲学家的权威著作《简明哲学辞典》，向苏联哲学教条主义发起有力一击；

　　47岁，历经磨难后信念弥坚，积极投身反对"两个凡是"的理论斗争，"顶风"参加真理标准大讨论，用一篇篇旗帜鲜明、论述严密的文章持续发声，在讨论中占据重要一席；

　　82岁，年至耄耋却思考日深，融毕生思考入一篇短文，呼吁践行马克思主义实践观，"把一切判断和措施都交给人民群众的实践去检验"，引发了湖北社科界乃至全国的热烈讨论，其效应一直延续至今。

"笔有雷鸣道不孤"，这是多年老友、哲学家陈先达教授对他的评价。

得遇恩师露峥嵘

"搞马克思主义的人要有坚持真理的品格，不能像摆摊的小贩，天晴把摊子摆出来，下雨就收摊子。"

——恩师李达的话，影响了他一生。

1953年，一个寻常春日。青年陶德麟迈进屋子的脚步，忐忑而凝重。

屋中一榻，一病弱老人半躺于上，清癯的脸庞因高烧而显憔悴，双眼却清亮有神。见到陶德麟，他招手示意年轻人坐在身旁，开始了一场决定了陶德麟人生走向的谈话。

这一年，是李达就任武汉大学校长的第二个年头。作为把马克思主义引入中国的先驱者，他有着多病之躯盛放不下的宏图伟志。他对马克思主义各个领域都造诣精深，但最关心的还是哲学。他需要一个年轻而得力的助手。多方考察后，即将毕业的陶德麟成为最佳人选。虽然这个年轻人读的是经济而非马哲，但表现的资质令李达青眼有加。此番找他前来，便是特意商谈此事。

要不要改换专业？这对陶德麟几乎不是问题。他早在中学时期就涉猎过一点哲学，进大学后又精读过李达的哲学名著《社会学大纲》，还硬啃过《资本论》第一卷，学习笔记便是明证。

陶德麟当即表示服从安排。欣慰之余，李达以父辈的深情与他倾心长谈。

"搞马克思主义的人要有坚持真理的品格，不能像摆摊的小贩，天晴把摊子摆出来，下雨就收摊子。"话语像粒种子，在他心里生了根。

从此，李达有了一个得力助手，哲学园地多了一位辛勤的躬耕者。

钻研马克思主义经典著作，自学中外哲学史，以哲学眼光考察现实……一种奇妙的感觉在陶德麟心中升腾着。他感到，很多曾困扰自己的"问号"逐渐变成了"惊叹号"——

他的父亲，辛亥革命和北伐战争的参与者，后因保护被通缉的共产党员、力主国共合作抗日而不见容于当局，愤而退出国民党，五十多岁就困厄病逝。父亲在追求什么？自己走什么样的道路才能告慰其英灵？

他的少年时代，热血善思，常在周记中抨击时局、探寻民族之出路。胡适讲演《两个世界，两种文化》，他如饥似渴去听，却对其政治观点很不满意。但，其谬误何在？什么样的理论才能擦亮这双苦苦寻找的眼睛？

现在，他找到了。马克思主义哲学给了他批判的武器，照亮了他苦心求索的那条道路。

1955 年夏，陶德麟写了题为《关于"矛盾同一性"的一点意见》的论文，投给《哲学研究》。翌年 2 月，文章刊发，立时引起轩然大波。

从哪个角度看，这都是一篇"大胆"的文章——

批判锋芒直指罗森塔尔、尤金合著的《简明哲学辞典》，两位作者皆是苏联的科学院院士。在那个学习苏联"老大哥"的年代，此举无疑是挑战权威。

《辞典》中"矛盾同一性"的释文把"同一性"定义为事物、现象同它自身相等、相同的范畴，断言生与死、资产阶级与无产阶级、战争与和平等根本对立、相互排斥的事物之间没有同一性。陶德麟明确指出，这种观点是违背唯物辩证法的。在那个年代，这样的言论固然正确，却并非人人敢言。

事实很快证明了他的批评是对的——1957 年 1 月 7 日，毛泽东在省市自治区党委书记会议上的讲话中肯定了此观点；1958 年 6 月 24 日，毛泽东邀集一些学者，专门谈论此事。《辞典》的作者也接受了批评，在再版时对"同一性"的条目作了原则性修改。

牛刀小试，一鸣惊人。

乐耘杏坛遭劫波

"临歧自古易彷徨，我到歧前不自伤。心境长随天上月，如环如玦总清光。"
——突遭厄运，他以诗明志。

1956 年，创建于 1922 年的武大哲学系中止四年后成功重建。时年 25 岁的陶德麟登上讲台，很快得到了学生们的喜爱。

"陶德麟、萧萐父、康宏逵三位先生是当时哲学系讲课最'叫座'的青年教师，被誉为李达的'三面红旗'。其中，萧慷慨激昂，康旁征博引，陶老师则是严谨细致、娓娓动听，还特别善于联系实际，记下来就是一篇文章。"华中科技大学哲学系教授王炯华忆想当年。

课还讲到了校门之外——1959 年起，他连续四年为全省中高级干部讲授《实践论》《矛盾论》，讲稿《实践论浅释》被印发全省，广为流传。同时，他陆续发表数十篇论文，在理论界拥有了许多知音。

1961 年 8 月末的一天，一项沉甸甸的使命落到了陶德麟肩上——协助李达，编写中国人自己的马克思主义哲学教科书。

这是毛泽东对李达的殷切嘱托。

1961 年 8 月 20 日，李达在庐山养病，恰逢毛泽东也在庐山。他约李达到住所畅谈哲学问题。

为什么苏联的马哲教科书"一统天下"？我们中国人有那么丰富的实践经验，为什么要照搬苏联的？历时四小时的长谈中，毛泽东多次表露不满，并希望李达以自己 20 世纪 30 年代发表的《社会学大纲》为基础，撰写一部够分量的哲学教科书。

此时的李达已诸病缠身，手颤厉害，大量写字已有困难，但他并未迟疑便接受了任务。几天之后，他找来了陶德麟。

陶德麟深知，这也是老师多年的心愿。

在李达看来，毛泽东哲学思想是马哲史上重要的新阶段，理应受到高度重视。而这次编写马哲教科书正是让世人了解中国人哲学贡献的好机会。

撰写工作开始了。

难度是巨大的——要系统凸显马克思哲学在中国的独特发展，科学阐发毛泽东哲学思想的理论创新与历史地位，在当时尚属"前无古人"；此外，要讲清马克思主义哲学与现代科学的关系，还要涉及相对论、量子力学等自然科学内容，陶德麟虽然学过普通物理，但这些知识对他而言几乎是空白。他不得不奋力学习，请教物理系教授，常常通宵伏案，浑然忘我。

遵照李达要求，他写好一章，便当作教材，在哲学系"李达实验班"中讲授，一边讲一边听取意见，进而修改。这样的修改有多少次？已很难历数。

1965 年 10 月，38 万字的上卷唯物辩证法送审稿完成。收到书稿，毛泽东仔细阅读，写下 255 字的批注。

师生二人满怀欢欣，立即着手撰写下卷。然而，突如其来的厄运阻住了前路。

"文化大革命"开始了。李达被打成"武汉大学三家村黑帮总头目"，遭到残

酷批斗，两个多月后含冤去世。

陶德麟在劫难逃，他的生活顿时变成了黑色。顶着"李达三家村黑帮分子"的帽子，陷入了长达八年的批斗、侮辱和劳动改造，几次遇险，命悬一线，家人也遭遇牵连。

然而，强大的信念支撑住了他。他坚信，人民不会听任国家就此沉沦，黑暗的局面总会改变。

"临歧自古易彷徨，我到歧前不自伤。心境长随天上月，如环如玦总清光。"

1974 年，风雨如晦的暗夜，他写下这样一首小诗，怀明月之心，默默守候着黎明到来。

冲破阴霾勇发声

"乍暖还寒夜正深，残冰犹自伴彤云。池边小草冲泥出，不为争春只报春。"

——参加讨论后，他心情激动。

1974 年，李达初步平反，陶德麟也总算回到了教师队伍，但仍被视作"有严重问题的人"，处处受限。"文革"结束，举国欢呼，理应是云开日出了，但雾霾真的散尽了吗？

1977 年 2 月 7 日，"两个凡是"的论调出台。照此推理，"文革"本身并没错，错的只是林彪、"四人帮"对"文革"的歪曲。这让陶德麟更为担忧。

这种担忧，在 9 月参加了中国社会科学院组织的一次会议后，更为深重。

会议主题是纪念《实践论》《矛盾论》发表 40 周年。收到邀请后，已跟外界失去联系 11 年的陶德麟冲破阻力，赴京参会。邢贲思、汝信、赵凤歧、陈筠泉、陈中立……学者们劫后重逢，感慨万端。

一个共识在讨论中清晰起来——"文革"虽去，遗毒仍在。只有摧毁"文革"全套理论的哲学基础，才能挣脱"两个凡是"的枷锁。而在支撑"文革"的理论中，一个错误观点必须驳倒——检验真理的标准不是实践，而是领袖的"最高指示"。

冻结十年的冰面坚硬如铁，如何炸开它，释放那浩荡澎湃的春河之水？

时机终于来了。1978 年 5 月 11 日，《光明日报》发表特约评论员文章《实践是检验真理的唯一标准》，立即引发了关于真理标准的热烈讨论。支持者众，反对声也格外严厉，"反动且荒谬""丢刀子""攻击毛主席"等指责如疾风骤雨，扑面而来。

陶德麟决心发声，做"实践标准的坚定支持派"。一个多月后，中国社科院在北京召开"理论与实践问题哲学讨论会"。收到邀请，陶德麟再次顶住压力，亲赴会场。火车上，他心情澎湃，提笔写下一首小诗："乍暖还寒夜正深，残冰犹自伴彤云。池边小草冲泥出，不为争春只报春。"

陶德麟被推举为第一讨论组副组长，组长是《实践是检验真理的唯一标准》一文的最初作者、南京大学教师胡福明。

7月17日，大会开幕。一种兴奋而忐忑的气氛笼罩在会场上空。

小组讨论中，多数人旗帜鲜明地赞同只能以实践检验真理，也有人质疑、犹豫，甚至震怒——"这是个什么会？是举旗还是砍旗？我不参加了！"当即拂袖而去。

不断传来的"小道消息"也加重了紧张空气。"党中央不支持这个会"，"某主要领导大发脾气，说一帮学者在'开黑会'"……然而，探求真理的渴望与使命感战胜了纷扰，会议继续举行，讨论越来越热烈。

23日下午，会议闭幕。陶德麟作了大会发言。他针对常见误解一一阐析，从理论上加以澄清，得出结论："实践是检验真理的唯一标准"是马克思主义哲学的根本原理，在实践标准之外另立真理标准是理论上的倒退。很快，《哲学研究》第10期就发表了这篇文章。

会议结束的第二天，他找到《人民日报》的汪子嵩和《哲学研究》杂志的张岱，送上了一份特殊的"礼物"。

这是三封毛泽东亲笔信的复印件。20世纪50年代，李达正在撰写《〈实践论〉解说》《〈矛盾论〉解说》和《胡适思想批判》，毛泽东多次写信给他，指出自己文中的不当之处："实践论中将太平天国放在排外主义一起说不妥，出选集时拟加修改，此处暂仍照原。""矛盾论第四章第十段第三行'无论什么矛盾，也无论在什么时候，矛盾着的诸方面，其发展是不平衡的'，这里'也无论在什么时候'；八字应删，在选集第一卷第二版时，已将这八个字删去。你写解说时，请加注意为盼！"

这无疑是铁证：毛主席从不讳言自己文章的不妥之处，又何谓"句句是真理"？

12月25日，三封信在《哲学研究》第12期发表，并被广泛转载，对破除"两

个凡是"起了很大的促进作用。

怀着思想解放的火种,陶德麟回到武汉,用一场场报告四处播火。很多听众激动得拍红了巴掌,但面露惊讶之色的也不在少数,写满问题的小纸条每次都会递上厚厚一叠。

一次,在武汉市图书馆的报告结束后,主持人悄悄提醒陶德麟:"如果不把毛主席的话作为检验真理的标准,会不会犯错误?"陶德麟只好解释:"实践是检验真理的唯一标准",这本身就是毛主席的话啊。对方将信将疑。陶德麟当场拿出《实践论》,指着"马克思主义者认为,只有人们的社会实践,才是人们对于外界认识的真理性的标准"的一段原话给他看,他这才放下心来。

看来,想要打破多年来形成的思想禁锢,仍很艰难。

陶德麟手中的笔挥得更勤了。《认识的对象是检验真理的标准吗?》《实践怎样检验认识》《真理阶级性讨论中的一个方法问题》……一篇篇文章接连问世,在讨论热潮中引发关注。

"这其中,《逻辑证明与真理标准》一文特别被学界推崇。因为在当时,大家对'实践是检验真理的标准'已基本接受,但对'唯一'二字仍有怀疑。而为什么逻辑证明和认识对象不是检验真理的标准?马克思主义经典著作里并没有论证过,需要独立研究。老陶就是在这方面下了很大工夫,从理论上证明了真理标准的唯一性。"陶德麟的"老战友"、武大哲学系教授朱传棨感慨。

贡献不会被遗忘。1995年,这篇文章获得了国家教委首届人文社会科学优秀成果一等奖。此时,距其发表,已过去了14年。

倾力呼吁"中国化"

"必须'让马克思主义说中国话'——从中国实际出发提出问题,按自己的'坐标'研究问题,以简明易懂的语言陈述问题。"
——与现实脱节的研究令他忧心。

武汉大学哲学系主任、研究生院院长、常务副校长、校长……哲学家的智慧经受住了实践考验,也推动了实践发展。在他和同事们的苦心经营下,武大哲学系日益壮大,百年武大也驶上了发展快车道。

此时的中国正在改革开放道路上摸索前进。随着计划经济体制被打破，群众的迷惘也开始抬头。"我们还需要马克思吗？""哲学是空话，'四化'要的是经济效益"……种种论调刺痛了陶德麟。

"我坚信哲学对一个民族至关重要。它既是民族精神的升华物，又是民族精神的铸造者。抛弃了马克思主义哲学，就等于抛弃了我们民族的精神支柱，抛弃了观察处理当代一切复杂问题的最科学的方法。"他接连写下十余篇文章，批驳谬误，激浊扬清。

然而，捍卫真理不等于迷信教条。他也清醒地看到，民众对马克思主义哲学的疏远疑虑，和学界的研究取向、传播方式不无关系。

近年来，一些哲学家专注于和现实脱节的问题，"热心于建构新体系，用一大串涵义不明的'新'名词、'新'说法来作推演，弄出一套又大又空的理论，使人读了莫测高深"。更有甚者，不但张口闭口海德格尔、避而不谈中国实际，还把话说得佶屈聱牙、艰深晦涩，他对此十分反感。

哲学虽然是抽象程度最高的学问，但"理论如果在书斋中自说自话，就只有死路一条"。马克思主义哲学必须与中国实际相结合，并躬身走进老百姓中去，才能成为中国人自己的哲学。

感于此，他发出"马克思主义中国化"的响亮呼声——

"黑格尔说过，'我力求教给哲学说德语。'我们也必须'让马克思主义说中国话'——从中国实际出发提出问题，按自己的'坐标'研究问题，以简明易懂的语言陈述问题。"

这成了他心魂所系的话题。

2004年，马克思主义理论研究和建设工程隆重启动。作为《马克思主义基本原理概论》首席专家，他强调编写教材"应体现马克思主义中国化的学术成果"，"保持明白流畅的文风"，这成了课题组成员们记忆深刻的"金句"。

2013年3月27日，一篇题为《践行马克思主义实践观　为实现中国梦而奋斗》的文章出现在《湖北日报》头版，作者正是陶德麟。

短短2000字通晓流畅，从马克思主义实践观的角度解读中国梦、探寻中国梦的实现路径，鼓励人们胸怀道路自信、理论自信、制度自信，走好"中国人自己走出来的'中国道路'"。

2014年10月，陶德麟将《学步履痕》一书赠给青年学生（图片来自
《武汉大学报》2014年10月24日，张然　摄）

共鸣很快被激发。短短几天，湖北社科界掀起了一场"马克思主义实践观大讨论"。4月中旬，经《光明日报》挖掘报道，讨论热潮迅速蔓延至全国。

"恰逢其时，触及了当前理论界的重要现实问题。""讨论反映了知识界的自觉与自责，打开了思想的闸门，应该长期深入下去。"……各界学者纷纷撰文，参与到讨论中来。"小文章"引出了"大文章"，这令陶德麟欣慰有加。

"这绝不是对我个人一篇短文的回应，而是对时代呼声的回应，"陶德麟感慨，"十几亿人史无前例的伟大实践为我们提供了取之不尽的原料，唯有不断探索、提炼，才能产生中国人自己的理论创造。"

爱智忧民师道真

"我深感自己是个平庸的探索者，在浩瀚无际的哲学大海里乘桴而行。而今垂垂老矣，还常常自觉如童稚之无知。然而我并不怨悔。"

——桑榆晚境，壮心不已。

温而厉，威而不猛，恭而安。这是陶德麟留给后学的印象。

"陶先生很保护学生，从不给我们贴标签，从未让我们尴尬，却恰如其分地促人勤学自省。当我成为教师之后，才知道这样做有多难。"复旦大学哲学学院教授冯平喟叹，"我初任教时，对树立优良学风有'赴汤蹈火在所不辞'的豪情、'众人皆醉我独醒'的自诩，所以狂傲至极，动辄'枪毙'学生论文。学生私下送一绰号：'四大名捕'之'温柔一刀'。有次开会遇到陶老师，我以此炫耀，他只轻轻说了一句：'学生还在学习阶段，不要以你现在的水平要求他们。'此话似当头棒喝，顿时让我看到了自己的褊狭。他让我认识到：师者，首先要是一个仁者。"

学生写的文章有一点出彩的地方，就要充分肯定；有一点创新，就要及时鼓励。这是陶德麟对自己和教师们的要求。

对本专业以外的学生，他一样爱才。

1997年，湖南考生李若晖报考武大中文系古汉语专业硕士。这位年轻人在古汉语方面发表了数篇突破陈说、引发关注的论文，但外语未考过线。得知此事，已卸任校长职务的陶德麟专门写信给学校负责人，力主破格录取："若囿于陈规，失之交臂，是瞀于识才也。"李若晖终于圆梦，后又考取北大博士，现已是复旦大学哲学学院教授。

让他牵挂的，不只是学生。

"校长爷爷，我是附小的学生。我家停电了，我要做作业，怎么办呢？"一位小女孩打来电话。

"学校施工，水泥搅拌机吵得我们睡不着觉，怎么办啊？"凌晨四点，一位教师打电话来"投诉"。

担任校长期间，年轻教师评职称、学生宿舍漏雨、退休教师要房子……都习惯问他"怎么办"。

虽繁琐细碎，他却从不敷衍。"这些事对学校全局好像是小事，但对个人就是大事。要办好学校，对这样的'小事'也要认真解决。"他常一天工作14个小时。

然而，陶德麟的严格也在全校出了名。

一方面，他要求学生不要成为老师的"复制品"；另一方面，又要求他们学风严谨，言必有据。他批阅论文的意见有时长达上万字，学生论文达不到合格水平，决不允许提交答辩。

"我当年论文修改到第三稿时，先生正住院手术，行动尤其说话很不便。我以为他会放宽些标准，不料，先生躺在病床上，照样认认真真地看，仔仔细细地改，毫不苟简。"山东理工大学法学院教授倪勇感慨不已。

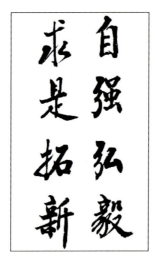

陶德麟书写的武汉大学校训

陶德麟和李达（左）在青岛（图片来自《武汉大学报》2011年5月13日）

"古人说'不知老之将至'，我是明知'老之已至'，但有生之年不敢懈怠而已。"陶德麟笑言。

他对哲学怀有无尽的爱，甘愿探索至最后一刻。年轻一辈身上，寄托着他的厚望与嘱托。在他看来，中国学者皆应以"为天地立心，为生民立命，为往圣继绝学，为万世开太平"为己任。尽管，任何哲学都不可能一劳永逸地"为万世开太平"，但哲学家不可无此追求。爱智求真与忧国忧民相统一，才是哲学家应有的境界。

"陶先生追随真理之心不曾动摇。他的信仰从不因客观环境的变化、别人的闲言碎语甚至打击而改变。这种因真理而生的浩然之气，使他敢于为国家、为人民、为时代发声。一个真正的马克思主义者，当有此情怀。"武大党委副书记骆郁廷感叹。

"胸罗正气常忧国，笔扫彤云只务真。"乘一叶哲学之舟，陶德麟航行于浩渺无际的真理海洋。那搏风击浪的强音是最响亮的召唤，必有后学紧紧跟上，必有风帆在这条勇者航路上继续高扬！

（原载《光明日报》2013年11月21日。图片除署名外由武汉大学哲学学院提供）

李龙

新时代法理学构筑者

李伟

李龙（1937—2020）

湖南祁阳人，武汉大学第一届（2004）人文社会科学资深教授，法理学家

"人生苦短，我已老矣，坎坷一生，几经磨难，终于迎来法治的春天！我经四十年的努力奋斗，为法治中国贡献甚微。本书是我最后一部著作，耗时整整一年，力图填补中国法理学学说史的空白，但能力有限，难达预期。敬请法学界批评指正！"

这是 82 岁高龄的武汉大学人文社科资深教授、法学家、法学教育家李龙于 2019 年出版的最后一部独立撰写的学术专著《中国法理学发展史》里的话。这一著作是李龙最后的学术生命中用思想的大手抚摸中国人的法理世界，呈现了一幅

绵延两千年的中国传统法理的画卷。

庚子之冬，12 月 2 日，李龙在武汉驾鹤西去，享年 83 岁，学术界痛失一位法学巨擘。

再次读到李龙先生这一著作文末的这段话时，武汉大学法学博士、复旦大学法学院年轻教师涂云新眼角滚烫的泪水夺眶而出，泪花交织的娑婆世界中浮现出这位操着湖南普通话口音、穿着灰色夹克衫的长者和老师的身影……

中国最早探索人权问题的法学家之一：
他率先在法学领域提出人本法律观概念

20 年求学、20 年冤狱、20 余年治教。李龙先生的生命之作、学术人生映照出的，不仅是一位法学长者的生命旅程，更是一代中国法学人在剧烈时代变迁中的传奇人生道路。

李龙从小就喜欢阅读中外古籍，阅读范围极广。而众多书本中，他最偏爱中国古代儒学、法学和中外历史相关的著作。他的伯父李祖荫是著名法学家，曾留学日本，担任过湖南大学法律系主任、法学院院长。李龙从小受伯父影响颇深，酷爱阅读法学书籍，对法律产生了浓厚兴趣。

武汉大学人权研究院执行院长张万洪仍然记得，1993 年夏末初上珞珈山第一次见到李龙教授的情景。

教三 002 阶梯教室开学典礼上，李龙教授戴着鸭舌帽致辞，满口湘音，张万洪记得一句："我的伯父，是著名的 hua 学家。"后来才知道，"hua 学家"其实是法学家。

其实，李龙年轻时就展现出了法学才华。大学时期，不到 20 岁的李龙将自己对人本法学的初步构想写成论文，在《光明日报》等报刊发表，受到好评。他在文中流露出对法律所体现的人文关怀。在 20 世纪 80 年代末期，法学界掀起"法的本质属性"大讨论之际，李龙发表了《公益法简论》一文，将人本法律思想运用于法律本质的研究之中。

20 世纪 90 年代，随着民主法治建设向纵深推进，李龙将人本法律观的视角聚集于法的人权精神，由他担任执行总主编的《人权的理论和实践》一书，以近 200 万言的鸿篇巨制在中国人权法研究史上独树一帜，成为中国人权问题研究的最权威、最全面的标志性著作之一，被称为人权法学研究的经典。

无论在历史上还是在现实中，生活在特定时空的人们总是对"法"抱持着许多不同的看法、主张或解释。在李龙看来，从确立法律原则，到从事法律实践的所有法律活动，都必须以人的全面发展和人民群众的根本利益为出发点与归宿，要尊重人格、合乎人性、讲究人道、保障人权，并在此基础上建构着眼于人、服务于人的法律体系。

据此，李龙创造性地提出了构建中国特色的人权法体系的理论设想。李龙是当代中国最早探索人权问题的法学家之一，也是国内对人权问题进行宪法学和法理学研究的先驱。他提出的"人本法律观"，着重强调了法律的人文关怀和对人的终极价值的追求，被作为李龙研究中最具代表性的学术成果。

侠义教授：
"先后从黄泉路上拽回了 14 条人命"

李龙先生充满坎坷的人生经历，令人唏嘘。令人敬佩的是，李龙经历坎坷却没有选择抱怨，更未选择放弃，而是展示了一位中国知识分子对兼具普遍性知识和个殊化实践品性的法学真理的艰难探索历程。

21 岁时，李龙因撰写的《无罪推定原理》和《论社会主义民主》的部分言论，被错误地划为"右派"，送往湖北省蕲春县八里湖农场改造。农场的日子很苦，李龙却没有放弃追求，而是利用休息时间读书写作。就这样，他继续偷偷地研究并完成了他的无罪推理论，并著成了中国第一部来自民间的法学基础理论——《国家概论》。

然而，李龙的研究被发现后，被施以了更严厉的管制。1959 年，李龙身陷囹圄，剧烈的社会结构变动以及探索建设道路中革命政治运动，改变了这位 22 岁法学青年的人生轨迹。

就在李龙濒临绝望之时，他的满腹才华救了他。监狱主办的《湖北新生报》因缺人手，想挑选一个懂马克思主义和法律的人来做编辑，李龙恰恰是最好的人选。

他被作为特殊犯和一般犯人分开居住，可以看书、写文章。置之死地而后生的李龙，再次沉浸到了书海之中，这一次他可以光明正大地去阅读各类书籍，而知识也带给身处绝境的他内心以极大的满足。后来，李龙有时也会笑谈，当时的自己真

是碰上了一份"美差"。

平反回母校时，李龙已成了武大历史上年龄最大的毕业生。1980年1月24日是李龙43岁的生日，就在这一天他重新获得了自由。偶尔回想起那段艰苦的岁月，李龙仍会感叹："是那段经历，磨炼了我。人的一生就是要敢于和困难做斗争，善于在逆境中奋起。"

恢复自由后的李龙，被分配到了湖北师范学院从教。为了维护更多人的合法权益，也为了实现自己的法理信念，李龙的心中开始萌发重构法理学的愿望。

为了从实际案例中验证法理学的研究，李龙开始兼职当起律师。在他所接的案子中，先后14个差点被冤为死刑犯的生命和权益，在李龙的辩护下受到了不同程度的维护，其中3人得以无罪获释。李龙因此名噪一时，他的"无罪推理"理论也得到法学界充分的肯定。

李龙认为，在法庭判决之前不能判定犯罪嫌疑人有罪，而要假定他无罪，也是一种保护人权的体现。"在假定犯罪嫌疑人无罪的条件下收集材料，可以避免事先在思想上确认某人有罪只收集有罪证据而不考虑其无罪方面证据的片面性，可以保证材料的真实可靠性"。

自1980年以来，代表他洞见的160多篇学术论文不断地在《法学研究》《中国社会科学》等权威刊物上发表。

李龙一边以刑辩律师身份提供精彩辩护，一边将法学研究中的真知灼见发表在各类期刊上。1988年，在国际私法一代宗师韩德培的赏识下，李龙得以重新回到武汉大学任教。1989年，李龙被聘为武汉大学教授、博士生导师。

重返母校的李龙教授在20世纪90年代焕发出更旺盛的学术生命力，他主编了经典的《法理学》教科书，开创了法理学教学中著名的"五论"结构。2003年，李龙将"五论"发展为"六论"，从而建构起了中国法理学本体论、发展论、运行论、范畴论、价值论、关联论的范式结构。

"先后从黄泉路上拽回了14条人命"，当时黄石地区监狱的墙上甚至贴着"请律师找李龙"的标语，李龙也被誉为侠客律师、侠义教授。

同时，他也是最早探索公益法律发展的学者之一。在他的带领和引导下，武汉大学先后创设了武汉大学法律援助中心、公益与发展法律研究中心、人权研究院等平台。

法学教育改革开拓者:

他提议的法学本科专业核心课程设置方案推行全国

"先生创立了人本法律观,重构了法理学体系,将马克思主义法学中国化;对人权理论进行创新,突破了法治理论,对宪政法理进行革新;在人才培养方面坚持德才并举,以学修德,以德促学。"他的学生之一、华中科技大学法学院院长汪习根说。

然而,李龙却曾这样总结自己的人生:读书,坐牢,教学。

对于培养法学人才,身为教师的他非常看重。李龙时常教导学生要博览群书,勤于思考,笔耕不辍,以写作促进读书,在读书中写作,不仅要了解学术前沿,更要创造学术前沿。而这位将一生献给法学事业的学者,正身体力行地用他先进的法学教育理论和辛勤的劳动创造,换来桃李满天下。

李龙带出了 97 名博士、45 名博士生导师。作为一名教师,李龙认为这是值得骄傲的事情。

"直至 20 世纪 90 年代,法学本科教育仍然有专业区分。这种'对口教育'的理念在一定程度上限制了法学教育的深入发展。"为此,李龙不仅专门撰文论证这一主张,还在 1996 年主持制定法学教育改革方案时更具体地提出,可以将过去分散的几个法学专业合并成"法学"一个专业,且这个专业包括法理学、法律史、宪法、行政法、诉讼法、国际公法等 14 门核心课程。经过数次讨论,这项教改方案最终获批,并在全国统一推行,一直沿用至今。

李龙(右)与清华大学教授马俊驹(左)等
(图片来自《武汉大学报》2012 年 6 月 22 日)

李龙(左)与中国政法大学教授黄进一起研讨
(图片来自《武汉大学报》2012 年 6 月 22 日)

2016年，李龙（中）获李步云法学奖

从教以来，李龙多年初衷始终未改，那就是培养"有境界"的法学人才。李龙曾多次对此阐释，"所谓'有境界'主要包括三个层面，即了解学术前沿、紧跟学术前沿以及创造学术前沿。"

历年开学、毕业典礼上的致辞，文采飞扬，寓意深刻，荡涤过无数法科学子的心灵，场场硕士、博士学位论文的答辩会上的点评，一针见血，要言不烦，启悟了多少青年学生的智慧。

李龙曾说，20世纪80年代，他还在名不见经传的湖北师范学院任教，某次参加全国法理学年会，在沈宗灵先生发言之后，他站起来即席发表了一通不同的看法。言辞犀利，却字字在理。这个精彩的发言，引起了沈先生对他的注意，随后对他提携良多，开启了两代学人之间长久的友谊。

一代法学宗师，对学生的细微关爱，张万洪记忆深刻。读硕士期间，得知张万洪写论文需要，作为导师，李龙把电脑提供借用。当时电脑是奢侈品，张万洪用了一年多，给电脑升级买了根内存条，还回去的时候，先生还执意把升级的费用给张万洪。他随遇而安，淡泊寡欲，对弟子们的生活，却十分关心。这个婚姻触礁了，那个该找对象了；这个生孩子了，那个的孩子要考大学了……都是他操心的事儿。学生带孩子去给老人家拜年，准能收个大红包。

李龙有句名言，传播颇广。他说，老师可分为三种：仅仅传播知识的老师，是三流老师；能够培养学生独立能力的老师，是二流老师；把学生带到一定境界的老师，才是一流老师。张万洪认为，李龙就是在"用一颗心灵去唤醒一颗心灵"的爱，来把学生逐步带入更高境界。

"直到生命的最后时刻，先生仍然关切学生的工作和学术。"南京信息工程大学法政学院教授许娟说，在病榻上，先生仍然神采飞扬地讲，"百年未有之大变局"。先生的学术感，"研究中国问题，写中国文章"的谆谆教诲，始终伴随激励着学术家庭之中每一个人。

李龙将一生都奉献给了所钟爱的法学教育和研究事业，是一代法学知识分子的楷模和典范。大师已去，他的传奇人生留给后人诸多珍贵精神遗产，展示了一位中国法学人在生命历程剧变过程中对法治最为执著的探索、追求和深爱，激励着后人、温暖着后人。

（原载《新华每日电讯》2020 年 12 月 18 日，原题《用无罪推理"拽回 14 条人命"的法学教授——追记新时代法理学构筑者李龙》。图片除署名外均由武汉大学法学院提供）

冯天瑜 以守护中华文化为职志

田佩雯

冯天瑜（1942—2023）

湖北红安人，武汉大学第二届（2006）人文社会科学资深教授，历史文化学家

暮冬之际，江城迎来一场淅淅沥沥的冬雨。

珞珈山上，爬满青苔的老房子里，未竟的书稿仍置于案头，但那个久卧病榻仍手不释卷、一身风骨乐观豁达的身影，已永远离开了世人。

泰山其颓，哲人其萎。1月12日，著名历史学家、湖北省"荆楚社科名家"、武汉大学人文社会科学资深教授冯天瑜先生，在武汉溘然长逝，享年81岁。

研精中外，道贯古今文化史

1942年，冯天瑜生于湖北红安。父亲冯永轩是史学教授，早年就读武昌高师（武汉大学前身），从学著名语言文字学家黄侃，后入清华大学国学研究院第一期，师从梁启超、王

1957年的全家福，兄弟5人，冯天瑜（后排左一）最小

国维。从小的家庭文化环境，让冯天瑜较早接触到历史文物，深受史学熏陶。

走入文化史研究的学术人生，用冯天瑜自己的话说是"蓄之久远，发于天然"。冯天瑜早年就读于武汉师范学院生物系，先后在武汉市委宣传部、湖北大学工作，1994年后任教于武汉大学历史学院。因幼承庭训，学殖深厚，知识渊博，冯天瑜在史学、文学、哲学、戏剧、书画等领域均有极深的造诣。

20世纪80年代以来，冯天瑜直接参与并推动了我国"文化热"的兴起。他领衔撰写的近百万字的《中华文化史》，是新中国首部中国文化通史，奠定了中国传统文化的叙述框架和理论模式。他关于中国文化史的研究，主要集中在轴心时代、近代转型、地域文化和中外文化互动四个方面，在每个领域都独具创识，引领新说。他提出了中国文化的生成生态论、中华元典精神及其近代转型、历史文化语义学等原创性理论，先后出版了《中华元典精神》《明清文化史散论》《新语探源》等多部经典性著作，并在《中国社会科学》《历史研究》等中外重要学术刊物发表数百篇学术文章，已出版的《冯天瑜文存》多达17卷20册，近千万字。

冯天瑜创建了教育部人文社会科学重点研究基地武汉大学中国传统文化研究中心，晚年为《荆楚文库》出版、长江文明研究等文化事业贡献了重要力量。武大中

国传统文化研究中心主任杨华教授说，在中国传统文化的学科建设和人才培养上，冯先生发挥了无可替代的重要作用。

弦歌不辍，绵延江汉风华

数鄂籍风流人物，出身红安的冯天瑜自是不可或缺。这位卓越的文化史学家，长期致力于湖北地方史的研究，埋首书斋，耗尽一生在浩瀚的历史中撷取精粹，以求真求实的态度治学。

冯天瑜的区域文化研究始于 20 世纪 80 年代初与贺觉非合著的《辛亥武昌首义史》。冯天瑜对于史籍记述分歧、学界争论不休的重要史事，逐一爬梳，重新考证，提出了诸多有别习惯说法的新结论，同时以自己独特的视角和理解，探讨了辛亥首义发生、发展的历史必然性与或然性。

冯天瑜生前接受采访时曾透露，其著述习惯不同于他人，材料搜集、题旨锤炼、结构形成，大多历时较长，一般需数年以上，有的准备工作不下 10 年。对于所需史料，冯天瑜尽可能做到竭泽而渔，并坚持赋予周密的考证，不仅在史料来源方面尽可能追寻原始史料，更极力搜寻历史遗物，甚至扩展到亲自采访得到的口述史料。

1957 年，冯天瑜（后排左一）在湖北省实验中学

"冯先生真正视学术为生命。"追忆冯天瑜时,武汉大学历史学院院长刘安志这样说。杨华介绍,著名历史学家章开沅先生去世后,冯先生成为《荆楚文库》的实际主编,他对数千种文献均一一过目:"他曾指着已经出版的数百种荆楚乡邦文献,对我说,这是他晚年最大的欣慰;他生前把这些书籍全都捐献给了武大中国传统文化研究中心;他还对正在写作的大著《周制与秦制》非常重视,直到进 ICU 之前,还在反复修改,并嘱托我协助出版。"

作为文史大家,冯天瑜先生以传承中华文化、造福荆楚乡梓、复兴武汉文化的历史使命感,50 余年甘之如饴地奉献着自己的学术智慧,独树一帜引领湖北武汉区域历史文化研究的方向,为湖北武汉区域史研究积累了丰厚的学术资产。他生前曾多次接受《湖北日报》全媒记者采访,在长江文化公园建设启动后,他表示,建设长江国家文化公园湖北是"关枢之地",在 21 世纪中华文化阔步走向世界舞台的进程中,今天的武汉应该有充分自信。

"远权贵 拒妄财"以启后人

冯天瑜曾在随笔《未成文的家训》中提到,"远权贵拒妄财"是其冯氏一族立身做人的处世风格,这句家训也给予他以潜移默化的影响。

2018 年,冯天瑜与其兄长将冯氏家族接力 90 余年收藏整理的数百件珍贵文物及艺术品捐赠给武汉大学,其时,冯天瑜说:"有人问我,你们冯家的藏品值多少钱?对不起,我不知道。因为我从来没有研究过它们值多少钱。"2020 年,冯天瑜将父亲及本人的部分珍贵字画、典籍无偿捐赠给家乡红安县。在位于红安县的"冯氏书屋",展陈着冯氏两代藏品 200 余件,其中不乏珍品,冯天瑜更亲自为书屋题写了"睹乔木而思故家考文献而爱旧邦"的展标。

冯氏父子两代接力守望文化,自 20 世纪 20 年代开始致力于文物收藏与整理,历经近百年,即使在战火和动乱中也不曾中辍。冯氏父子并不富有,"所购唯凭工薪,所选唯凭法眼",渐成大观。他们更认为,文物价值不可偏以金钱衡量,其命脉在于其历史内涵、学术价值、美学价值的开拓与弘扬,方能惠及后昆。

武汉大学万林艺术博物馆副馆长倪婉回忆,2022 年 6 月,武大敦煌石窟考古特展开展后,冯先生身抱重病仍坚持来看展,在看到敦煌出土的众多文献实物时,先生多次连声称赞"了不起","只可惜由于体力不支,先生没有看完敦煌展,临别

冯天瑜（左一）和学生相聚在武大

时他还询问展期，说下半年再抽时间来看。只是没想到这一面竟成永别！"

武汉共享遗产研究会副理事长兼秘书长丁援在湖北大学就读本科期间与冯天瑜结识，在他的印象中，冯天瑜谦逊、随和，对后辈不吝提携。他介绍，冯天瑜在经历了几次大手术后一度病危，久卧病床仍笔耕不辍，《中华文明五千年》《长江文明》等多部专著均于病榻上完成，即便是在他生命的最后一程，仍致力于《周制与秦制》等书稿的编撰，"冯先生对国家、社会、家乡怀着深厚的情怀，关心时事，体恤民瘼，尽其所能将历史研究与现实社会紧密结合。他对后辈的教诲与启迪，自己终生难忘"。

（原载《湖北日报》2023 年 1 月 13 日。图片由冯天瑜提供）

刘纲纪

如何做一个学者，他为后辈树立了榜样

李伟

刘纲纪（1933—2019）

贵州普定人，武汉大学第二届（2006）人文社会科学
资深教授，哲学家、美学家

刘纲纪先生的最早一批博士生、追随先生近 30 年的武汉
大学哲学学院邹元江教授，曾经写过多篇关于自己导师著作
的书评等文章，对刘纲纪的学术思想、为人生平非常熟悉。

但在为导师撰写悼词生平时，邹元江写到凌晨三点。

万籁俱静时，想到珞珈山那盏苦熬一生的明灯终于熄灭，
再也不能师生当面长谈，邹元江潸然泪下。

2019 年 12 月 1 日，武汉大学人文社会科学资深教授刘
纲纪先生，因病医治无效逝世，享年 87 岁。

刘纲纪先生主要从事美学原理、艺术哲学和中国美学史
的研究，同时在美术理论、中国书画史论、马克思主义哲学、

中国传统思想文化、中国当代文艺思想等方面也作了许多开拓性研究，并有重要建树。在哲学社会科学、人文科学研究中，他是一位学界公认的学术大家。

一个人，究竟有多大的能量，才能学贯古今、享誉海内外，新华每日电讯记者近日遍访刘先生的同事、学生和亲人，探寻大师耀眼的一生。

中国美学界数一数二的人

他和李泽厚合作撰写的《中国美学史》，填补了"五四"新文化运动以来中国美学史研究方面的空白。

"忆当年合作音容宛在；虽今朝分手友谊长存。"著名哲学家李泽厚得知自己的同学、合作者刘纲纪去世，悲痛地写下这句唁电。

短短两句话，浓缩了中国美学界"北李南刘"两位大师一生的相知情怀，更是当代中国美学走向繁荣的写照。由两人合作撰写的《中国美学史》第一、二卷，填补了"五四"新文化运动以来中国美学史研究方面的空白。

读过《中国美学史》的人们可以发现，刘纲纪撰写的著作是以马克思主义的实践观美学思想为指导，论述了中国美学史的研究对象、任务和方法，并处处贯彻社会存在决定社会意识、逻辑与历史相统一的方法，对中国美学的发展作了具有内在必然性的深刻分析，许多论述极富创见。

此后，刘纲纪先生进一步提出中国艺术文化的"六大境界说"，即儒、道、楚骚、玄学、禅宗及明中叶后具有近代人文主义、个性解放色彩的自然人性论，并一一作了深入分析。

"在文化逐渐成为软实力、凝聚力与竞争力的情况下，如何建设作为中国文化重要组成部分的美学事业，使之在国际上更多地发出中国的声音。刘教授在这一方面几十年来做了艰苦探索和努力，取得重要成绩，是我国美学界少有的具有相当国际知名度与影响力的重要美学家。"山东大学文艺美学研究中心主任、著名美学家曾繁仁教授7年前曾对刘纲纪撰写的《周易美学》一书表示赞赏，认为这是刘纲纪在中国美学史研究方面的重要成果。

这本《周易美学》著作的写作出版，是刘纲纪用时4个月通宵达旦完成，1994年正读研究生的邹元江见证了这部著作的写作历程。那几个月的时间里，刘纲纪是珞珈山最晚熄灯的那个人，成为了当时武大学人勤学的标志。

该书出版后，约稿编辑获得编辑界大奖，邹元江写了 4 篇书评，全部发表在顶级期刊……一本书，成就了许多人。

诸多开拓性的研究，令刘纲纪早早就成为一座大山，一座研究中国美学、艺术、哲学等人文社会科学不可绕过的高峰。

作为北京大学同学和长期的合作者，李泽厚对刘纲纪有着比一般人更深的认识。

早在 20 世纪 80 年代中后期，李泽厚就公开说："我觉得他的水平很高，思想深刻。在目前的中国美学界，无论从美学理论上还是从对美学史的了解和掌握上，他都是数一数二的……他一直埋头工作，不计名利，对科学有献身精神。"直到 2002 年，李泽厚先生在《浮生论学》一书中仍坚持这一看法，说："做美学研究的当代我们这辈人中，我认为刘纲纪是最不错的。""虽然他最近还很厉害地批判我，但他有哲学深度。"

北京师范大学哲学学院教授李范与刘纲纪交往较多，20 世纪 80 年代时，刘纲纪与李泽厚合著《中国美学史》时，为了写作联系方便，刘纲纪曾借住在北师大宿舍。

李范经常去看望刘纲纪，见证了刘纲纪日以继夜、呕心沥血地写作，常常是书桌地上满是烟蒂。

德国著名汉学家卜松山在欣赏刘纲纪先生的艺术作品集时，这名德国人会想起中国的一句古话：诗书画如其人。"欣赏刘先生的画作，他的容貌、人格仿佛就浮现在眼前。"美国著名华人学者傅伟勋教授在一些文章中谈到刘纲纪先生给他的印象时说，"刘纲纪具有哲学家的风骨，且为人诚挚可亲，实不多见，治学之勤，功力之深，令人叹赏"。

哲学家的头脑，艺术家的情怀

"做古代学问，但不能忘了是一名现代人。"刘纲纪常常强调，做学问不能同现实隔离，要有现实关怀。

在武汉大学哲学学院的一间小会议室里，已经是武大哲学学院二级教授的邹元江讲述了导师的一生。在他看来，刘纲纪先生的一生，是传奇的一生，是一盏照耀后人的明灯，影响了自己的整个人生。面对刘先生的期许，自己常常因为有愧，不

刘纲纪与学生交流

敢自称是大师的弟子。

"先生有幼功，在大师荟萃的北大熏陶之下，迅速成长。"刘纲纪先生 1933 年 1 月 17 日出生于贵州省普定县号营村，1952 年以优异的成绩考入北京大学哲学系。原来，从小家境不错的刘纲纪自幼爱好文艺，13 岁时曾拜名师学习中国书画，幼功的积累，为他今后研究艺术美学打下了坚实基础。

在北大 4 年，刘纲纪除了努力系统地钻研马克思主义哲学外，还师从中国美学界前辈学者邓以蛰、宗白华、马采三位著名教授学习美学与中国书画史论，与大师们成为忘年之交。

作为年纪轻轻的小伙子，刘纲纪曾经多次指出几位大师家藏古画的假赝之处。后生可畏，令大师们既气愤，又喜爱。

1960 年，上海人民美术出版社出版了刘纲纪的第一部专著《"六法"初步研究》，这一年他年仅 27 岁。这部论述中国绘画理论纲领——"六法"的专著，曾得到邓以蛰、宗白华、朱光潜等著名学者的热情赞许。这是刘先生的本科毕业论文，六万字的本科毕业论文影响极广，是刘纲纪在美学研究上取得的第一个成果，也预示了他未来发展的美好前景。

当时，刘纲纪在北大的名气很大。担任北大学生诗社的社长，吹笛子、拉二胡、美声唱歌，刘纲纪是天生的从事美学研究的人才。作为一名较早发表文章的北大才子，他用稿费买西装，偶尔还会请同学们下馆子。才华横溢的刘纲纪征服了当时北大俄语系的校花孙家兰，后来两人牵手相伴一生。

刘纲纪是一个有生活情调的人，喝德国黑啤、品咖啡，在研究中国传统文化的同时，又极具现代感，非常关注社会现实。"做古代学问，但不能忘了是一名现代人。"刘纲纪常常强调，做学问不能同现实隔离，要有现实关怀。

"必须具备哲学家的头脑，艺术家的情怀。"这是刘纲纪常常对学生提到的要求，两方面缺一不可，也是一直走在国内美学研究最前沿的武大哲学学院招新教师的标准，延续至今。

刘纲纪与武大的渊源离不开一个人——时任武汉大学校长的李达。彼时，重才、惜才、爱才，还不拘一格地用才、育才的李达，亲自到刘纲纪在北大的学生寝室，邀请刘纲纪到武大来，并愿意担任他的硕士导师，1956年本科毕业之后，刘纲纪从此与珞珈山结缘。

李达非常理解、尊重并支持刘纲纪的兴趣与选择，在他离开北京仅一个月后，又将刘纲纪送回北大进修美学和艺术，并专门给北大党委书记江隆基教授和著名美学家蔡仪先生写了介绍信。两年多后，刘纲纪返回武大任教，至此60个春秋，珞珈山的夜晚总有一盏明灯在亮。

华中科技大学哲学系教授李耀南1997年考入刘纲纪门下读博士，当时只读过刘纲纪的书，仰慕大名，从未见过面，在参加了博士入学考试之后，李耀南忐忑地敲开了刘纲纪的办公室大门。

初次见面，两人长谈了两个小时。李耀南回忆称，当时已经60多岁的刘纲纪思维敏捷，言谈之间饱含激情，有一种渗透理性光芒的激情，其时刻不能懈怠的学风，至今感召着自己。

博学乐观，成风化人

刘纲纪晚年有一个遗愿，为进一步摆脱当年思考的时代局限性，他要重写中国美学史，在病床上仍然坚持。

"文革"期间，刘纲纪被下放在襄阳一个农场负责放鸭，正是在池塘边，刘纲纪也没有忘记读书，他读了朱光潜对黑格尔110万字的巨著《美学》译作等。

清苦的生活，很快迎来了思想著作的井喷，回到武汉之后，他在夫人所在单位——武汉理工大学的一间狭小的宿舍里，一张小凳旁，流着汗，陆续写下了多篇

艺术哲学著作。

"作为一个纯粹的学者，为我们后辈树立了如何做一个学者的榜样。"我国著名哲学家、华中科技大学教授邓晓芒当年研究生毕业后留在武汉大学任教，同刘纲纪在哲学系共事达30余年，对刘先生的学问和人品多有了解和浸润。"刘先生有坚定的学术信念和人格操守，直到耄耋之年，仍然殚精竭虑，笔耕不辍，把整个一生都献给了我国的美学研究事业。"

"我不同意你这个观点！"易中天38年前的硕士论文答辩会上，刘纲纪是答辩评委之一，两人因为学术观点不同，在会上发生争论，易中天也大胆地回应"我还不同意你这个观点！"

尽管两人当场争执得面红耳赤，但是刘纲纪仍然对易中天的论文给予高度评价，打了优秀。

正在国外、来不及赶回国内参加追悼会的易中天感慨："这样的师德师风，让我终生难忘。"他遥寄挽联一副以表哀悼：大美无言，治学本当知纲纪；中庸有道，为师原不计逆从。

李耀南告诉记者，刘先生对学生有一个要求，就是要大胆独立思考，绝不允许学生盲从。作为一名导师，他更注重因材施教，不仅指出学生学问短板，更关注学生的性格不足之处。

李耀南回忆，自己从农村出来，刚开始性格上有些胆小怕事，刘先生看出问题后，经常教育他，胆子要大一些，不要怕。

"这个问题你已经想清楚了，如果是你没表达好，那就是你没本事！"博士论文预答辩时，看到李耀南又有些胆怯，这一次刘纲纪有些急，这一番少见的发火，也激了一把李耀南。

最后，论文答辩现场上，李耀南放开表达，侃侃而谈。

顺利通过答辩，刘纲纪非常高兴，拉着李耀南合影留念，这一难忘瞬间，李耀南至今珍藏在家。

如今在武汉理工大学艺术与设计学院任教的张完硕教授最幸福的一件事，就是作为一名韩国博士留学生，当年先生每周给他一个人上一门课。台上70多岁的先生侃侃而言，台下张完硕似懂非懂。回去后，还要反复听录音，不明白的地方下次再请教一番，老师就又讲一遍。

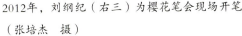
2012年，刘纲纪（右三）为樱花笔会现场开笔（张培杰 摄）

2014年，刘纲纪在第二十九届全国大学生樱花笔会决赛上发表讲话（陈逸之 摄）

"先生不用电脑，从来手写，手指上磨了厚厚的茧。"如今在华中师范大学文学院工作的王海龙博士，曾跟过刘纲纪先生5年时间，他见证了80多岁的老人，熬夜帮博士生修改论文的过程。"先生对学问和学生都极负责任，从来亲力亲为。写书，从查资料到最后，都要自己完成。"

刘先生的2008级博士李红霞含泪追忆：说来惭愧，我的博士毕业论文，也是先生熬了一个整夜修改的。那天从先生手里拿回他修改过的论文，看到先生憔悴的面容，还有熬夜后的眼睛，心中满是愧疚。那时递交给先生的博士论文，我还没来得及写前言，先生高屋建瓴地把我论文将来要做的，而我还未能看到的方面指了出来。

王海龙有些痛心地说："这几年先生身体已经不如从前，但是他从不拒绝学生的活动，非常支持年轻人。"曾担任武大研究生会主席的吴汉勋透露，武大书画协会主办的全国大学生樱花笔会，已经举办30多年，刘纲纪先生一直坚持亲临现场开笔、点评，身正为范，启蒙激励着一代代珞珈山的年轻人追求美好。

"未来只能怀念先生的音容笑貌，细读著作，追忆精神，继承遗志。"武大哲学学院院长吴根友说，每次拜访先生，都是在谈学问，先生特别自然地表达对中华深厚文化传统的自信，也有着强烈的文化使命感。

吴根友透露先生晚年遗愿：为进一步摆脱当年思考的时代局限性，他要重写中国美学史，在病床上仍然坚持。"作为后人，我们希望先生的遗稿很快能整理出版，让世人更好地了解他对一些问题更深入思索的成果。"

（原载《新华每日电讯》2019年12月6日。图片除署名外由武汉大学哲学学院提供）

宗福邦 以胸中热意书冷卷繁章

李广宽

杜知睿　杨广辰　余雯欣　吕霁珂

宗福邦（1936—　　）

广东广州人，武汉大学第三届（2008）人文社会科学资深教授，汉语言文字学家

北上求学，初识挚友

1955年，刚中学毕业的宗福邦还是一个怀揣着文学梦的广州青年。与现在的部分广州青年习惯留在广州的想法不太一样，在新中国刚成立不久的年代，蓬勃发展的北方对年轻人有很大的吸引力，于是他选择报考了武汉大学，想要北上充分开阔视野。

珞珈苍苍，东湖泱泱，飞檐翘翼，碧瓦琉璃。宗福邦回忆起初遇武大时的感受，只觉得这里"像宫廷建筑一样漂亮"。但很快这一片秀美壮观的新天地也带来了新的烦恼。因为当时普通话在广州还未普及，自觉普通话水平连当下小学生也不及的宗福邦来到武大之初"恍若到了外国"，听课乃至与

2017年，宗福邦陈美兰伉俪在武汉家中（王怀民　摄）

人交流都很困难，也因为听不懂普通话和自己的口音问题，闹过不少笑话。一天吃过晚饭后，他站在饭堂里的几棵梧桐树下，望着杳杳洪山，听着广东音乐，心中一阵惆怅。他当时一度很后悔，为什么不去中山大学而来了武大。

但在这样一个人生地不熟、语言又不通的地方，宗福邦认识了一个朋友，后来也成为了他一辈子难以忘记的挚友。很寻常的一天，一个青年拿着一张笔记本的纸走到宗福邦面前，纸上写着："我叫张继涛（音），襄阳樊城人。你叫什么？哪里人？"宗福邦当时非常欣喜，这是他第一次能够与一个同学"通话"，尽管是以笔谈的方式。于是他立刻在纸上写："我叫宗福邦，广州人。"自此，一段深厚的情谊就通过两支笔从一张纸上铺展开来。后来凡是课堂上听不懂、没记住的地方，课下宗福邦就借这位朋友的笔记来补充，做完的作业也总是先请他帮忙检查把关。在生活上，张继涛也时常提醒、帮助宗福邦。因为这样一位朋友的出现，让"漂泊"在武大的宗福邦安下心来，慢慢站稳了脚跟，跟上了同学们的步伐。

服从安排，任教汉语

因为从小喜欢看小说，进入中文系学习的宗福邦一开始想要成为一名作家，或者某刊物的编辑、记者等，为此他还把自己小时候听的广州故事和周边人家一些有趣的家庭琐事都记在一个笔记本里，为以后的写作积累素材。

毕业留校时，系主任找宗福邦谈话，希望他去汉语教研室当老师。那时宗福邦的心情喜忧参半，既为学校对自己的信任和重视而感到荣幸，又为自己以现在的普通话水平能否胜任这一工作而忧虑。最终宗福邦还是选择服从组织安排，成为一名汉语教师。他感慨说："当时我们那一代人都坚持这样一个观点，一定要把组织安排的事情做好。"曾经也有学生问过他，这样选择是否感到痛苦，他却笑着说："那个年代，哪像你们现在，做什么事情都挑挑拣拣，嫌这嫌那的。让我做什么，我就应该想着做好它，而不是想喜欢还是不喜欢做，很多有价值的事情，认真投入了热情和精力，自然会爱上它，甚至终身以之。"

因为这一份责任感，1960 年他到北京参加普通话语音研究班，从音标和发音学起；回来后又仔细研究，弄懂自己要教的语言学概论教材，生怕误导了学生。就这样，这个一开始甚至想过大病一场回到家乡的青年教师，放下了心中的文学梦，慢慢走上了汉语教学和语言研究的道路。回看初入武大时那个不懂普通话的青年，其间的付出与艰辛是可想而知的。

进入汉语教学和研究这一领域之后，李格非先生对他影响和帮助很大。那时宗福邦接触到一些研究广州话的方言著作，作为广州人，他敏锐地发现一些与自己认识、观念不一样的地方，比如关于广州话中一些字是变调还是音位对立的问题。因为与他人著作中的观点相对立，宗福邦做了很多调查，找了很多例子，最后写成一篇论文。但他那时刚留校任教，觉得自己资历尚浅，害怕弄错而始终不敢发表。李格非知道了这件事，看完稿子后觉得很有价值，于是鼓励他把文章投到《中国语文》编辑部。这给当时"初出茅庐"的宗福邦带来了莫大的信心。后来这篇题为《关于广州话阴平调的分化问题》的文章在《中国语文》1964 年第 5 期上发表。发表文章后不久，宗福邦就被评为讲师。那个时候评上讲师并非易事，他是当时学院最年轻的讲师，这更加增强了他从事汉语研究的信心。他认为，自己这就算是入门了。

奉献小我，编纂辞书

1975 年，在宗福邦的学术生涯中是非常重要的一年。这一年国家决定修订辞海，新编一版《汉语大字典》，改变过去"小字典"的辞书工作发展滞后的状态。作为大字典的主要承编单位之一，武大编写组承担了近四分之一的编、审任务，而宗福邦正是武大编写组组长。1983 年，国家重视各个领域学术事业的恢复发展工作，对古代文献典籍的整理研究也是其中重要的一项。各大高校也慢慢建立起本校的古籍所。此时，本打算完成《汉语大字典》项目后就回系里教书、做个人研究的宗福邦，受李格非的委托组织筹备武大古籍所。于是宗福邦再一次搁置下个人的学术工作，这一"筹备"就是 30 年。他说："因为我们不是有名学者，要把古籍所搞好，真正成为在国内有地位、有成就的，不认真不行。"

1985 年，宗福邦又带领古籍所 16 人的团队开始了《故训汇纂》的编纂工作。《故训汇纂》是一部全面系统地汇辑先秦至晚清古籍中故训资料的大型语文工具书，在清代训诂巨著《经籍纂诂》的基础上，大大拓展了资料辑录的范围，增收了唐以后到清代的训诂学成果，语料来源覆盖传统儒家经典，以及佛典音义与近人训诂笔记等。《故训汇纂》出版后不到一年便售罄，获得了学术界极高的赞誉。可在这鸿篇巨制永不过时的光彩背后，宗福邦和团队中的每一位成员都经历过似乎遥遥无期的辛劳、疲惫和寂寞。在这为了大型集体项目挑灯埋首、鞠躬尽瘁的 18 年里，许多与宗福邦一同毕业、工作的同事都因为作出了个人成果、发表文章而职称一升再升，工资待遇也越来越好，而宗福邦却因为集体项目尽心竭力而几乎放弃或搁置了所有个人学术交流和研究工作，起初对入声的研究兴趣也是一放再放，到了晚年才得空重新拾起。宗福邦笑着跟我们说："因为（夫人）陈美兰老师提博导，分到了现在这间房子，我沾她的光，连我的女儿都开玩笑说：'要搞清楚，我们家是谁养活谁。'"宗福邦项目组里的同事更是因为职称、待遇难题而生活存在困难。

《故训汇纂》项目开展过程中，宗福邦有位朋友出于好心，劝他把集体科研项目暂时放一放，抓紧个人的学术研究。作为项目主持人的宗福邦知道，如果自己停下来，怎么再去要求其他成员继续工作呢；如果大家一起停，对于这个项目来说就算是前功尽弃，后续难以为继。面对不知能否做成、几时做成的集体项目和更为快

2015 年，宗福邦向学生赠送《故训汇纂》（图片来自《武汉大学报》2015 年 1 月 16 日，王怀民　摄）

捷、收获名利的个人研究之间的抉择，宗福邦说："作为个人，如果我能够跟同事们一起奋斗，把《故训汇纂》做好，这是比我当教授更有价值的事情。在这个时代，我们能编出超越《经籍纂诂》价值的作品，意义非凡。所以我并未采纳朋友的建议，而是坚持编纂《故训汇纂》。今天回过头看，我认为这种坚持是必要的、有价值的，这是对学术空白的填补，这也是时代的需求，我们也是迎着时代需求的人。"

参编《汉语大字典》，历时十年。主编《故训汇纂》，初稿1600百万字，因出版社要求，又耗时三年删改，成书1300万字，历时18年（1985—2003）。主编《中华大典·语言文字典·音韵分典》，全书近1000万字，历时18年（1994—2012）。主编《古音汇纂》，成书1300万字，历时22年（1998—2020）。

《古音汇纂》立项时，宗福邦已经62岁，此时《故训汇纂》的编纂已接近尾声，《音韵分典》项目的开展还没几年。压力之大，他无暇懈怠。由于长期伏案，他的脊柱高位第一处骨质畸变，压迫神经，影响手脚行动。但他仍强撑身体，坚持工作。后来病情不断恶化，2010年时几近瘫痪，不得已做了颈椎手术。病痛缠身之际，宗福邦常常害怕自己的身体支撑不久，没办法把《古音汇纂》做完，但他又坚定得不愿就此放下。他跟学生说，自己虽然行动不便，但大脑还健全，还能读书思考，还可以继续工作，理当珍惜还能工作的日子。他提到一位自己非常敬佩的老师——黄焯先生，在学术事业受到严重影响的十多年里，黄先生即使白天打扫学生宿舍，夜晚也一直坚持做研究，黄季刚先生的各种遗稿，正是这个时期整理完成的，为后人留下了一笔宝贵的财富。这种坚定不移、坚韧不拔的学术精神深深地影响着宗福邦。

2003年，学校表彰《故训汇纂》课题组（图片来自《武汉大学报》2004年1月2日）

在前往广州做手术的那段日子，宗福邦还随身带着《古音汇纂》的稿子，永远记挂着他半辈子都与之紧紧相系的事业。

孔雀北栖，烛火不灭

宗福邦形容改革开放之初是个"孔雀东南飞"的时代。那时正值壮年的宗福邦及其夫人也收到很多广州熟人的邀请，欢迎他们回家乡发展。但宗福邦说，自己的根在武大，所以并没有南归。宗福邦始终很感激学校提供的优良学术环境，特别是校领导对古籍所教师职称评定问题的支持，让根植于这片沃土的古籍所能够继续生长，枝繁叶茂。

当我们问到对如今古籍所的新一辈老师和青年学子们有什么建议与期许时，他却说："古籍所有一批认真做事的人，这是一件好事。就我个人来说，我不可能再像 1983 年一直到 2021 年那样去要求他们，每一代人都有每一代人的特点和追求，这是正常的，也是应该的。"但宗福邦也想送给后辈学者两个词：一是锲而不舍，一是宁静致远。"没有这样的精神来做冷门学问，是难以坚持走下去的。"宗福邦书桌对面的墙上就挂着一幅书法作品——宁静致远，抬头可见的这四个字似乎已成为他的座右铭。

如今的他终于可以重拾自己 20 世纪七八十年代就想做的"入声论"研究，但由于他年岁渐高，身体状况不甚乐观，行走需要依靠助步器，手抖导致写字异常困难。他仍然每天伏案工作几个小时，他说："如果后几年我能够有时间完成这个事，我真的非常非常满意了。能不能够做得完我不敢说，这只是一种希望。"虽然年华老去，但不变的是他始终把"锲而不舍，宁静致远"作为激励和警示自己的座右铭。当他的学生于亭请他为武大"弘毅学堂"国学班优异毕业生所获奖品——一套《故训汇纂》亲笔题字时，他写的也是"淡泊明志，宁静致远"。这是他一生笃行的精神财富，又何尝不是他一生漫漫学术之途的写照呢！

从北上求学、不通普通话的文学青年，到如今遍栽桃李、德高望重的语言学大家，无论身处何处，无论荣誉几何，宗福邦始终像一支燃烧的蜡炬，为桌案上方寸手头之事专注地燃烧，为传承冷门绝学持久地燃烧，为把"冷板凳""冷学问"焐热赤忱地燃烧，燃烧自己有限的学术生命，沉静却刚毅，而这永不熄灭之烛也将点燃更多烛火，照耀武大古籍所年轻一辈继续前行。

（原载武汉大学新闻网 2022 年 8 月 11 日。图片除署名外由武汉大学文学院提供）

胡德坤 第二次世界大战史研究的拓荒者

陈丽霞

胡德坤（1946— ）

湖北随州人，武汉大学第四届（2010）人文社会科学资深教授，历史学家

　　他40年钟情于历史学研究，立志为我国世界史研究贡献毕生精力，在第二次世界大战与中日战争史研究等领域出版了多部力作。

　　今年1月，他主编的长达325万字的"大部头"专著《反法西斯战争时期的中国与世界研究》出版，被同行专家誉为"代表了我国史学界关于二战时期中国与世界相互关系的最新科研成果和所达到的最高学术水平"。

　　12月的一天，记者走进武汉大学人文社会科学资深教授、原副校长、中国边界研究院院长、国际问题研究院院长胡德坤的研究室，聆听了他在学术生涯上的感悟与体会。

"我是站在巨人的肩膀上成长起来的"

"我已 65 岁了，时至今日，都不敢说自己是一个历史学家，只能说是一个史学工作者。"胡德坤十分谦逊地说，"如果说我现在取得了一些成绩的话，首先是得益于历史学前辈学者的引领和熏陶。师恩难忘，我是站在巨人的肩膀上成长起来的，我得到过许多前辈师长的教导和帮助，尤其是唐长孺、吴于廑、张继平三位老先生的教诲让我受益终生"。

胡德坤回忆道，"唐长孺先生是享誉国内外的中国史专家，是唐先生在 1980 年带我走出国门，到日本京都大学研修，收集了日本关于中日战争史方面的资料，奠定了我的研究基础。"唐长孺对他说，"学术研究一定要选定一个领域，然后在这个领域里精耕细作，做深做透，做出有影响的成果。随意转换研究方向是做学问的大忌"。自此，把学问做精、做深、做透，一直是胡德坤在学术研究中秉承的原则，自 1978 年开始，他已在第二次世界大战史领域耕耘了 30 余年，取得了丰硕的成果。

吴于廑先生是我国公认的世界史学科奠基人之一，是他指导胡德坤如何进行世界史研究的。吴于廑说："治学之路就像花瓶的形状，年轻时要像花瓶的'瓶口'，尽量拓宽自己的知识面；中年时要像'瓶颈'，要深入到一个领域研究，要专、要深；老年时要像'瓶肚'，要从宏观层面进行总结性研究。"吴于廑的这番话深深地印在胡德坤的脑海里，30 余年来，他对第二次世界大战与中日战争史的不懈研究，使他的学术研究之路真正经历了"瓶口"和"瓶颈"阶段，现在，正在向"瓶肚"阶段前进。

2016 年，胡德坤就南海仲裁案接受中央电视台记者采访

张继平先生是我国第二次世界大战史研究的奠基人，是他将胡德坤引进了二战史的学术园地。"年轻时还没有看到二战史研究的重要性，现在，越来越感到这一课题的重要性。二战是世界现代史的转折点，是时代从战争与革命转变为以和平与发展为主题的枢纽。因此，研究二战史对我们认识战后世界史及其未来发展趋势是非常重要的。"胡德坤说，他为能够在这个博大精深的领域"做一些事情"感到欣慰。

当记者问到其当选为武汉大学人文社会科学资深教授的感受时，胡德坤很淡定地说："在老一辈历史学家潜移默化的影响下，在我的人生中，最在意的是学问做得如何。这些前辈学者在世时，武汉大学还没有设立人文社会科学资深教授，但他们都是公认的学术大师。人贵有自知之明，我同这些前辈学者相比，还只是一个小学生。因此，即使我评上了人文社会科学资深教授也不等于是学术水平就提高了，还要继续努力。""我只希望在有生之年能够继续努力奋斗，为学术、为国家多做一点事情。"

"我就是喜欢做学问"

胡德坤说："我喜欢奋斗的人生，没有奋斗就没有成功。虽然不能说每个奋斗者都能成功，但每个成功者都是奋斗出来的。我这个人不大聪明，但我勤奋。我想，这应该是我能作出一点成绩的前提条件。"自1970年留校任教40年来，他从没有节假日概念，把时间都用在学术研究上，甚至是大年三十、大年初一，他也在研究室工作。胡德坤的学生们也都知道，周末和节假日找胡老师，就到研究室找，只要他不出去开会，就肯定在研究室。

有人关切地问他："都是60多岁的人了，你还奔什么奔？"胡德坤笑着答道："我就是喜欢做学问啊，做学问就是我毕生最大的乐趣。历史学科博大精深，如同浩瀚烟海，我这一辈子只要能把这大海中的一滴水给研究明白，就很不错了。"

创新是胡德坤学术生涯中的另一关键词。胡德坤认为，"没有创新就不可能有成功"。"我的二战史研究在三个领域是拓荒者，即'中日战争史研究''反法西斯战争时期的中国与世界研究'和'二战对战后世界历史影响研究'"。在学术上要有新发现和新创见，是胡德坤著书立说的宗旨。

胡德坤介绍说，"反法西斯战争时期的中国与世界研究是国内研究的薄弱环节。

很多专家都想研究这一课题，但终因困难太大而放弃，但是，我坚持做了30年。经过长年研究，我慢慢摸索出了其中的规律，才知道应从哪些角度来加以论证，才能作出系统、完整的研究。也正是因为有了30年的积累，才能使我主编的《反法西斯战争时期的中国与世界研究》九卷本长篇专著顺利完成"。

已出版的这部九卷本著作，全面系统地论证了中国抗日战争在世界反法西斯战争中的地位与作用，再现了战时中国以巨大的民族牺牲对世界历史发展所作出的杰出贡献，是国内外第一部全面系统论证中国抗日战争在世界反法西斯战争中地位与作用的长卷著作，是开创性的学术成果。

胡德坤的《中日战争史（1931—1945）》一书，将中日战争放在世界历史发展进程中进行考察，扩大了中国史研究的视野，被业内专家称为"是一本有开拓性的书"，"该书的成就已超过了同类专著"，"能够填补（国内）目前急需填补的空白"。

他主编的《第二次世界大战与战后世界性社会进步》一书，从全新的角度分析了"二战"对战后历史的深远影响，开拓了"二战"史研究的新领域。现在，这一课题已延伸出了若干子课题，他指导的许多博士研究生正在进行研究。

"历史研究也可以为现实、为国家服务"

"历史研究也是可以为现实、为国家服务的。"胡德坤说，"不管哪一门学问，只要做出成果，都是有用的，都是能为现实、为国家服务的。我们搞历史的人以前不注重为现实、为国家服务，把历史变成了象牙塔式的贵族学问，这是对史学功能理解不完整造成的"。他认为，史学研究既有学术传承和文化传承的功能，又有为现实、为国家服务的功能。而后一个功能是我们不够重视的，需要扩展和加强。

如今，"边界与海洋问题研究"是胡德坤正在着手研究的新领域。他担任院长的中国边界研究院，是全国目前唯一专门从事边界理论研究、边界管理实务和边界管理人才培养的综合性跨学科研究机构，他说，"我希望这一跨学科平台能够充分发挥武汉大学综合性学科优势，直接服务于国家的根本利益和迫切需求。我也希望在这个平台上能充分发挥历史学为现实、为国家服务的作用"。

注重团队建设和梯队建设是胡德坤学术研究的另一特点。他说，"在学术团队中，我尊重每一个人；给每个人发展空间，团队才能做大做强"。40年来，胡德坤从一个青年教师成长为武汉大学世界现代史的学术带头人，从中国第二次世界大战史研

2016年6月，胡德坤在荷兰海牙举办的南海仲裁案与国际法治研讨会期间，接受国外媒体采访（图片来自武汉大学新闻网2016年6月28日）

究会的普通会员成长为学会会长，他认为，这是学术团队，包括校内乃至全国学界学术团队培育的结果，没有学术团队的进步就没有个人的进步。

正是在这种团队理念的指导下，现在，胡德坤在中国边界研究院和国际问题研究院组建了由文法理工等多学科的大型跨学科研究团队，他和这个新型的跨学科团队一起，正稳健行进在学术研究的前沿。

（原载《武汉大学报》2010 年 12 月 17 日。图片除署名外由武汉大学中国边界与海洋研究院、国家领土主权与海洋权益协同创新中心提供）

马费成 与「信息」一生的约会

冯林

马费成（1947—   ）

贵州贵阳人，武汉大学第五届（2012）人文社会科学资深教授，信息管理科学、情报学专家

他是中国信息管理科学、情报学界的知名专家，半个世纪痴心于情报学理论方法和信息管理领域的探索；他是信息管理学院学术带头人，引领该院产出了大量成果，得到国内外同行认可；他是含辛茹苦的教授，不仅是全国教学名师，还曾获宝钢优秀教师特等奖。

他就是信息与管理学院教授马费成，日前当选为武汉大学第五届人文社会科学资深教授。

推陈出新，开创信息时代情报学新理论

早在 20 世纪 80 年代初期，马费成就伴着一张书桌、一盏孤灯以及三尺讲台，开始引进介绍国外有影响的情报学理论研究成果，包括英国著名情报学家 B.C. 布鲁克斯的情报学基本理论，美国著名情报学家 M.C. 约维兹的决策情报理论、文献情报流的规律等。

这些成果一经他介绍，很快被国内学术界广泛引用。而他通过系统梳理，概括提炼出的"文献情报流规律"，早已成为我国文献计量学和信息计量学研究的基础。"这对于'文革'结束后中国图书情报界了解国外有代表性的学术流派及其成果，恢复、推动我国情报学的发展起到了积极作用。"人文社会科学资深教授彭斐章说。

浩如烟海的情报，单调枯燥的数据，马费成却把这些当成了干事创业的黄金宝地。在新信息环境下情报学的发展受到巨大挑战之时，他却在其论文《情报学的进展与深化》中，系统总结了情报学发展历程，提出情报学取得突破的两大关键课题。他的观点再次迅速被许多学者认同，西安电子科技大学教授温有奎说，他一直沿着马老师所指的这条路径探索知识元和知识组织，找到了学术发展的新空间。

马费成获得国家自然科学基金项目资助，研究科学信息离散分布规律，证明了情报学中经典的布拉德福定律不仅在宏观的文献层次是正确的，而且在微观层次的内容单元上也符合。该定律所揭示的现象被认为是社会科学领域中普遍存在的马太效应。

基于此，他在 2001 年进一步通过网络数据证明了布拉德福定律的存在性和正确性，这一结论为布氏定律作为情报学基本定律提供了充分依据，受到美国情报学会前任主席、加州大学伯克利分校 Michael Burcland 教授高度评价。传统的在故纸堆里的学问，被马费成他们迅速做成了现代新学科的增长点。

接下来，他引入概念地图对知识进行分析评价，用实验和实证方法实现了评价过程和系统原型。这一创造性成果于 2009 年获得教育部普通高校人文社会科学优秀科研成果一等奖。

马费成还敏锐地意识到情报学与其他学科越来越多的交叉融合。他进一步开展知识网络演化及知识网络中的群体行为、热点趋势探测，3 篇系列论文发表在国内权威杂志上，被中国人民大学报刊复印资料在一期上全部转载；两篇被本学科领域国际顶级杂志采纳。《情报学的进展与深化》被认为是 20 世纪 90 年代我国情报学研究的一篇经典文献。

马费成还利用自己的长期积累，提炼出情报学的六个基本原理，其成果主要反映在论文《论情报学的基本原理及理论体系构建》和专著《IRM—KM 范式与情报学发展研究》中，为情报学理论大厦的构建提供了理论基础和研究路径。这些成果产生了较大影响并被广泛引用，获教育部普通高校人文社会科学优秀成果二等奖。

"情报学和信息管理是我的生命，我这辈子干了一件我喜欢干的事。"马费成说。

继往开来，信息资源造福人类

马费成自喻自己就是一个"信息人"。在信息资源管理与规划领域，通过对国外复杂纷纭成果的考察分析，马费成区分出企业、政府、图书情报界的不同研究范式和共同特征，总结出信息资源管理沿革发展的历史过程。他强调，在以技术作为信息资源管理基本手段的同时，要重视社会、人文、经济手段的综合运用，并认为这是净化当代信息环境、克服信息爆炸的有效的途径。"面向高速信息网络的信息资源管理"2000 年获得湖北省社会科学优秀科研成果一等奖。

"数字信息资源规划、管理和利用研究"2004 年入选教育部哲学社会科学重大课题攻关项目，"数字信息资源的深度开发和管理机制研究"2008 年获国家自然科学基金项目重点项目资助，最终成果反映在 2012 年出版的专著《数字信息资源规划、管理和利用研究》《网络信息序化原理》以及课题组即将出版的系列专著中。

近年来，中国经济发展面貌日新月异，马费成决心要为经济发展进一步开放信息服务的正能量。他提出，信息经济学应当研究信息从一种形态转换为另一种形态的经济机制和经济规律，而不仅仅是不完全信息和非对称信息的研究。并且，他开始对信息商品的价格、信息市场运行机制，信息产业形成和发展规律，信息经济效益评价进行了开创性研究。

马费成曾为科技部制定国家科技成果信息服务平台相关标准规范，为教育部社科司制定人文社会科学特色数据库标准，他为深圳出版集团、汇海科技有限公司、湖北省科协、发改委等提供有关信息化解决方案和决策性咨询报告也被一一采纳。

此前，他在德国国家信息中心从事合作研究工作，同时到英国、法国等国的十多所著名大学访问讲学，还访问了联合国教科文组织世界科技情报系统，并就世界综合情报发展计划与该系统总干事进行了会谈，他提出的许多富有建设性的意见和建议都被采纳。他在美国多所著名大学访问讲学并从事过合作研究工作，被多所大

学聘为客座教授或研究员。他还是联合国教科文组织和美国信息资源管理协会聘请的国际信息素养特别会议专家、国际数字人文网络亚太区学术代表。

在不同地域、不同文化、不同类型的信息平台上，马费成一次次经历从无到有的煎熬和喜悦。

明确方向，引领信息管理学科发展

武大信息管理学院是我国历史最悠久、规模最大的信息管理教育与研究重镇。自 1992 年担任武汉大学图书情报学院即现在的信息管理学院院长，到 2005 年 4 月退居二线，马费成引领该学院历时 12 年。他亲切地把学院称作"一生的邀请"。

在此期间，他率领领导班子制定了学院的发展规划，明确了学科建设的方向、目标和任务。在该规划框架下，学院花大气力对学科结构进行调整。明确了各二级学科建设的主攻方向，并以此为基础，对学院队伍和资源进行重组配置。学院无论是在科研课题的申报与选择，还是在教学体系的确立与教学内容组织，都以规划确定的方向为基础。就是这些措施，确保了信息管理学院的学科始终与时代同步，在国内处于领先地位，在国际上也有一定影响。

十多年来，信息管理学院无论在教学科研还是社会服务方面，都产出了大量的成果，得到全国同行认可。该学院在 1999 年申报获得图书馆、情报与档案管理一级学科博士点，2003 年与经济管理学院合作申报获得管理科学与工程一级学科博士点，2000 年获准建立国家人文社会科学重点研究基地——武汉大学信息资源研究中心，在信息产业部支持下建立了国家信息资源管理武汉研究基地。图书馆学和情报学在 2002 年双双获批国家重点学科。图书情报与档案管理在两次学科评估中排名全国第一。

作为教育部人文社会科学研究基地武汉大学信息资源研究中心主任，马费成按教育部提出的五大标准进行基地建设，在教育部组织的两次评估中被评为优秀基地。图书馆建设获得国家"211 工程"项目资助，并在国家"985 工程"项目资助下，建立了信息资源管理的创新基地。这些成果的取得和创新平台的建立为信息管理学院的进一步发展奠定了坚实基础。

作为国务院学位委员会图书情报与档案管理学科评议组召集人，国家社会科学基金图书情报与文献学评审组副组长和管理科学与工程教学指导委员会副主任

（2001—2005），马费成主持并参与了这些学科培养规范的制定和咨询工作，起草了相关研究报告，对我国图书情报学科和信息管理与信息系统学科的建设与发展作出了积极贡献。

教书育人，培养社会有用之才

他从武汉大学科技情报专业研究生毕业留校任教，便与中国的信息教育事业结下了不解之缘。

作为一名大学教师，马费成明白，要教出本行业的领军人物，只有爱生爱岗之情是远远不够的，还必须拥有广阔的学术视野和高水平的教学经验。为此，一留校任教他便与同事们一道，对欧美同专业的办学模式进行了大量调研和比较研究，借鉴他们在课程设置、教学内容方面的成功经验。

他没有就此止步。培养学生，就要培养有用之才。社会需要什么样的信息人才？他又和同事们一道，对本系毕业生和用人单位进行全面调查，研究综合大学科技情报专业和相关专业的特点，制定全新教学方案，大大改善了这个传统专业的学生的知识结构和可转移的智慧。

激情和豪迈的背后，是惊心动魄的挑战。他在主讲"信息管理学基础""信息资源规划"和"信息经济学"时，注重加强教材体系建设，更新教学内容，加强现代化教学手段的研制与开发，研究与后续课程的整合与衔接。功夫不负有心人，该课程随后被评为国家级精品课程。他领导的"图书情报核心课程教学团队"入选首批国家级教学团队。

马费成给学生上课

马费成指导学生论文写作

"马老师把我带上了科研之路，我在大学本科期间就发表了 4 篇重要的学术论文。"马费成的学生李东昊说。马费成指导的一篇博士学位论文获全国百篇优秀博士论文；一名博士生获得全国百篇优秀博士论文提名奖，5 名获湖北省优秀博士论文奖；指导的硕士生两次获得"挑战杯"大学生课外学术科技作品竞赛湖北省特等奖和全国银奖，一名本科生获得湖北省一等奖；马费成于 2007 年被评为全国教学名师，获宝钢优秀教师特等奖。

"我有一个基本原则：对于学生的学习要求，有求必应；如果可能，还应当无求先应。"马费成对记者说。

武汉大学信息管理学院院长方卿教授告诉记者，马费成热爱学院，喜欢和学生待在一起。他还利用忙碌的工作间隙，参加学生聚会，和他们一起玩得很开心。

"他是一位拥有特别判断力的人，他的著作影响了我们所处的信息时代和信息管理学科。"一位学者在博客上这样评价马费成，这也正代表了学界的一致看法。

（原载《武汉大学报》2013 年 3 月 3 日。图片由武汉大学信息管理学院提供）

曾令良

从大别山到东湖畔

闫振宇

曾令良（1956—2016）

湖北麻城市人，武汉大学第六届（2014）人文社会科
学资深教授，法学家

11 月的武汉寒意甚浓。笔者如约来到教育部人文社科重点研究基地武汉大学国际法研究所所长曾令良教授的办公室时，他正就计划出版一部英文著作的名称和建议书与世界著名的斯普林格出版社高级编辑打电话，语气中透着严谨。

曾令良是我国欧洲联盟法和世界贸易组织法的开拓者之一。他先后主持和承担了多项重大课题，专著填补了国内学术空白，并获得多项国家级和省部级奖励。他学术思维敏锐，善于捕捉并围绕学术前沿和国家重大需求问题开展研究，率先提出"主权辩证法""欧盟法是诸多超国家因素区域一体化法""WTO 法自成体系""现代国际法的人本化发展趋势"

等观点，并获得普遍认同。他先后担任国务院法制办、商务部、外交部等部委的法律顾问，为中国入世谈判发挥了重要作用。最近，他成为武汉大学最年轻的人文社会科学资深教授。

从大别山走来

1956年，曾令良出生于湖北麻城。和那个年代的很多人一样，他的求学之路并不顺利。"文化大革命"一度使他学业中断，甚至连中文课本都是《毛泽东选集》。

作为一个从大别山走出来的孩子，他从小开始住读，初中每周回家一次，"只是为了拿下星期要吃的米和咸菜。"但就是在这种条件下，他被推荐和面试上了武汉大学。

曾令良在大学学习的是英语语言文学。在上翻译课和毕业实习期间，老师给他分配了联合国资料翻译的作业。正是这个偶然的机会，让他开始频繁地接触"联合国"这个词汇，对联合国的地位和作用有了朦胧的认识，也开始接触"国际法"这个当时对大多数普通中国人说来都十分陌生和神秘的概念。大三那一年，改革开放后国家首次向欧美选拔留学。他是武大推荐的两名赴西安参考的学生之一，但面试过度紧张而出局，为此他大哭了一场，觉得丢了武大的脸。

1978年本科毕业时，22岁的他还准备"死心塌地地从事英语教学与研究"，留校任教，当了6年英语教师。但随着改革开放的热潮涌来，社会需要大量的法律人才，尤其国际法律人才，这使他意识到不应把外语作为终身职业，而应作为一门工具。

对于这种从外语到法学的转变，曾令良无怨无悔。他说，"改革开放之初，国家要健全法制，恢复法学教育，振兴法学研究，就必然需要大量的高级法律和法学人才；而国家实行对外开放，势必在各个领域需要各种形式的国际交流与合作，造就中国自己的高级国际法律人才时不我待"。

在这样的背景下，曾令良选择了国际法学作为毕生的职业目标，师从北大调来的著名国际法学家梁西教授，并通过攻读研究生学位和公派留学美国的方式开始了他的国际法人生。

曾令良的留学之路还曾遇到过一些小插曲。虽然托福成绩较高，但因大学成绩单上所填写的成绩不是"稳定的前五名"，当时中美法学教育交流委员会美方主席发来电报，告知来面试的美国教授"曾令良暂不予考虑"。

2007年，国际法所名誉所长韩德培教授（左二）与黄进（右二）、曾令良（左一）、肖永平（右一）

这种不公正的待遇没有让他灰心，在面试过程中，他巧妙地向面试官提问道："录取应该按照程序办事，为什么还没面试就对我'不予考虑'呢？"面试官对这个"不礼貌"的问题并没有反感，相反对其大加赞赏，"你有想法，讲规则、寻求程序公正，将来会是个优秀的法律人"。

因面试成绩优异，他进入了著名的密歇根大学法学院，拜入"WTO法之父"约翰·杰克森（John H. Jackson）教授和著名欧盟法学家槐勒尔（J. H. H. Weiler）门下学习法律，确立了欧盟法、WTO法的研究方向。

曾令良说："我对国际法的兴趣是一个渐进的过程，而且如同美酒佳酿，时间越长，兴趣越浓，大有一日不可无的感觉。"

学术研究开拓者

在曾令良的学术生涯中，"国际法"三个字构成了一条鲜明的主线。

曾令良是中国欧洲联盟法学的开拓者之一，是最早研究世界贸易组织法和欧盟法的国内学者，他于20世纪90年代初独著的《欧洲共同体与现代国际法》，是我国研究欧共体法和对外关系法的第一部专著，在海内外产生了较大影响。

他还是我国WTO法学的开拓者之一，他独撰的《世界贸易组织法》是中国从法学角度第一部系统研究WTO的著作。中国入世谈判最后几年，曾令良被原外经贸部聘为WTO法律顾问，先后多次应邀参与中国与WTO法律问题的研讨会，提交书面咨询报告或作专题发言，还为中国对外贸易法的修订和货物进出口条例、反倾销和补贴条例等法规的制定提供了重要意见。

对于中国入世后如何利用WTO一般例外条款来维护国家经济安全问题，曾令良作出了颇为系统和全面的论证，其研究成果受到有关领导和中国谈判代表团成员的极大重视。"中国加入WTO对我国法制建设产生的影响是一场全面适应经济全球化的深刻革命。"曾令良经过大量研究，透彻地分析了研究WTO法的重要意义。

踏上国际法教学与研究的列车，曾令良几十年不改初衷。他坦言，"任何社会的人、从事任何社会职业，都有其苦与乐。诚然，学术研究中的苦与乐有其自身的特点，而这种特点又会因人而异"。

"就一个社会科学者而言，最大的快感不是研究结果出来的那一刻，而是他的著作出版后得到同行专家的认可，是他的论文在国内外顶级学术刊物上发表后产生了影响，是他的学术观点引起学界同行的共鸣，是他能把最新的研究成果应用到课堂教学和研究生的指导之中，以及他的研究成果或咨询意见得到有关部门的重视和采纳。"曾令良如此诠释学术研究给自己的快乐。

一枚枚勋章承载着荣誉：他先后被评为第二届全国十大中青年法学家、中国首位欧盟让－莫内讲座教授、首批三位中国籍WTO争端解决机构专家名单成员之一、首批当代中国法学名家、武汉大学人文社科领域第一位教育部长江学者特聘教授等。

曾令良（前排右四）和国际法研究所全体同事合影

钟情珞珈山

提到"武大"两个字时,他满眼笑意。"在武汉大学读书任教 30 多年",他打开了话匣子,"我对武大毫无疑问具有非常深厚的感情,完全可以说武大养育了我"。

1991 年全国人大给予深圳独立立法权时,深圳对外招聘 100 名法律人才,曾令良作为中南五省考点的特邀考官,受到了深圳人事和组织部门的特别邀请,面对优厚的待遇,他确实"有点动心"。但他更爱母校,更爱国际法教学与研究。

后来,又有国际知名企业邀请他担任高管,中国社科院商调他担任国际法研究中心主任(司局级),他也都婉拒了。

曾令良先后被任命为国际法学系副主任、主任,法学院副院长、院长和首任武汉大学欧洲问题研究中心主任。1999—2007 年,他主政武大法学院将近 10 年。1999 年刚上任时,他四十有三,刚过不惑之年;而离开武大赴任澳门大学法学院院长时,他已过知天命之年。

曾令良说,"当时聘期为三年,其间,我还是武大的长江学者特聘教授。我去澳门大学既是服从两所大学高层之间的安排,也是我个人参加全球招聘的结果"。

他认为,澳门是中西政治、经济、法律、教育和文化连接与融合的区域,转会这里,一方面可以利用自己的学术积累和多年的管理经验,为澳门的法治建设作出贡献;另一方面可以通过澳门高度国际化的平台,更好地历练自身的学术素养,搭建连接和融通中西国际法教学与研究的桥梁。

"我对珞珈山和东湖水的感情太深厚了。"2010 年,他在澳大法学院的院长任期届满后,谢绝了连任,放弃成为澳门永久居民的机会,并先后婉拒了上海交大和清华大学优厚待遇的邀请,毅然回到魂牵梦绕的武大,留在了美丽的珞珈山麓、东湖水畔,在国际法研究所继续奉献自己的学术人生,也为武大留下了国内顶尖的国际法教育。

(原载《武汉大学报》2014 年 12 月 12 日。图片由武汉大学国际法研究所提供)

於可训 亦庄亦谐，且歌且行

陈彦羽 牛维佳 李雪 张崇民

於可训（1947— ）

湖北黄梅人，武汉大学第七届（2016）人文社会科学资深教授，文学史家与文艺评论家

《文心雕龙》里有这样一句话："夫玄黄色杂，方圆体分，日月叠璧，以垂丽天之象；山川焕绮，以铺理地之形。"古人说文以载道，文章之色彩与天地自然交相辉映，足以见得古人对文学的重视。

於可训就是这样一位为文学和文化的发展砥砺前行的学者。如果用一个词来概括他的性格特点，"亦庄亦谐"再合适不过了。

结缘文学

如同大多数爱好文学的少年一样，从小学到中学，於可训的语文成绩名列前茅，作文尤为突出，因此独得语文老师偏爱。

2016年，於可训当选资深教授后接受学生记者采访

他回忆起当时"被开小灶"的情形："周末，老师常常让我在她的宿舍里阅读。她为我指定了马克思、恩格斯、列宁、斯大林、毛泽东论文艺等书籍。我看书时，她就在宿舍门前洗衣服。"就这样，在老师的洗衣声中，年幼的於可训接触了许多重要的文艺理论概念和命题。这最初的理论启蒙，使他受益匪浅。

"爱好文学是我们这一代人的通病。因为在我们成长的 20 世纪五六十年代，除了文学能够寄托年轻的心灵、编织人生的梦想之外，就没有别的更值得我们眷顾的精神文化处所了。"於可训坦言。

30 岁才来到珞珈山读书，於可训认为自己十分幸运，能够浸润在中文系几代人开创的学术传统之中，接受其有形无形的熏陶。他毕业后留校任教至今，40 年来一直没有离开这片他爱的校园。

於可训始终认为文学研究和文学批评都需要"知人论世"。在中早期的文学批判中，文学界开始引进西方各种新的文学批评方法，但他始终坚持中国传统的社会历史批评方法。

工作和生活经历构成了於可训文学研究和文学批评的经验背景，也是他对文学理解、阐释、判断、评价的重要参照。尤其是反映当代历史和当下生活的一些文学作品，在阐释和评价中，他能够调动更多亲身经历和切身体验，加入独立思考和自我反省。与此同时，他会考虑到历史的曲折性和生活的复杂性，因而有更大的包容度。

工作之余，於可训不断创作诗歌、散文、小说，70岁仍独立进行文学创作。他总说自己思想活跃，又不想闲着，便有了《地老天荒》等富有思想性的小说产生。

宽厚严师

在30余年的教书生涯中，於可训认真负责，一丝不苟。上课总是提前半小时到课堂，做好各项准备。从他的教案可看出，他备课认真而详细，征引丰富而具体，仅《当代文学》讲稿就有近50万字，还附有数百张各式各样的纸片，记录着教学之余的思考与心得。

"上於老师的课很轻松，每堂课我们都听得特兴奋，特带劲！"上过他课的学生如是说。他讲起课来总是妙语连珠，激情飞扬，活力四射。"随着教学改革的深入，於老师不断调整思路，改进教学方法，精简教学内容，突出重点难点，并开列多种书目，供学生们开阔视野，深化学习。"文学院党委副书记王怀民"揭秘"。

熟悉於可训的学生都说，他是一个对自己严格、对学生处处关爱的人，是一个童心未泯的良师益友。一次，有位同学忘了交作业，怀着忐忑的心情独自去找他。於可训笑着说："不要要单边，要和群众打成一片嘛！"令这位同学感叹不已，"於老师懂什么叫宽容"。

物质和精神上的关心，给学生成长以极大的帮助。他的研究生大多是他家餐桌上的常客，有的学生从家返校，半夜下车无饭，直接"杀"到於老师家，进门就说："师母，我才回来，饿了，有吃的没？"

於可训为学生做讲座

他经常将有学术价值、对专业发展有帮助的图书赠给家庭困难又矢志向学的学生，或向报刊推荐他们的文章。学生有了难处也乐意向他倾诉。一位本科生考研失利，痛哭流涕，一度对生活失去信心。他与这位学生多次交谈，引导学生正确对待人生旅途中的成败，鼓励学生振奋精神，再作拼搏。一年后，该生终于如愿以偿。

由于社会风气影响，有的学生把社会交际的庸俗套路搬到师生交往上来。於可训总是耐心说服教育，讲清做人做事的道理。

於可训鼓励学生进行科研创新，他带出来的学生，很多都成为所在高校的骨干。逢年过节，纷至沓来的贺年片，载着学生对老师的崇敬和祝福。每每这时，於可训总是很开心："看到学生们生活幸福，又干出一番成绩，能够为社会多做事，是我最感欣慰的事。"

快乐人生

於可训曾下乡种田，在大家都认为下乡很苦的时候，他却找到了一份快乐，并且演变成一生独守的厚爱。他还当过工人，既握过锄把子又摆弄过机器，还在调车场做过调车工，俗称"车猴子"。这个工种很独特，像猴子一样一天到晚在隆隆走动的列车车厢上攀来爬去，没有胆量是干不成的。

回忆这段日子，他说自己是干一行爱一行的，做调车工体验了铁道游击队"飞车侠"的滋味，也就平添了一种豪情和乐趣。

於可训练习书法

　　"知人论世"是他一直坚持的理念，他善于在生活中寻找乐趣。於可训的弟子叶立文说老师"受乡间豪迈民风之熏染，虽满腹经纶，却不改率真本色。乐与弟子聚众神侃，言辞诙谐睿智"，并有趣事一则为证：某夜，於可训难得看电视，正为剧情牵肠挂肚之时，忽然停电，他慌忙致电校长，大呼："我要看电视，怎么突然停电了？"后来同事在席间谈及此事，全场喷饭。

　　於可训家中充满书香气息，书房整整齐齐摆放着各类书籍，随处可见书法字画作品，还有一些新奇的小玩意儿。比如他自己发现并创作的根雕，形似鳄鱼，生动可爱。还有书房窗台上摆放的石雕石画，其中一个表示"烧火做饭"和"灶台"之意的"爨"字，与书房气氛竟毫无冲突，可谓雅俗共赏。

　　让人印象最为深刻的，当属家中一面排列成心形的照片墙。其中有黑白的结婚照，也有彩色的老中青三代人美好记忆。其乐融融，为小屋更添温馨。

　　这就是於可训，一位有着"知人论世"批评理念和严谨治学态度的大家，一位坚守讲台、关心下一代的名师，一位关爱家人、用心品味生活的真性情长者。

　　（原载《武汉大学报》2016年12月7日。图片由武汉大学文学院提供）

汪信砚 浓墨书华篇，厚学育英才

——黄丹阳

汪信砚（1961—　）

湖北麻城人，武汉大学第九届（2021）人文社会科学资深教授，哲学家

　　巍巍武大，百卅珞珈，黉门桃李，师道相传。对于莘莘学子而言，武汉大学是唱响美好青春、放飞人生梦想的学术殿堂。这里名师云集，他们辛勤耕耘，传道授业，立德树人，成为深受学生爱戴的好导师。我的恩师汪信砚教授正是这样一位厚德博雅的好导师代表，他为人正直，为师尽责，为学严谨，以深厚的学术造诣传授马克思主义真理，以高尚的人格风范引领学生成长成才，堪称治学楷模和师者典范。

言传身教，引导学生坚定信仰

　　汪老师曾引用马克思的名言表示，从事马克思主义哲学研究，对他来说就是"最能为人类福利而劳动的职业"。正是凭着对马克思主义哲学的笃信和执著，30余年来，汪老师满腔热情地投身于马克思主义哲学的教学科研工作，赓续由李达先生开创、由陶德麟先生弘扬的百年学术传统，不断开拓马克思主义哲学中国化的理论维度，提出、主张和倡导马克思主义哲学中国化研究范式，成为马克思主义哲学中国化研究的领军人物。在他看来，只有坚持把马克思主义哲学与中国具体实际相结合，致力于中国道路的哲学探索和哲学表达，才能不断实现中国马克思主义哲学的理论创新和时代性发展。汪老师矢志不渝地追求马克思主义真理并取得突出学术成就，为我们青年学子树立了活生生的榜样。

汪老师认为，为学必先笃志。为此，他特别重视引导研究生坚定马克思主义信仰："你们选择马克思主义哲学专业，就必须通过努力学习而真心相信、信仰马克思主义。"他结合自己多年对马克思主义哲学的精深研究表示，马克思主义哲学至今依然占据着真理和道义的制高点，因为它是科学的世界观和方法论，并以人类解放和每个人的自由全面发展为根本价值追求。在汪老师的课堂上，我们总能通过他的精彩讲授和真知灼见，感悟到马克思主义哲学的真理力量。一杯茶、一本书、一支笔，这是汪老师上课时的标配，但他总能把课堂内容讲得生动有趣，深入浅出。汪老师的深厚学识令我们敬佩，他的言传身教也让我们自觉坚定理想信念，锤炼专业本领，立志成为爱智、求真、向善、致美的哲学人。

关心关爱，助力学生健康成长

汪老师认为，大学教育特别是研究生的培养不仅仅是知识传授过程，也是德性涵养和人格塑造过程。"成才须先成人，要做好学问须先学会做一个大写的人。"汪老师把优良学风和健全人格放在研究生培养的关键地位。他治学严谨，对学生的要求也极为严格，教导学生把做人与做学问统一起来。对待他所指导的每一篇论文，大到框架结构，小到语句的标点符号，汪老师都会提出具体的修改和点评意见并详细标明在文稿上。有时文稿空白处写不下了，他就把意见写在另外的纸页上，再小心翼翼地粘贴在文稿相应的地方。在我写作博士学位论文期间，几乎每隔一两周都会向汪老师请教学术问题，他不辞辛劳地阅读我的文稿，一次又一次注明富有启发性的修改意见，这在我的论文写作过程中发挥了"定海神针"的作用，常让我有柳暗花明、豁然开朗之感。

同时，汪老师也非常关心学生的身心健康与全面发展。他每周安排固定的时间

2019年6月，汪信砚与硕士毕业生合影（黄丹阳 供图）

到办公室与学生交流，关心大家的日常学习生活状态。我们在向汪老师请教学术问题之外，也乐于和他讨论学业发展规划，分享校园生活体会。汪老师还会定期与研究生谈心谈话，深入了解学生在学习、生活、心理等各方面存在的问题和困惑。他经常提醒研究生要劳逸结合，加强锻炼，保持健康的体魄和积极向上的心态。在我们看来，汪老师不仅是学业上的好导师，也是生活中值得信赖的好长辈。2019届博士生李燕师姐就在她的博士学位论文"后记"中写道："恩师一路扶持、关怀，早胜似半个家长。且不说工作、学习上的提携和关照，单是高尚人格、人生经验和生活上的帮助，就很难让人忘怀。"汪老师严谨治学的专业精神和对学生的关心爱护，不仅反映在一届届研究生的论文致谢中，也深深镌刻在我们每位同学的心中。

授人以渔，教导学生严谨治学

汪老师常对我们说，要做好学问，必须秉持正确的治学态度，掌握有效的治学方法。他特别强调和要求我们要养成"敬""信""爱"的治学态度。所谓"敬"，就是虔敬、敬畏，即对学术、学问应该常怀一种虔诚的敬畏之心，不能草率为之，不能有太多功利方面的考虑，应有基本的学术操守。所谓"信"，就是相信、信仰，就是真诚、崇奉，即通过努力学习而真心相信、信仰马克思主义。所谓"爱"，就是热爱学问本身，热爱追求真理，珍爱自己的学术主张。为学之人只有秉持这样的治学态度，不唯书，不唯上，只唯实，才能潜心学问，并通过深厚的积累、严肃的探索和理性的选择形成某种学术主张，不断地将其深化、完善、推进，努力使其成

为一家之言。

在治学方法上，汪老师特别强调要强化经典意识、现实意识、问题意识、前沿意识，要求研究生们熟读经典文本，关注现实需要，善于发现问题，把握理论前沿。他还帮助我们制订长远学术发展规划，确立稳定的研究领域或研究方向，告诉我们要有甘于坐"冷板凳"的精神。汪老师的日常教学也突出地体现了这种对治学态度与治学方法的重视。例如，很多研究生在写作哲学论文时不得要领，为提升研究生的科研创新能力、解答大家的论文写作困惑，汪老师每年都要为研究生专门开设论文写作课程，将自己多年积累的宝贵经验毫无保留地分享给同学们，并引导大家在读书和思考中发现问题，创造性地探讨、回答和解决真正有意义的理论和现实问题。他的谆谆教诲让我们深深体悟到了哲学研究的乐趣，使我们满怀信心地走上了哲学探索的道路。

因材施教，鼓励学生勇于创新

汪老师注重因材施教，着力培养学生创造性思维能力和科研创新能力。他根据不同学生的学术背景与学术兴趣，帮助他们制订个性化的学术发展规划，精心谋划培养过程的各个环节，引导学生在国内外学术前沿开展研究，并尽力为研究生的学术发展创造条件。对于硕士生新生，他会列出夯实基础的必读书单，并定期了解学生的学习进度和适应情况；对于博士生，他会着力培养学生的独立科研能力与学术钻研精神。2016级博士生程通专业基础扎实，学术发展潜力大，在汪老师的鼓励下，他修习德语开展经典文本研究，又经老师悉心指导，在《哲学研究》《哲学动态》等重要期刊上发表了多篇高水平论文。在我攻读硕士学位时，因为我表现出较强的外语交流能力，汪老师鼓励我参加国际学术交流，后来我获奖学金赴美国亚利桑那大学访学一学期，不仅开拓了学术视野，也为博士生阶段的学习奠定了良好基础。

为了培养学生的创新精神，汪老师特别鼓励学生独立思考。我曾在课堂发言时指出一位学界权威的文章在逻辑论证上有漏洞，有的同学不以为然，但汪老师充分肯定了我的看法，并告诫我们不要盲从学术权威，要养成独立思考的习惯和怀疑批判精神，谨慎对待和细心琢磨各种学术问题，并要善于从他人文章中汲取经验教训。他语重心长地说："不随波逐流，不人云亦云，不迷信书本和权威，敢于质疑成见，勇于提出新见，才能为学术的繁荣和发展作出贡献。"

2020年12月，汪信砚在武汉大学第十一届"我心目中的好导师"颁奖
典礼上与学生合影（周可　供图）

　　汪老师至今已招收和培养博士、硕士生100多名，他们在校学习期间大多表现出很强的科研创新能力，其中有10余人在《哲学研究》《马克思主义研究》等权威期刊上发表论文，4人获武汉大学研究生学术创新一等奖，10余人获省部级以上学术奖励，4人的论文入选全国优秀博士学位论文提名或湖北省优秀博士学位论文，10多人的博士学位论文获国家社科基金优博论文出版项目或后期资助项目，8人获研究生国家奖学金、国家建设高水平大学公派研究生项目或美国大学访学奖学金。因此，汪老师于2020年被评为武汉大学"我心目中的好导师"，2021年又被评为武汉大学"师德标兵"并获武汉大学研究生教育杰出贡献校长奖。

　　2018年9月10日，习近平总书记在全国教育大会上发表重要讲话指出，教师是人类灵魂的工程师，是人类文明的传承者，承载着传播知识、传播思想、传播真理，塑造灵魂、塑造生命、塑造新人的时代重任。正是因为有像汪信砚教授这样的一批好导师，武汉大学才能为国家培养出大量优秀人才。

陈伟

卅年之爱唯简牍，一生所系在冷门

周劼

陈伟（1954——　）

湖北黄梅人，武汉大学第九届（2021）人文社会科学资深教授，简牍学家

　　一堆散乱的竹片，从两三千年前的墓葬、水井中出土，上面书写着古怪晦涩的文字。这些是什么字，说的什么内容，背后又有怎样的历史，就是陈伟30年来所做的事。

　　写有文字的竹片，称为竹简；写有文字的木板，称为木牍，两者合称简牍。书于简牍，是甲骨金文之后、纸张之前，自春秋至魏晋，中国人的主要文字书写和典籍传播方式。研究简牍的学问，就叫简牍学。

　　便宜的简牍取代昂贵的甲骨、青铜，又被更轻便的纸张代替，一段近千年的简牍时代逐渐湮没于时间的尘沙之中。竹木难以保存，潮浸火焚，腐蚀虫噬，简牍的使用虽广泛，能保留至今的却弥足珍贵。据统计，近百年来，随着考古的不断发现，出土的战国到魏晋的简牍，总计约200多批，不下 30 万枚。这些出土的简牍从政令律法到思想哲学再到巫卜信札，无所不包，其中有大量失传的古书，或者与传世典籍存在歧异的版本。尤其难得的是，一再出土战国时期楚国的官府档案和秦汉时期的文书法令，是司马迁等古代史家未能看到的原始文献。司马迁在著述《史记》时，多次感叹战国时期文献不足征。一段别有洞天的历史呈现在今人面前，陈伟说，目前所见的这些简牍在很大程度上改变了司马迁时代文献匮乏的窘迫局面。生当今日，从事战国秦汉简牍研究，真是幸运之至。

冷板凳上的水磨工夫

一根竹简上写着 8 个字：君王詎仆于子左尹。

"詎"是什么意思，学者有多种推测。陈伟比勘辞例发现，"詎"在楚国竹简中多次用到，而且"詎"者的身份均高于被"詎"者，从而判断"詎"应读为"嘱"，这是一枚上司把事情交付给下级办理的命令简。

另两枚竹简上写着一道数学题：有妇三人，长者一日织五十尺，中者二日织五十尺，少者三日织五十尺，今织有攻（功）五十尺，问各受几可（何）？

"织有功"三个字显得很突兀，陈伟认为"织"其实应当是"威"字，"威"在古语里是婆母的意思。"威有功"是说婆婆有纺织任务，分给三位媳妇做。在订正简文的同时，揭示出秦人存在大家庭的意境。

前一枚竹简 1987 年出土于荆门市包山二号楚墓；后两枚竹简 2007 年收藏于湖

陈伟给研究生上课（金鑫　摄）

南大学岳麓书院，对前者的释读是陈伟研究竹简的起步，对后者的释读则是陈伟研究竹简的晚近，前后相照，映出学术足迹，30 年心无旁骛，陈伟一以贯之地做着对简牍文献进行识字、句读、编连、分篇、考证的工作，他称之为"求真出新"，求文本复原之"真"，出证经补史，开辟新领域，解决新问题之"新"，发掘出简牍中的典章制度和文化价值。"这是简牍研究生命力之所在，一种创造性的复旧返古。"陈伟说。

面对一根根竹简，陈伟喜欢用"研摩"这个词，冷板凳上的水磨工夫。他说，简牍材料易得也易坏，脱简错简寻常见，破裂残断也多有；他说，那种毕其功于一役的愿望或期待是很不切实际的。在未来几十年间，恐怕我们不仅需要有"悟"性，而且更要有"定"性。

200 多条"纸简"挂满房间

陈伟跟简牍"结缘"发生在博士即将毕业的那一年。

1991 年，湖北荆门市包山二号战国楚墓出土的竹简经过整理正式出版，主持发掘和整理的王红星是陈伟的学兄，别人送一本，他送给陈伟两本。博士毕业在即，正在纠结自己的学术方向，包山楚简让陈伟一下子感觉"这批材料太了不起了，完全是以前古书里面没法看到的东西。对新材料的兴趣战胜了以往熟悉领域的吸引力"。

包山楚简包含了 278 枚竹简和一件竹牍，大部分属于当时的官方文书，多涉及政治法律制度，还有一些卜筮、祷祠和丧葬记录。

战国时楚国雄踞全中国的半壁江山，而它的典章制度迥异于其他国家。楚国被秦国灭亡后，制度被废除，文字也失传。面对楚简，其实面对着一段"完全被割裂"的历史：无论字形字义，还是内容主题，释读起来都有极大困难。特别是楚简中的官方文书，是"比较难懂难读的，揭示的是一个完全未知的层面。楚国作为战国七雄中的南方大国，它政治、经济、法律、社会的运作，没有这些竹简，就完全了解不了。楚简给我们提供了新的历史信息，这是一个很难得的机缘"，陈伟说。

散乱的包山楚简经整理者编缀成书，陈伟又将书剪成一条条竹简，再重新编连、分篇。当时他住的房子不大，两室一厅，裁出的 200 多条"纸简"挂满了整个房间，每天看着它们反反复复揣摩。因为博士读的是历史地理，最初他只想做包山楚简中

陈伟（左一）在中国简帛学国际论坛（2023）与美国芝加哥大学夏德安、夏含夷教授，香港浸会大学陈致教授合影（熊佳晖 摄）

的地理问题，但一旦深入之后，才发现如果不能全面读懂这些材料，里面的具体问题也很难搞清楚，所以从地理很自然地走向了对竹简的全面梳理和解读。"除了整理小组外，我可以算是包山楚简研究的最早一批学者。1991年是我做简牍的一个起点"，陈伟说，"在简牍之路上奔走终生的命运大概当时已经注定"。

"冷门还是'冷'点好"

简牍学是冷门而小众之学，但关联甚大。每个历史阶段的学术研究都有其前沿，简帛的发现、整理和研究，就是最近几十年中国文化研究的前沿、焦点。一波接着一波构成了影响深远的浪潮。中国古代历史、思想史、学术史的不断改写，原动力主要来自简帛等出土文献。

1925年，王国维敏锐地指出"发见时代"的到来。他把敦煌塞上及西域各处之汉晋木简与殷墟甲骨文字、敦煌千佛洞之六朝及唐人写本书卷、内阁大库之元明以来书籍档册并列，视为划时代的发现。20世纪50年代以来新发现的简牍，出土地点由我国西北一隅拓展到内地广大地区，书写年代由汉代上溯至战国中期，内容也

愈益丰富多彩，赋予"发见时代"更深刻的内涵。

包山楚简是陈伟简牍研究学术生涯的开始，从此一发不可收拾，由楚简至秦简，再至目前正在研究的汉简，30年来，陈伟在简牍领域耕耘不辍。他主持了对楚简、秦简与睡虎地汉简的整理、研究这三个国家级重大课题，也是一项雄心勃勃的对多宗珍贵简牍进行整理、再整理的学术工程，目标是要形成这些简牍资料内容更完整、图版更清晰、释文和注释集学界研究之大成的图录、释文、注释本。他主编出版的《楚地出土战国简册 [十四种]》《秦简牍合集（1～4卷）》《里耶秦简牍校释》等大部头专书，正是这一目标的结晶，被学界誉为"简牍再整理研究的范本"。

"卅年之爱唯简牍，一生所系在冷门。"陈伟说，简牍文本复原与内涵探究不乏艰辛，但又饶有兴趣，能与这门学问结缘并乐此不疲，不能不说是人生幸事。

30年来，陈伟一直预于简牍"发见时代"之流，反倒让他生出戒惧之心，"简牍学是一门很实在的学问，它的可验证性在人文学科里是最高的。出新和出错的机会相伴相随，这是很幸运的事，只要做对了，大家就认可你，但也要求特别高，不能'玩'学问，必须沉下心来长时间推敲琢磨。所谓的'冷'门绝学，其实考验的是能否静心屏气地坐下来做事，耐得住寂寞"。

（原载《长江日报》2022年3月7日）

陈传夫 推动中华文化的数字创新

秦顺

陈传夫（1962—　）

湖北广水人，武汉大学第九届（2021）人文社会科学资深教授，图书情报学家

"培养优秀人才，推进理论创新，服务国家需求，是一位教师最大的心愿，也是我工作的不竭动力。"怀着这样一种强烈的责任感和使命感，陈传夫教授把握学科前沿与学科方向，根植中华文化，奋力推动学科拥抱数字时代；他以立德树人为己任，服务国家重大需求，为理论创新献智慧，为学科繁茂洒汗水。

矢志求真理，探索无止境

陈传夫时常殷切地鼓励学生："要珍惜学习时间，努力做出真正有价值的成果。要尝试解决关键问题，做高水平的研究。"这是他几十年如一日坚信并坚持的理念。

他先后承担各类重要研究项目 30 余项，撰著《著作权概论》《高新技术与知识产权》等多部著作和研究论集。在国内外优秀出版物发表论文 200 余篇，其著作与论文被多个国家的学者广泛引用。他提出具有中国特色的图书馆发展理论、信息资源公共获取理论，开辟信息资源知识产权新领域，探索理论构建的制度本体范式，形成了特有的学术风格。曾获教育部高等学校科学研究优秀成果奖（人文社会科学）等省部级一、二等奖，获教育部提名国家科技奖（科技进步奖）二等奖、首届国家教材建设奖先进个人等奖项。

他的研究工作主要聚焦于图书馆发展基本理论、数字时代的知识产权以及信息资源公共获取理论。在这些领域，他持之以恒，辛勤耕耘。

20 世纪 80 年代，他开启探索之旅。网络化带来社会形态新变化，他及时关注公众信息获取的差异状态，发表《社会信息化过程中若干利益冲突研究》等成果，引入公共利益理论，提出网络环境下维系私人利益与公共利益平衡原则。2006 年，他主编《数字时代的图书馆学情报学研究论丛》多卷丛书，提出了图书馆融入社区、回归文化与教育价值等理论观点。他与匹兹堡大学 Ron Larsen 教授合作主编《图书馆学情报学：研究与趋势》，在国际上被广泛下载。

21 世纪以来，全球信息化进一步加快，大数据、社交媒体、商业化信息服务崛起，哈佛大学丹顿馆长表示，图书馆发展进入"十字路口"。国际上出现新的理论思潮。如何引导理论，促进理论创新？陈传夫提出"转型发展，守正创新"的理论方向，科学回答新时代图书馆发展方向这一重要命题，用中国理论解释中国实践，为图书馆在数字社会的发展方向提供理论参考。

1986 年，中国恢复 WTO 地位谈判，他敏锐地预感到新技术环境下的知识产权问题将变得复杂与紧迫，这是我国过去从未遇到的新问题，并将影响图书情报事业的发展。他及时编写内部交流资料，发表文章，警示行业重视知识产权问题，并推动这一新领域的研究。出版《著作权概论》等多部著作，提出发展以公共利益为核心的知识产权公共政策等观点，推动有关知识产权政策完善，确保我国图书情报事业健康发展。其成果入选国家哲学社会科学成果文库。

信息获取的成本与效率关乎公共利益。21 世纪初，他在国家自科基金资助下，开始这一问题的探索，提出信息资源公共获取的理论框架，关注信息资源获取效果、效率与成本协调问题。提出了对公共资助的成果信息实行开放存取、提高公共信息的权威性、防止知识产权对公共利益的损害等建议。提出信息资源公共获取理论，具有鲜明的中国特色，对于构建数字政府、推进企业数字化转型、数字社会建设，提升信息资源开放与共享，具有较高参考价值。

在科研之路上，他将服务公共需要、人民立场、立足中国大地，作为工作原则与不懈的追求。他从信息制度与社会方面考察，探索制度本体范式，发展了传统的理论体系，强调文化价值。将社会公共利益理念引入，使理论更具有解释力与实践性。

倾心育桃李，才智献杏坛

陈传夫是一位"双肩挑"学者，长期在学院、学校教育管理岗位工作。他始终坚持将立德树人作为根本任务，在学科建设、人才培养方面倾注大量心血。

"陈老师以身作则、言传身教，给我们树立了榜样，他起到了引领示范和传帮带作用。"青年教师如是说。

他在学科建设上科学谋划，全身投入，带领师生在图书情报与档案管理一级学科国家重点学科建设、提升国际合作水平等方面取得突出成绩。他积极推动本学科领域发展合作，促进两岸学术交流与学科共识，推动建立图书情报专业学位制度，促进全国学科协调发展。他与国际组织和同行建立了良好的学术关系，先后应邀到美国、法国、英国和新加坡等地进行学术交流。他尊重人才培养规律，凝练出以问题为中心、面向任务的嵌入式教学方法，推进教学改革，探索出"三融合"教学模式，获省级教学成果一等奖，所授课程获批国家级精品资源共享课。指导的多名博士生

陈传夫与学生讨论问题（傅玲　摄）

获省优秀博士学位论文奖、全国优博论文提名奖和国家社科基金优秀博士论文资助项目。指导的多名研究生在国内外重要工作岗位上发挥作用。

他提出"以重点学科为龙头，促进学科群协调发展"的建设思路，提倡"开拓创造，务实创业，引领创新"的发展理念，在一级学科学位授权、国家重点学科、新增学位授权、国家哲学社会科学创新基地等重要建设中，挥洒汗水。2009年，武汉大学成为国际顶尖信息学院联盟组织 iSchools 首个发展中国家成员，提高了学科的国际话语权，为学科领跑奠定了基础。

他身体力行，积极推动学界、行业、两岸交流与合作。提出设立图书情报专业学位的建议，获国家采纳，目前全国已有70余所高校获得授权，培养了大批优秀人才。

几十年来，无论工作多么繁忙，他都始终坚持给本科生授课，站在研究生培养一线。他注重教学理论与方法创新，承担"三全育人示范岗"项目，主讲的研究方法课获省课程思政精品课称号。凝练出"嵌入式"教学方法，探索出"三融合"教学模式。对学生既严格要求，又支持他们大胆探索，让学生全面发展。

他敬业乐群、诲人不倦，获得学生和海内外学者的一致赞誉。有学生曾言，"最触动我的，是陈老师严谨求实的研究态度和乐教爱生的教育情怀"。

陈传夫向武汉大学图书馆赠送其主编的《中国大百科全书·图书馆学》

（陈一　摄）

坚守践初心，尽责担使命

"学问之道无他，求其放心而已矣"，陈传夫传承了老一辈学者的优良学术品格，始终坚持科学研究观，认为研究要扎根中国，放眼世界，要"顶天"，更要"落地"。

他注重学术研究与国家需求的紧密结合。先后有多篇成果被《成果要报》《人民日报》和新华社等参考采纳，或在国家重要工程项目中得到应用，为政府信息公开、科技创新制度、科研诚信与学风建设、公共文化服务保障立法提供参考。他组织百余名专家，完成了数百万字百科条目编纂。

多年来，他应邀在华盛顿大学、加州大学伯克利分校、巴黎十一大学、英东英吉利大学从事合作研究工作，与多个国际组织建立了良好学术交流关系；曾任国际图联（IFLA）教育委员会委员，推动发达国家与发展中国家教育合作。主持联合国教科文组织（UNESCO）信息素养师培训项目（TTT）。担任夏威夷大学东西方中心中美日三国科研论坛"信息获取小组"召集人。应邀到华盛顿大学为北美东亚研究图书馆馆长授课，培养他们对中国优秀文化的认同与热爱，指导他们用好中国文献。2019年4月受邀参加中欧合作交流活动，为中欧开放科学合作贡献了武大力量。

在40余年学术生涯中，陈传夫孜孜以求。他尊古重今，是中华优秀文化的守护人，也是数字转型的推动者。他为培养更多栋梁之才、服务国家战略需求、谋求人类命运福祉默默耕耘，笃行务实，砥砺前行。目前，他又在致力于促进公众对科学成果与文化的数字化获取与共享，促进开放创新生态建设。

（原载武汉大学人文社会科学研究院网站2022年4月2日，原题《赓续中华文化，推动数字创新》，有删改）

肖永平

韩德培国际私法理论与法学教育事业的传承者

朱磊

肖永平（1966— ）

湖北麻城人，武汉大学第十届（2024年）人文社会科学资深教授，法学家

"回首我在武汉大学36年的工作，经历了从追求个人发展到投身学院建设再到服务国家战略的重心转移。前10年，我潜心学问，躬耕讲台，从一名硕士研究生成长为当时中国法学界最年轻的教授和博士生导师；中间10多年，我胸怀大局，规范管理，带领武大法学院的科学研究、人才培养和社会服务水平一直处于全国领先地位，组织武大国际法研究所成为我国法学领域和湖北省唯一的国家高端智库；后10年，我勇挑重担，改革创新，积极探索高等学校建设国家高端智库的新路子、新举措，建设成效得到了主管部门、智库界和学界的肯定。"

这是2024年6月肖永平在武汉大学第十届人文社会科学资深教授聘任仪式上对自己武大职业生涯的总结。36年不懈努力，肖永平成为韩德培国际私法理论与法学教育事业的传承者，在重构冲突法的法理基础、构建便于中外学术交流的国际私法话语体系和互动式教学的国际私法教材体系等方面作出了重要贡献。

追随法学大家　躬耕国际法治

韩德培（1911—2009）是《中国大百科全书》专条介绍的中国当代著名法学家、教育家、中国国际私法学的一代宗师、中国环境法学的开拓者和奠基人，中国国际私法学会和中国法学会环境法研究会的创始会长。1988 年，肖永平以年级第一名的成绩从西南政法学院法律专业毕业。怀着对韩德培先生的敬仰之情，他通过自学国际私法，成功考取韩德培的硕士研究生，两年后提前攻读博士学位，此后一直在韩德培的指导和熏陶下学习、研究和运用国际法。韩德培的大爱无疆、大智大勇和大师风范深刻影响着肖永平的为人、为事、为学。

肖永平经常向他的学生介绍韩德培的识人标准：观察一个人如何处理公私关系可以发现，大公无私的人是圣人，先公后私的人是伟人，公私兼顾的人是好人，先私后公的人是常人，损公肥私的人是罪人。受过高等教育的人起码应该做个公私兼顾的好人，争取做个先公后私的伟人，并向大公无私的圣人看齐。韩德培这种言传身教一直鼓舞、鞭策着他在政治上不忘初心，在学术上守正创新，在育人上因材施教，在管理上开拓进取。这是肖永平能够成长为武汉大学人文社会科学资深教授的力量源泉。

2005 年，韩德培在武汉大学法学院为他主办的 95 岁华诞庆祝会上说："武大的法学在新中国成立以前就很有名，当周鲠生校长邀我来武大任教时，我马上答应了。后来，浙江大学想聘我去担任法学院院长兼法律系主任，因与周校长有约在先，就不便去了。到武大以后，我发现图书馆的法学资料很丰富，外文书刊也很多，这是一个做学问的好地方呀！所以，大家要树立'久居'观念，把珞珈山作为自己'永久的家'。你看，我尽管受到了一些挫折，现在不是过得很好吗？还很长寿！"肖永平听后深受感染，决心做到"先生在，不远游，游必有方""先生的事业在此，我必留守山门"。

2008年10月，肖永平携家人在韩德培的白寿宴上

潜心研究学问　传承学术精神

肖永平最早系统研究中国冲突法立法问题，长期致力于国际私法中国化，为我国《涉外民事关系法律适用法》的制定与完善以及涉外司法国际公信力的提高作出了重要贡献。他独著的《法理学视野下的冲突法》从法理学视角重构冲突法的基本概念、基本问题与基本制度，运用实证分析方法提炼和重构中国的国际私法问题。对自成一类的法律适用规范、自体识别说、广义先决问题的提出与解决、"外国法院说"的实质、制定法与民间法的冲突问题、"直接适用的法"的规范结构和适用模式、国际私法条约和国际商事惯例的适用规则等问题作出了原创性贡献。韩德培认为该著作"会对中国国际私法的结构和体系带来革命性影响"是"构建中国特色、中国气派的国际私法理论的基石""构建现代国际私法体系的重要考虑因素"。

为了构建便于中外交流的中国冲突法话语体系，实现韩德培"中国学者早日完成一部系统介绍中国国际私法的英文著作"的希望，肖永平与武大国际法校友汤净、霍政欣两位教授一道，花 5 年时间在 Edward Elgar Publishing 出版 *Conflict of Laws in the People's Republic of China*，采用西方学者易懂的理论体系、便于国际交流的学术话语，系统总结了中国学者的理论智慧、中国法院的实践经验，深入剖析了中国冲突法的特色、智慧与不足，有利于促进国际社会了解中国国际私法的理论说服力和制度优越性，提高中国国际私法的国际影响力，被国外学者称为"一部能使英语世界准确而全面理解中国国际私法的最新优秀著作""有潜力成为论述中国国际私法的英文权威著作""一部真正综合研究中国冲突法、文字优美、态度认真的好书"，荣获高等学校科学研究优秀成果（人文社会科学）一等奖。

受韩德培在改革开放初期主持建立我国第一个环境法研究所的启发，肖永平2008年主持建立了我国第一个且至今还是唯一一个的体育法博士点，主持完成的教育部重大攻关课题成果《体育争端解决模式研究》对运用体育调解、仲裁、诉讼解决体育纠纷的优劣、规则及其衔接机制作了开创性研究，为我国体育仲裁制度的建立和《体育法》的修改完善作出了突出贡献，武汉大学由此发展成为我国体育法研究和人才培养的重镇。

此外，肖永平在《美国比较法杂志》发表的《中国国际私法中的公共政策》对消除国外学者因文化和制度差异对中国国际私法的误解具有重要意义，在《佩斯国际法评论》上发表的《联合国国际货物销售合同公约在中国适用的几个问题》被美国乔治亚北区联邦法院在2009年12月17日的判决书中3次援引作为裁判依据。

坚持育人为本　赢得桃李满园

肖永平始终把人才培养工作放在第一位。他潜心研究教学方法，不断更新教学内容，独创的"五I学习法"融合大陆法系与英美法系的教学模式，实现了中国法学教学模式的根本性变革，以此为基础编著的《国际私法原理》被评价为"开中国新式法学教材之先河的具有里程碑式意义的上乘之作"，主持修订韩德培主编的国家级规划教材《国际私法》，使之成为中国国际私法学界最有影响、销量最大的教科书。作为马工程教材《国际私法学》的首席专家，他主持的"国际私法"获国家级精品课程（2006年）和首批国家级一流本科课程（2020年），主持完成的教学成果"深化国际法教学改革，培养具有国际竞争力的法律人才""创新参与式实践教学模式，培养国际化应用型卓越法律人才"分别获得国家级优秀教学成果一等奖和二等奖。为我国培养了一大批国际法学术骨干与行业精英。

肖永平特别强调法学教育必须实现知识传授、能力培养和意识养成的融通，以教学过程的互动和合作为基本手段，达到培养学生从事法律职业的基本能力，最

肖永平
武汉大学人文社科资深教授 博士生导师

2024年6月，肖永平指导学生准备国际体育仲裁模拟庭比赛

终能够自主学习和研究法律的目的。他在教学实践中长期指导和资助学生组队参加 Vis Moot 国际商事仲裁模拟庭和国际体育仲裁模拟庭比赛，采取本科生和研究生统一训练、程序法与实体法贯通学习、外籍教授与本土教授共同指导的方式，集法学知识学习、辩论技巧培养和职业伦理养成于一体，极大地提高了学生的综合能力，取得了优异成绩。2024 年，肖永平组织、指导武汉大学代表队参加国际体育仲裁模拟庭比赛，首次参赛就进入在西班牙马德里皇家仲裁院举行的全球总决赛并获得亚军，创中国高校参加该比赛的最好成绩。

胸怀"国之大者" 矢志智库建设

2015 年，肖永平组织武汉大学国际法研究所申报国家高端智库，获得成功。他通过兼任最高人民法院国际商事专家委员会委员，最高人民检察院咨询委员会委员，外交部国际法咨询委员会委员、顾问，中国国际贸易促进委员会经贸摩擦法律顾问委员会副主任等职，为中央决策和国家部委法治建设提供智力支持，100 多件咨询报告被中办、中央外办、中央网信办、中央依法治国办、国办、外交部、最高人民法院、教育部、贸促会、湖北省人民政府等部门采纳，近三分之一的成果得到党和国家领导人的肯定性批示。

在肖永平的领导下，武汉大学国际法研究所和国际法治研究院先后获批国家级涉外法治研究基地、中宣部对外话语创新协同平台、中央网信办舆情合作重点单位、教育部法治国际组织联合研究院等多个国家级和省部级研究平台，为武汉大学锻造

2024年9月，肖永平被续聘为最高人民法院国际商事专家委员会委员

一支党和国家"用得上、信得过、靠得住"的高端智库人才队伍打下了良好基础。

正如湖北省社会科学联合会在第二届"最美社科人"发布仪式上对肖永平的颁奖词所言："达政事，察先机，你延亘珞珈文脉，领衔国之智库。深耕国际法治，廓清流言迷雾，深沉使命在肩，无愧业界砥柱！"

（图片由武汉大学国际法研究所提供）

周叶中

以法治中国为理想，以教书育人为志业

周叶中（1963— ）

湖南武冈人，武汉大学第十届（2024年）人文社会科学资深教授，法学家

平生意气起潇湘，负笈江城识道藏。

珞珈风物知法意，华夏山河尽文章。

芸窗一心图宪治，征帆万里济苍茫。

桃李春风四十载，仍抒壮志在安邦。

周佑勇

这首小诗，是我心目中周叶中老师最好的写照。

1994年9月，作为刚刚考入武汉大学法学院宪法学与行政法学专业的硕士研究生，我第一次在课堂上见到意气风发的周老师。他为我们第一次授课的场景仍历历在目——热情洋溢、慷慨激昂地为我们这些充满法治憧憬的学生讲授"什么是宪法学""当代中国宪法学应当何为"……想起30年前的这堂课，周老师授课的声音仍萦绕耳际，仿若当年。

每每忆起与周老师相处的点点滴滴，想到老师的一言一行，我都不禁感慨万千。因为，我从周老师身上，看到了一个家国为怀的法学家、一个育人为本的教育家、一个知行合一的实践家的丰满形象。

家国为怀的法学家

周叶中出生在湖南武冈的一个普通农民家庭。1981年，刚满18岁的他考入武汉大学法律系学习，后师从新中国宪法学开拓者之一的何华辉教授攻读硕士和博士学位，硕士毕业即留校任教。在刚到武汉大学读书时，他就立志要用自己的一生，为这个蓬勃发展的国家作出自己应有的贡献。此后40多年来，他一直在用自己的行动践行当年的誓言。

自第一次学习宪法学起，周叶中就对这门学问产生浓厚兴趣。在何华辉的课堂上，他认识到，宪法是国家的根本大法，以宪法为专门研究对象的宪法学天然地与自己的报国理想相契合。40多年来，周叶中一直保持着对宪法学的热爱。这种热爱集中体现于他对宪法学"中国性"的关注和坚持。

近些年来，越来越多的学者意识到，改革开放后很长一段时期，以移植外国宪法学理论塑造中国宪法学的路径，无法满足中国宪法知识体系的自主性、自足性要求。中国这样一个具有独特历史文化底蕴的社会主义国家，理当有自己的宪法学。实际上，早在20世纪80年代末，周叶中就形成这样的认识，即中国宪法学必须以认识中国国情为基础，以解决中国问题为导向。他于1994年完成的博士学位论文《代议制度比较研究》即是体现这一思路的比较宪法研究成果。这部著作后经多次修订、再版后，2018年被商务印书馆列入"中华当代学术著作辑要"，并于2023年在施普林格出版社以英文出版。在进行一定的研究积累后，1995年，他明确提出"宪法至上是中国法治之路的灵魂"的观点。此后，他又系统论证"中国宪法学基本范畴""中国宪法学理论体系的反思与重构"等问题，并在获得"首届国家教材奖"的《宪法》教材和获得"三个一百"原创图书奖的《宪法政治：中国政治发展的必由之路》等论著中进一步深化相关问题的研究。2023年，他主持完成的重点课题结项成果《加强中国宪法学科体系、学术体系、话语体系建设研究》获评优秀，发表的《中国特色社会主义宪法学话语体系论纲》被《新华文摘》全文转载，因而丰富和发展了中国特色社会主义宪法学。30多年来，他始终在为构建中国宪法学自主知识体系而努力。

周叶中对宪法学的探索，不仅体现在对宪法基础理论问题的探讨上，更体现在他将宪法学原理运用于解决党和国家重大战略需求的过程中。

20世纪90年代末，香港、澳门相继回归祖国，台湾问题何时、以何种方式解决自然成为全体中国人必须面对的问题。彼时，"台独"分裂势力蠢蠢欲动，台海形势日益严峻复杂。在此背景下，周叶中开始思考，自己从事的以解决党和国家重大现实问题为导向的宪法学，能否为解决国家统一问题贡献力量？尽管当时绝大多数人认为，台湾问题只是国共内战遗留下来的政治问题，但他在深入研究和系统思考后认为，无论是反对"台独"分裂活动，还是推进两岸关系和平发展，抑或实现祖国和平统一，甚至统一后有效治理好台湾，都需要系统完备的法律制度予以保障。因此在国家统一问题上，法学尤其是宪法学绝不应该缺席。1998年，他提出"台湾问题既是政治问题，也是法律问题，归根到底是宪法问题"的论断。这一论断引起当时的中央领导同志高度重视，并专门要求组织专家学者进行讨论。而他对此研究取得的系列成果为2005年出台的《反分裂国家法》提供了理论支撑。此后20多年里，周叶中率领自己的团队持续跟踪研究国家统一问题，形成数百万字的研究成果。其中，《构建两岸关系和平发展框架的法律机制研究》和《构建两岸交往机制的法律问题研究》，先后获得第七、第八届高等学校科学研究成果奖（人文社会科学）一等奖，诸多智库报告为党和国家重大政策的出台和调整作出重要贡献。

作为一名有着坚定理想信念的中共党员，周叶中始终认同一句话——"解决中国的问题，关键在党"。而宪法学思维方式和宪法学理论体系与党的领导和建设之间密切相关，宪法学可以也应当为进一步加强党的领导和党的建设提供有力支持。带着这个问题意识，2002年他出版了《党的作风建设的新视野——基于宪法学思维方式的一种研究》一书，对此作出初步回应。在此基础上，他20多年如一日保持着对党的制度建设的关注，先后提出"依法执政首先要依宪执政，依法治国首先要依宪治国"等重要学术论断，并在2011年撰文探讨"党内法规制度建设"这一在当时尚未引起关注的研究领域；后来又先后出版《中国共产党自我革命的制度之维》《中国共产党依规治党研究》《党内法规学科建设和人才培养研究》等论著。这些研究为"党内法规学"的学科建设提供了重要学术引领，更为我们党形成比较完善的党内法规体系提供了智力支持。

除宪法学外，周叶中的学术旨趣还随着自己关注的现实问题而不断拓展，从涉外法治到边疆治理，从文化法制到区域协调发展……多年来，他一直致力于从多个维度探寻中国特色大国治理结构的理论和实践。在他看来，法学关系国家和社会生活的方方面面，许多社会问题本质上都是法律问题。因此，法学研究不能因学科界限而画地为牢，而应充分面向纷繁复杂的社会现实。唯有如此，法学才能真正成为治国理政之学、服务人民之学！

育人为本的教育家

周叶中虽然有很多耀眼的头衔和称谓，但他最喜欢大家称他为"老师"。

在30多年的从教生涯中，他先后指导硕、博士研究生、博士后研究人员逾200名，毕业生中多人入选国家级高层次人才，获"全国十大杰出中青年法学家""全国审判业务专家""全国优秀律师"等称号或荣誉。他始终秉承"有教无类"的理念，善于发现每位学生的闪光点。经他悉心指导，不少出身普通、基础一般的学生都取得了亮丽成绩。这些学生之所以能凤凰涅槃，离不开他焚膏继晷、日夜辛勤的倾心指导。即便在担任学校领导期间，他也会挤出时间与学生交流学术、批改学生论文，学生们每每拿到被他修改得通篇红笔的花脸稿都会感到汗颜。

在坚守三尺讲台的同时，周叶中一直在思考："我们的老师究竟应教给学生什

2019年7月6日，周叶中做客中央电视台综合频道《开讲啦》节目

么？我们的教育到底应以什么为基本导向？我们的大学到底应培养什么样的人？"他经常和我们说："在评价一个学生是否成功的问题上，如果仅仅以是否当了大官、赚了大钱、做了大专家为标准，那就太过狭隘了！"一次偶然的机会，他了解到他指导的一位毕业生，因为一直在基层工作进步较慢，深感无颜面对老师。周叶中就语重心长地跟他说："评价一个人是否成功，主要看他是不是把自己的本职工作做到极致！"而要做到极致，就必须将各种看似寻常、简单的事持之以恒地做下去。周叶中认为，人与人之间最小的差距是智商，最大的差距是坚持。一个具备优秀品质、坚韧意志的人，一个能将心中热血燃在岁月长河的人，即便身处平凡岗位，也一样能拥有成功的人生。

这些观念，无不反映出周叶中对人才培养终极目标的思考。面对诸多年轻大学生越来越功利的现象，周叶中认为，"解决这一问题的关键，还是要把教育回归到'育人'的本原上。因为'人才'是'人'与'才'的统一，但人之不存，才将焉附？"因此，他提出"以'成人'教育统领'成才'教育"的理念，主张应通过教育让学生成长为一个有健康身体、健康心理、健康灵魂的人，一个有独立人格和社会责任感的人。

周叶中曾先后担任武汉大学教务处处长、教务部部长、研究生院常务副院长、院长和分管本科教学的副校长等职务。从普通教师到教学管理者的角色转变，使他有机会将自己的育人理念进一步丰富发展并付诸实践。他提出了融办学观、育人观、教学观、目的观、动力观等"五观"为一体的人才培养思想，提出了"人才培养为本、本科教育是根""质量是研究生教育的生命线，创新是研究生教育的主旋律"等理念，为学校教育教学改革提供了重要的理论支持。

同出潇湘之地，周叶中非常认同毛主席倡导的"文明其精神，野蛮其体魄"。为"文明其精神"，他提出应通过通识教育，让学生实现人文精神、科学精神、中国精神相统一。为此，他主持构建本科生"人文社科经典导引""自然科学经典导引""中国精神导引"三位一体的通识基础课程体系，致力让学生在接受教育的过程中实现"成人、知天、铸魂"。为"野蛮其体魄"，他结合自己40多年如一日坚持长跑的心得体会，主张将体育教育贯穿于人才培养全过程，并要求把培养以坚忍不拔的意志、团结协作的精神、遵守规则的意识为核心的体育精神作为体育教学的主题主线，从而实现以体育智、以体育心。

知行合一的实践家

周叶中将"横渠四句"——"为天地立心，为生民立命，为往圣继绝学，为万世开太平"视为立身格言。身为一名知识分子，他从不把学者的责任仅限于著书立说、教书育人。他认为，当代中国知识分子的社会责任是将学问做在祖国大地上，学者的最高追求应是做一个"顶天立地"的人。所谓"顶天"，即胸怀天下，始终把祖国和人民放在心中，让自己的专业知识服务于解决党和国家重大现实问题；所谓"立地"，即脚踏实地，努力将看似"高高在上"的学问带入寻常百姓家。

让自己的学问为党和国家解决现实问题提供智力支持，是周叶中30多年来一直努力的方向。他先后围绕"统一台湾新战略""遏制台湾'法理独立'""构建两岸关系和平发展框架的法律机制""'一国两制'与特别行政区制度"等国家重大现实问题撰写战略研究报告，不仅几十次得到历任有关中央领导同志的充分肯定，而且一大批研究成果被转化为党和国家的重要决策，特别是为《反分裂国家法》《香港特别行政区维护国家安全法》等重要法律的出台作出过突出贡献。他还先后承担多部中央和地方党内法规、法律法规的委托起草工作，为完善中国特色社会主义法治体系作出重要贡献。

播撒法治精神于华夏神州，是周叶中作为一名法学学者的道义担当与卓识宏愿。在他看来，法治国家不可能仅靠少数法学和法律精英即能建立起来。只有全国人民都树立起法治意识，依法治国才能真正落到实处，法治国家建设才有坚实根基。正是基于这种认识，30年多年来，他走出书斋，走向中南海和全国31个省、自治区、直辖市，足迹遍布大江南北，在全国各地做法治宣讲报告2700多场次。尽管教学科研和行政工作十分繁忙，但当有单位邀请他去做报告时，只要时间安排得过来，他总是有请即去，从不计较个人得失。许多类似湖北五峰、贵州松桃等偏远地区，他依旧欣然前往。而凡听过他所做报告的领导干部、普通百姓，都无不为他深入浅出、震撼心灵的讲解所感染和折服。

时光荏苒，30年弹指一挥间。人生若只如初见，30年间老师的耳提面命仍如当年。如今，我自己在学术研究方面也有了一些成绩，同时也承担了不少行政管理工作。在繁忙的工作中，我时常想起周叶中老师几十年来一直强调的一句话，他说，在中

2024年10月26日，周叶中主持中国法学会宪法学研究会2024年年会

国学习和研究法学必须做到"着眼法治理想、立足中国国情、秉持建设立场"。这句话既是周叶中学术信念的最好写照，也是激励吾等后辈为中国法治建设事业努力奋斗的谆谆教导！

（图片由武汉大学党内法规研究中心提供）

赵耀辉 理性关注弱势者的女经济学家

赵耀辉（1964— ）

北京人，武汉大学第十届（2024年）人文社会科学资深教授，经济学家

作为女性经济学家，武汉大学资深教授赵耀辉老师，对当下的中国和时代，有着自己长期坚持的研究选择。她的研究一方面对接的是中国最宏大的景象——城市化下的劳动力大规模转移，而另一方面关心的是最弱势的力量——农村流动人口、老年人口与女性劳动力的生存状态。她不仅关注劳动力的进步，更关心劳动力的权利平等以及弱势保护。

"我是被时代推着走"

20 世纪 80 年代，时值改革开放之初，在从计划经济逐步向市场经济转轨的过程中，由于经济、社会发展对宏观经济管理的需要，北京大学开始设立国民经济管理专业。1981年，初入燕园的赵耀辉对经济学一无所知，仅凭中学老师的

都闻心　唐学鹏

一句建议，她便走上了经济学之路，而这成为了她一生的事业追求。

80 年代初期，家庭联产承包责任制开始在中国农村推行，赵耀辉回忆道，"当时整个经济学界都在辩论这件事情，是不是包产到户就意味着走资本主义道路，我们也跟着去阅读、思考、辩论"。

1985 年，时任美国经济学会中美经济学教育与研究委员会主席邹至庄，意识到现代经济学思维对于中国经济改革至关重要，在中国开创了"福特班"，选派北美杰出的经济学家来中国，给优秀的中国硕士研究生上课，毕业后申请赴美国、加拿大攻读经济学博士学位。那年，恰逢赵耀辉本科毕业，她顺利地进入了"福特班"，用她的话说，"完全是顺应这些机会"，她先进入"福特班"，后申请到了芝加哥大学的博士项目。随后，赵耀辉踏上了赴美之路。

在芝加哥大学，赵耀辉的导师 D. 盖尔·约翰逊（D.Gale Johnson）是农业经济学家，约翰逊鼓励赵耀辉研究中国劳动力流动问题，她与劳动经济学正式结缘，并作为长期的研究方向。芝加哥大学向来的传统是鼓励发展中国家的学生在毕业后回到母国，服务于自己的国家。博士毕业前夕，她曾向已先行回国的师兄林毅夫咨询回国之事，但被告知当下不是最好的时机。毕业后，赵耀辉在乔治华盛顿大学担任经济学助理教授，但她一直在寻找着合适的回国机会。几年后在得知林毅夫、海闻、易纲等学者创立了北京大学中国经济研究中心（CCER）后，她便立刻提出了申请。1997 年，赵耀辉回到了她最熟悉的燕园。

赵耀辉入职 CCER 之时，恰逢国内正在进行大规模国企改革，大量职工面临再次就业选择。为了解决下岗职工的后顾之忧，养老金的发放从企业转型到社会统筹，但体制设计问题非常突出。实际上，自从中国养老保险制度社会统筹改革开始，其方向选择都被两个问题所缠绕：企业和个人的缴费积极性从何而来，如何实现全国统筹。赵耀辉对这些问题提出了自己的看法。

进入 21 世纪，随着经济高速发展时代的到来，中国也开始面临人口老龄化的问题，并产生了一系列社会问题，很多老人基本的养老需求无法得到满足，面临经济贫困、照料缺失、精神孤独等问题。这些由于社会转型所造成的结构性断裂，变得愈发弱势的人群，迫切需要社会关注，并开展相关研究。

在此背景下，赵耀辉将退休与养老问题作为重点研究方向。然而，学术界面临数据匮乏，特别是微观数据严重不足的问题。赵耀辉回忆，"学者要进行某项研究时，都要自己去收集数据，但是收集成本巨大，而且质量很难有保障，我就很想做出一套高质量的、可以共享的微观数据。"在赵耀辉与团队的努力下，"中国健康与养老追踪调查（CHARLS）"项目应运而生，是世界上最大规模的中老年人调查研究项目之一，不仅对于中国，也对于发展中的转型国家具有极为重要的意义。在赵耀辉与团队的坚持下，它已走过了 10 个年头。

"养老研究要用数据调查说话"

通过 10 年的努力，CHARLS 项目收集了一套代表中国 45 岁及以上中老年人家庭和个人的高质量微观数据，已经成为中国最具影响力的研究项目之一。在全国 28 个省、自治区、直辖市的 150 个县、450 个社区（村）展开调查，样本覆盖总计 1.24 万户家庭中的 1.9 万名受访者，数据库用户人数超过 4 万人，发表 2000 余篇论文。

筚路蓝缕，以启山林。在学术"创业"初期，赵耀辉与团队经历最大的挑战是如何落地执行。"比如，到一个地方，地方政府可能会拒绝配合我们，进村调查就会很困难。于是只能把我的朋友们'骚扰'了个遍，进行各种协调。同样，我们的访员同学们也面临着被居民拒访的问题，"赵耀辉说，"但是，一个样本的缺失就有可能使最终结果出现偏差，这便需要他们怀着同理心、有针对性的去克服这件事情，不能见到困难就退缩。"当代学术研究需要团队协作，更需创新工作方法，CHARLS 项目团队也愈发专业化。2020 年年初，CHARLS 项目团队敏锐地发现了新的机会——调研疫情对于受访者的影响，并创造了新的管理模式——在调研当地招募访员，使得团队变得更加灵活、高效。

赵耀辉最满意的是 CHARLS 项目对于国内学术生态发展的补充和促进。此前养老数据缺乏，"多年前，当我们想去研究一件事情的时候，经常会碰到数据的瓶颈。但现在，我们的数据让与养老相关的各类研究成为可能，很多研究只有用我们的数据才能做得出来"。从多年前养老数据很缺乏的阶段，到现在数据变得充足，CHARLS 项目为社会带来了实质性变化。

伴随 CHARLS 项目发展壮大的 10 年来，赵耀辉亲眼见证了中国农村发生的积极变化：10 年前，最早开始的中国农村养老项目只能覆盖 1/4 左右的人口，而如今可以基本覆盖全部人口，农村的养老普及也使得农村的贫困率大幅下降。

但新的社会问题也随之出现。计划生育政策长期实施后，老龄人口子女数量大

珞珈大先生

幅下降，多数外出工作，老人长期照料成为一个普遍的社会问题。城市老年人从市场上得到养老服务相对容易；但农村缺乏养老服务市场，新农保个人账户缴费水平偏低，不太可能成为养老主要经济来源。农村养老面临的挑战更大。

赵耀辉认为，一个时期的最优养老模式与人口的家庭结构息息相关。从目前"少子化"的家庭结构来看，基于社区的养老服务可能会是未来较好的一种养老模式。"一般来说，老年人还是想要独立自主生活的。比如在美国，很少老年人愿意在能够自理的时候搬去养老院，未来中国也会是如此。在这种时候，基于社区的养老服务（如送餐、打扫卫生等）便有较大的存在价值。"比如，近年来政府着重鼓励在城市和农村发展的"驿站式养老"就是一种基于社区的养老服务，它主要为附近社区的老人提供助餐服务、日间照料、文化娱乐等，且政府会给予一定补贴。对于"驿站式养老"的可持续性，在赵耀辉看来，"它提供的服务是完全可以被市场取代的，这就要看服务是不是既便宜又好，以及政府能否持续地提供支持"。

"政府管制影响婴幼儿托付和妈妈就业"

谈及对社会所做的贡献，除了 CHARLS 项目之外，令赵耀辉颇具成就感的便是回国之后对学生和年轻教师的潜心培养。

"CCER 的经济学双学位项目培养了一大批优秀的学生，他们其中的一些人已经在国际经济学界非常有影响力了。"赵耀辉说，此外，中国国内的女经济学者与男学者相比实力悬殊，有感于这一状况，赵耀辉与加拿大温尼伯大学教授董晓媛合作创办了"中国女经济学者研究培训项目"，在研究方面给予女经济学者更多帮助和指导。

新中国成立后，先是开展了计划经济体制下的女性解放，女性进入就业市场，社会福利普遍通过就业实现，女性劳动参与率空前提高。市场化改革后，女性抚育子女面临中断事业风险的困境，且没有很好的解决方案。这是由于在缺乏社会照料的情形下，市场化下的保姆工资大幅上涨，许多中低收入家庭难以负担，照料子女的负担转嫁到年轻母亲或祖父母身上。对很多年轻女性来说，生育意味着失业，中断事业发展。对于工作女性来说，一方面，家庭的负担变得更重，0~3 岁托儿服务的空缺给女性带来了很大的困扰；另一方面，她们也会因生育、育儿等遭遇雇主的"歧视"。很长一段时间里，中国女性就业率大幅下滑，从 2000 年的 68.2% 下滑至 2017 年的 58.9%。

赵耀辉认为，这严重反映了政府管理的长期缺位。要想解决婴幼儿照料问题，需要有强大的社会支持。"在国外生活过的人都知道，很多婴幼儿照料是由邻居家的妈妈、祖母提供的，小规模的家庭照料是主流。但在中国，虽然社会需求巨大，但是市场供给匮乏，究其原因，在于婴幼儿托育市场准入规则不清晰，法律法规不健全，执法随意性大，致使婴幼儿照护机构经营风险过大。"

2019 年 5 月，国务院发布了《关于促进 3 岁以下婴幼儿照护服务发展的指导意见》，提出"幼有所育"，首次把托育工作作为民生建设的目标。赵耀辉第一时间发文表示，"以北京市为例，0~3 岁婴幼儿照料费用动辄近万元，只有少数高收入家庭能够享受到托幼服务，开放行业准入，将有利于增加供给和市场竞争，起到平抑托幼费用的作用……这不仅是女性的实惠，更加是国家和民族的福利"。

"我相信市场对劳动力的选择和塑造"

赵耀辉坚信市场的力量，婴幼儿照料行业如此，现代人力资本的行业分布亦是如此。

如今，越来越多的大学毕业生进入到快递、外卖等服务业。中国物流与采购联合会在 2017 年发布的"中国电商物流与快递从业人员调查"结果显示，高层次的专科、本科和硕士以上学历从业人员达 35%。在很多人看来，大学生从事传统意义上的"蓝

2023年11月11日，赵耀辉在北京大学国家发展研究院"朗润·格政"学术论坛作主旨演讲

2015年6月21日，赵耀辉为北京大学国家发展研究院毕业生拨穗

"领"工作是一种人才浪费。

赵耀辉认为，大学生"蓝领"是市场的理性选择。"市场力量会平衡各行各业的人力资本。在快递业收入高的时候，市场自然会吸引人们去当快递员，但当人数饱和的时候，收入自然会下降，劳动力便会流向其他行业。所以这是市场的力量在平衡劳动力的供给需求。"

但是，令赵耀辉真正感到不安的是年轻劳动力的心理健康与未来的人口趋势，当今，年轻群体面临来自社会和家庭的各种压力，一些人面临不敢结婚、生育的现实社会问题。与此同时，高度压力下的工作环境，也使得年轻人衍生抑郁、焦虑等心理问题。在赵耀辉看来，

这也许会成为一种长期的威胁，"从长期来看，一个国家的竞争力来自于人的创造力，如果人口萎缩下去，那么会对经济和社会发展造成重要打击。"

20年前，中国最核心的问题是经济体制改革；10年前，日益严峻的人口老龄化问题开始给经济和社会发展带来负担；当下，社会压力既是年轻一代奋斗的动力，也引发了焦虑。从始至今，赵耀辉的经济学之路都与时代最迫切的命题有着密不可分的联系，她的研究时刻伴随着对经济发展与社会问题的关注，从未停滞，试图去解决一个又一个痛点问题。在她的学术生涯里，时代给予了她机遇、责任与挑战。可以说，时代在塑造她的同时，也在被她的研究广泛影响着。（本力、辛继召对本文采写亦有贡献）

（原载《北大金融评论》第5期，有删改。图片由武汉大学经济与管理学院提供）

黄进　以学为乐，深耕不辍

邹国勇

黄进（1958—　）

湖北利川人，武汉大学第十届（2024年）人文社会科学资深教授，法学家

1999年9月，我有幸忝列黄进教授门下，迄今已25年。在我眼中，他是一位以学为乐、深耕不辍的著名法学家，一位卓尔不群、久久为功的法治践行者，一位关爱学生、教人求真的学术摆渡人，更是一名缘定武大、北漂南归的珞珈少年。

以学为乐　深耕不辍

黄进1958年12月出生于湖北西南边陲山城利川。他自幼聪颖好学，从小学到高中，成绩一直出类拔萃。1975年高中毕业后，他在湖北利川凉务公社插队，尽管环境艰苦，劳动繁重，但仍利用闲暇时间见缝插针地学习。1977年我国恢复高考，他当年考入湖北财经学院（现中南财经政法大学）

法律系。在大学期间，他夙兴夜寐，手不释卷，在研习法律的过程中，对国际法产生了浓厚的兴趣。尽管进入大学时英语基础薄弱，但他特别刻苦，甚至晚上宿舍熄灯后仍在路灯下学习英语。经过几年的不懈努力，到大学毕业时，他的英语水平有了很大程度的提高，这为他后来研习国际法打下了坚实基础。

1982年年初，黄进本科毕业，顺利考入武汉大学法律系，先后攻读国际法专业硕士和博士学位，并在1988年获得法学博士学位，成为中国有史以来自己培养的第一位国际私法专业博士。于他而言，国际私法是一个奥妙无穷的世界，他沉醉其中，乐此不疲。40多年来，他在国际法法理、国际私法、国家豁免法、区际冲突法、国际争端预防与解决等领域深耕不辍，先后出版了《国家及其财产豁免问题研究》《国际公法国际私法成案选》《区际冲突法研究》《澳门国际私法总论》《中国国际私法》《宏观国际法学论》《仲裁法学》《中国国际私法司法实践研究（2001—2010）》等一系列颇具影响力的学术著作，曾主编《国际私法》《国际私法学》《区际司法协助的理论与实务》《当代国际私法问题》《中国能源安全问题研究——法律与政策分析》《国际商事争议解决机制研究》《中国的区际法律问题研究》《中华人民共和国涉外民事关系法律适用法建议稿及说明》《全球治理与国际法治》《中国涉外法治蓝皮书》等重要书目，担任《法学评论》《中国国际私法与比较法年刊》《武大国际法评论》等学术刊物的主编以及《中国大百科全书》（第三版）法学学科副主编、国际私法分支学科主编，在《中国社会科学》《中国法学》《法学研究》《荷兰国际法评论》《杜克国际法与比较法杂志》、德国《国际法文摘》等中外期刊上发表中外文论文、译作300多篇，在学界影响深远。

卓尔不群 久久为功

黄进不仅在法学研究领域硕果累累，而且在法学实践领域的成就也令人瞩目。

他深入参与国家和地方的立法工作。早在20世纪90年代初，他与导师韩德培教授草拟了《大陆地区与台湾、香港和澳门地区民事法律适用示范条例》。1996—1998年，他作为澳门政府立法事务办公室法律专家，参与了澳门回归前的法律本地化工作。作为主要参与人之一，他参与了中国国际私法学会主持推动的《中华人民共和国国际私法示范法》《中华人民共和国涉外民事关系法律适用法建议稿》的制订，该示范法和建议稿成为制定《中华人民共和国涉外民事关系法律适用法》的重要参考范本。1999 年，他主持拟定了《中华人民共和国电子商务法（示范法）》，对后来我国电子商务的立法工作起到了重要推动作用。2003 年，他又与宋连斌副教授草拟了《中华人民共和国仲裁法（建议修改稿）》。

他积极投身于法治实践。2000 年他被推荐到国际体育仲裁院（CAS）担任仲裁员，后来又作为被选中的 12 名仲裁员之一，参加 2004 年雅典奥运会期间的仲裁工作。此外，他先后担任过中国国际经济贸易仲裁委员会仲裁员、国际投资争议解决中心（ICSID）仲裁员、常设仲裁法院（Permanent Court of Arbitration）仲裁员、最高人民法院特邀咨询员、最高人民检察院专家咨询员、最高人民法院国际商事专家委员会委员、国家发展和改革委员会法律专家顾问、国务院国有资产监督管理委员会法律顾问、中央网络安全和信息化委员会办公室法律顾问、国家移民管理局政策法律专家咨询委员会委员、外交部国际法咨询委员会委员。

从 2014 年以来，他先后向中共中央办公厅、中央全面依法治国委员会办公室提交了《关于依法治国与党的领导的研究报告》《我在国际司法机构的影响力有待提升》《发挥法学教育在全面依法治国中的基础性先导性作用》《关于禁诉令制度有关问题的研究意见》《关于制定我国国家豁免法的相关立法建议》等咨询报告，为践行全面依法治国奉献自己的智慧和力量。

教人求真　关爱学生

黄进是一位法学家，更是一名法学教育家。他 1988 年 3 月被破格提拔为副教授，1991 年 6 月晋升教授，两年后被聘为博士生导师，先后担任武汉大学副校长、中国政法大学校长、中国法学会副会长、国务院学位委员会第四届和第五届法学学科评议组成员、教育部高等学校法学类专业教学指导委员会副主任委员、国家教材委员会高校哲学社会科学（马工程）专家委员会委员等职务。但他一直没有忘记"以教书为业，也以教书为生"的初心，始终倡导和践行"课比天大"。他作为"学术摆渡人"，引领学生从知识海洋的"此岸"走向"彼岸"。从教 40 年来，他教过的学生成千上万，在武汉大学、中国政法大学指导过的硕士、博士研究生就有 200 多人。

黄进从教治学，十分注重引导学生研读原著。在他的指引下，我在硕士和博士阶段先后研读了德国法学家克格尔教授所著的德文版《国际私法》《冲突法的危机》以及戚希尔和诺斯的英文版《国际私法》等著作。通过研读国际私法原著，我不仅

2019年2月，黄进与武汉大学博士生、硕士生合影

厘清了以前在中文文献中未能全面阐述的理论知识，还养成了凡是学术论证必找原文出处的学术习惯。

黄进经常教导和鼓励学生要善于思考，敢于挑战权威、超越前人。2000年上半年，他在给我们讲授《比较国际私法专题》时，提到"国际法是一个法律体系，国际法体系大致可以分为国际公法、国际私法、国际经济法、国际刑法、国际诉讼法、国际行政法等部门"。我对此提出了质疑，认为自1972年在瑞典斯德哥尔摩举行联合国人类环境会议后，各国为保护自然环境而缔结的一系列国际条约构成国际环境法的渊源，国际环境法也逐渐成为国际法体系的一个分支。面对我的质疑，黄进不仅予以鼓励，而且虚心接受，从善如流。在研读国际私法原著时，我发现国内一些教科书对克格尔的国际私法"利益论"的阐述不准确、不完整，就萌生对克格尔的国际私法思想进行深入研究的想法。在黄进老师的鼓励和指导下，通过几年的努力，我撰写了《克格尔和他的国际私法"利益论"》一文，并在2004年第5期《比较法研究》上发表，对教科书上的有关内容进行了补正。

黄进对学生在学术上严格要求，在生活上却关怀备至。我在攻读硕士和博士学位期间，学校每个月只发三四百元的生活补助，经济上捉襟见肘，为此不得不时常去校外兼职。黄进也经历过学生时代，深知学生在求学期间的不易。每当与学生合作署名发表论文有稿费时，他都会把从邮局领来的稿费乃至相关的奖金装在信封里交给学生。2007年，我博士毕业刚满两年，没有什么积蓄，适逢老家建房和小孩出生，出版博士学位论文还差 1 万元。黄进得知后，主动出钱帮助，使我的论文得以顺利在法律出版社出版。每当我看到书架上的《德国国际私法的欧盟化》一书时，心中总是充满对老师的感激之情。如今，我同为人师，在教学实践中也时时、处处传承老师的"求真"精神，关心、爱惜每一位学生。

缘定武大　北漂南归

黄进心中一直有一个大学求知梦，年纪很小的时候就非常向往武汉大学。因为对文学有浓厚兴趣，1977 年高考，他毫不犹豫地将武汉大学中文系作为第一志愿，虽未能如愿，却和武大结下了不解之缘。

在湖北财经学院上大学期间，有一年春天莺飞草长、樱花盛开之际，班上组织到武大春游，黄进第一次走进武大校园，惊叹武大之美，宛若人间仙境，于是暗下决心一定要来武大读研究生。1982 年年初，他终于如愿以偿，考上了武大国际法专业研究生，先师从韩德培、李双元二位教授攻读硕士学位，后师从韩德培攻读博士学位。

黄进本想研究生毕业后从事外交工作，但当时武大法学教育刚刚恢复重建，百废待兴，急需人才，于是他在 1984 年年底硕士毕业时选择留校任教。此后，他在珞珈山上留守了 25 个年头，完成了从"青椒"到教授、从青年学者到中国国际私

2023年4月，黄进与武汉大学博士生合影

2018年1月13日，黄进做客中央电视台综合频道《开讲啦》节目

法学会会长、从普通教师到武大副校长的角色转换。

2009 年 2 月，黄进奉教育部调令担任中国政法大学校长。他带着对珞珈山的依依不舍之情，北上问道京华，在新的人生舞台上施展自己的育人办学治校理念。他尽管身在法大，但始终同武大血脉相连、休戚与共，一直担任教育部人文社科重点研究基地武汉大学国际法研究所和国家高端智库武汉大学国际法治研究院的学术委员会主任，每年还在武大招收一名博士生，且时常回来参加各种学术活动。

2019 年，黄进离任中国政法大学校长，应学校领导和师生之召，以人文社科资深教授的身份回到武汉大学。历尽千帆，归来仍是少年，黄进继续在珞珈山赓续传承以韩德培为代表的老一辈学人开创的法学基业。

（图片由武汉大学国际法研究所提供）

后 记

    作为武汉大学党委宣传部组织策划的系列丛书之一，《珞珈大先生》一书，经过紧张忙碌的收集整理，终于可以付梓出版，我们甚感欣慰。

    在130余年的历史长河中，武汉大学荟萃沉淀的"大先生"数不胜数，涵盖了文、法、理、工、农、医等各大学科，他们潜心教学科研，用心育人报国，是武汉大学深厚底蕴的丰富宝藏。但由于时间和篇幅有限，不可能通过一本书全部完成，需要分期分批挖掘和整理。

    策划本书时，我们再三考虑一个关键问题：谁最有资格担当"珞珈大先生"这一神圣称号？经过一再讨论，大家达成共识：

    院士和资深教授无疑是武汉大学最具代表性的"大先生"。新时代的大先生是为党育人、为国育才的典范，所以我们遴选了从新中国成立到本书付梓时止，曾经和仍在武汉大学任教的院士和资深教授，以图文并茂的方式呈现他们的事迹，力求凸显珞珈大先生的治学精神、师者风范和人格魅力。同时，希望本书能为留存校史资料、弘扬武大精神发挥应有的作用。

新中国成立至 2024 年，武大的院士和资深教授共有 55 名（其中 1 人为"双院士"），他们是：

中国科学院院士（含学部委员）23 人：曾昭抡、夏坚白、李国平、陈永龄、王之卓、高尚荫、查全性、杨弘远、田波、李德仁、卓仁禧、邓子新、张俐娜、龚健雅、舒红兵、朱玉贤、夏军、张平文、窦贤康、徐红星、周翔、宋保亮、刘胜。

中国工程院院士 11 人：谢鉴衡、张蔚榛、李德仁、宁津生、刘经南、张祖勋、茆智、朱英国、李晓红、李建成、徐兵河。

武汉大学人文社会科学资深教授 21 人：韩德培、谭崇台、马克昌、彭斐章、石泉、陶德麟、李龙、冯天瑜、刘纲纪、宗福邦、胡德坤、马费成、曾令良、於可训、汪信砚、陈伟、陈传夫、肖永平、周叶中、赵耀辉、黄进。

"双院士"李德仁的事迹收录在"中国科学院院士"中，"中国工程院院士"实录 9 人，因此本书实际收录 54 人，按入选院士、资深教授时间排序，同一年入选者按年龄大小排序。

本书参考了武汉大学党委宣传部 2017 年策划出版的《名师风范——走近院士与资深教授》一书，选用了其中部分文章和图片，这些图文资料的收集、整理和编校工作由杨欣欣、陈丽霞、肖珊、付晓歌、严航完成。其他人物资料的收集、整理

和编校工作由杨欣欣、苏明华完成。张岱、李琳、苏明华参与完成了本书的组织协调等工作。

本书所选文章大部分来自公开出版的报刊或网络媒体，在此，谨向撰稿人、原出版物（媒体）和编者表示诚挚的感谢。有几点需要说明：一，本书是武汉大学组织出版的校庆丛书之一，选用校内各媒体、平台的文章未再一一征求作者意见。二，书中来自公开出版物的图文均注明了来源，并获得了作者授权。三，少数未注明来源的文字，系专为本书所写。四，部分文章系节选，有的对原作稍有改动，文后均附有说明。五，改正了原作中的明显错误，未再一一说明。

在搜集资料的过程中，得到了人物本人、所在单位、亲朋、弟子等相关人员的大力支持，特别是提供了珍贵的图片资料，在此一并表示感谢。

因我们搜集资料的范围和自身水平有限，加上时间仓促，书中难免有疏漏和不当之处，恳请广大师生员工、校友和读者不吝赐教，以便在后续整理中进一步改进和完善。

编者

2024 年 11 月于珞珈山